l'esprit d'ouverture

Vous avez aimé ce livre ?

Venez nous en parler sur la page Facebook de l'Esprit d'ouverture :

www.facebook.com/esprit.douverture

Inscrivez-vous à la newsletter : recevez des informations en avant-première sur les nouvelles parutions, découvrez les coups de cœur du directeur de collection, Fabrice Midal, et participez aux jeux-concours et autres surprises exclusives. Connectez-vous sur :

www.espritdouverture.fr, rubrique newsletter.

TU ES, DONC JE SUIS

Une déclaration de dépendance

DU MÊME AUTEUR

Le Bouddha et le Terroriste, Anne Carrière, 2007

SATISH KUMAR

TU ES, DONC JE SUIS

Une déclaration de dépendance

Préface de Frédéric Lenoir

Traduit de l'anglais
par Karine Reignier

belfond

Titre original :
YOU ARE, THEREFORE I AM
A declaration of Dependence
publié par Green Books Ltd

Retrouvez-nous sur
www.belfond.fr
ou www.facebook.com/belfond

Éditions Belfond,
12, avenue d'Italie, 75013 Paris.
Pour le Canada,
Interforum Canada Inc.,
1055, bd René-Lévesque-Est,
Bureau 1100,
Montréal, Québec, H2L 4S5.

ISBN 978-2-7144-7091-1

Belfond | un département **place des éditeurs**

place
des
éditeurs

Préface

Voici un livre salutaire écrit par un homme libre. Un homme libre et néanmoins profondément enraciné et relié. Car pour Satish Kumar, l'un des plus grands malheurs de notre temps consiste justement à opposer de manière si forte l'individu et la communauté, l'homme et le monde, l'esprit et la matière. Adepte d'une vision holistique, Kumar récuse le dualisme occidental qui, depuis Descartes, oppose l'homme à la nature qu'il cherche à dominer, et la conscience de soi au reste du monde. Face à cette vision dualiste et à l'individualisme utilitaire de nos sociétés, Kumar propose un humanisme du lien, du vivre avec, de l'interdépendance : « Être, c'est appartenir à un immense réseau de relations. Et ce réseau ne se limite pas à l'espèce humaine : il englobe toutes les formes de vie. » Au fameux « Je pense donc je suis », il préfère l'affirmation : « Tu es, donc je suis. »

Cette éthique de la relation, Satish Kumar l'a apprise en Inde, son pays d'origine. Né dans la religion jaïne qui prône le respect absolu de tout être vivant, il va connaître plusieurs ruptures douloureuses qui en feront, en l'espace de quelques décennies, un citoyen planétaire prêchant le respect de soi, de l'autre et la non-violence. Il perd son père à quatre ans et garde un souvenir intense de son enfance passée auprès d'une mère analphabète, profondément bonne et responsable, auprès de laquelle il apprend les fondamentaux de la vie : la confiance, l'amour, l'humilité. Mais, dès l'âge de neuf ans, il décide de quitter la chaleur du foyer pour vivre une vie monastique ascétique. À l'âge de dix-huit ans, il lit Gandhi et se sent appelé à œuvrer pour un monde meilleur. Il prend alors la difficile décision d'abandonner ses vœux monastiques pour se rendre utile à la société. Rejeté par les siens, il parcourt l'Inde, puis le monde, menant une existence des plus frugales. Sa quête le mène auprès de personnalités qui œuvrent pour la paix et la compréhension entre les hommes : Martin Luther King, Krishnamurti, Bertrand Russell ou Ernst Friedrich Schumacher. Il apprend, observe, écoute, milite et se forge sa propre philosophie de la vie. Une philosophie dont il propose la quintessence dans ce très beau livre, à la lecture aisée et agréable, mêlant anecdotes biographiques et réflexions personnelles.

Aujourd'hui âgé de soixante-quatorze ans, Satish Kumar a passé presque autant de temps en Inde qu'en Angleterre, sa terre d'adoption. Son livre témoigne d'une bonne compréhension du mode de vie occidental moderne, qui met la satisfaction des besoins individuels au-dessus de tout, et donc du mode de vie oriental traditionnel, qui privilégie l'inscription de l'individu dans le groupe. Il est aussi convaincant quand il nous livre son diagnostic pessimiste sur l'avenir de notre humanité éblouie par les prouesses de l'Occident et qui sacrifie tout sur l'autel de l'argent et du pouvoir, au détriment de la qualité des rapports humains et de la relation harmonieuse de l'homme et du cosmos. L'étymologie du mot « crise » en grec signifie la nécessité de faire un choix. Face à la crise planétaire que nous traversons, crise aux multiples dimensions, Satish Kumar propose un changement de regard et d'attitude : « L'humanité doit passer du règne de l'intérêt personnel à la reconnaissance de l'intérêt général. » De notre capacité à faire ce choix dépend non seulement la sortie durable des crises que nous traversons, mais peut-être aussi la survie même de l'humanité.

Frédéric Lenoir

Né en 1962, philosophe, sociologue et historien des religions, Frédéric Lenoir est également directeur du Monde des religions *et producteur et animateur de l'émission « Les racines du ciel » sur France Culture. Il est l'auteur d'une trentaine d'ouvrages parmi lesquels* La Rencontre du bouddhisme et de l'Occident *(Fayard, 1999),* Le Christ philosophe *(Plon, 2007),* Socrate, Jésus, Bouddha *(Fayard, 2009), ou encore* Mal de Terre*, coécrit avec Hubert Reeves (Seuil, 2003).*

Si vous êtes poète, vous remarquerez certainement le nuage qui flotte sur cette feuille de papier. Sans nuage, il n'y aurait pas de pluie ; sans pluie, les arbres ne pousseraient pas ; et sans arbres, nous ne pourrions pas fabriquer de papier. Le nuage est nécessaire au papier : s'il n'existait pas, la feuille de papier n'existerait pas non plus.

THICH NHAT HANH

AVANT-PROPOS

Ce livre retrace mon parcours intellectuel. J'y évoque les sources d'inspiration qui ont façonné ma vision du monde et m'ont permis de l'envisager comme un faisceau de relations multiples et variées, toutes étroitement liées les unes aux autres.

Il s'articule en quatre parties. La première s'appuie sur les souvenirs que j'ai gardés de mes conversations avec ma mère, avec mon instituteur et avec mon maître spirituel. Très religieux, ils m'ont éveillé à la vie spirituelle dès l'enfance. La deuxième partie est consacrée à mes rencontres avec le sage indien Vinobâ Bhâve ; avec Krishnamurti, prophète de la liberté ; avec Bertrand Russell, philosophe adepte du rationalisme scientifique ; avec Martin Luther King, libérateur des opprimés ; et avec Ernst Friedrich Schumacher, précurseur d'une économie soucieuse de l'environnement. Ces cinq grands penseurs et militants m'ont incité à m'engager dans l'action et dans la réflexion sociale, spirituelle et politique. La troisième partie de l'ouvrage traite de mes voyages en Inde, qui n'ont cessé de me nourrir tout en me permettant de renouer avec mes racines.

La quatrième partie expose ma vision du monde, fondée sur une interdépendance universelle plutôt que sur la philosophie dualiste et séparatiste dont René Descartes fut, à mon sens, le premier promoteur. Nombre des problèmes qui se posent au monde à l'heure actuelle (course aux armements, dégradation de l'environnement et injustices sociales), ainsi que certaines tragédies comme celle de l'attaque du World Trade Center à New York en septembre 2001 – attaque dont je fus témoin –, plongent leurs racines dans le doute cartésien, dans le dualisme, l'individualisme et bien d'autres mots en « -isme » hérités de la philosophie occidentale. Cette pensée dualiste descend en droite ligne de la fameuse formule de Descartes : *Cogito, ergo sum* – « Je pense, donc je suis ».

Pour ma part, je suis favorable à une autre vision du monde, encore émergente à l'Ouest, que résume parfaitement le proverbe sanskrit *So Hum*, bien connu en Inde. *So Hum*, que je traduis par « Vous êtes, donc je suis » – *Estis, ergo sum* –, est devenu mon mantra, le mantra d'un mode de relations non dualiste et non fragmenté. Il étaie l'ensemble des expériences que j'ai rassemblées dans cet ouvrage.

Tout le long de mon parcours intellectuel, j'ai bénéficié de l'apport constant de trois fontaines de sagesse qui m'ont autant formé que fasciné. La première n'est autre que l'Inde elle-même. Bien que j'y sois né et que j'y aie grandi, ce pays ne cesse de me surprendre. Je suis souvent choqué, voire médusé, par ce qui s'y passe. L'Inde demeure, à mes yeux, une véritable énigme. Son existence seule suffit à m'intriguer. Elle m'inspire autant que la terre et la culture qui la constituent. Ce livre est donc en partie un livre sur l'Inde.

Ma deuxième fontaine de sagesse est la religion jaïne, qui contribue, elle aussi, à colorer mon paysage mental. J'ai récemment remarqué à quel point je m'appuie dans ma vie courante sur des manières de voir ou de faire héritées de mon éducation jaïne, et dont je pensais m'être éloigné depuis longtemps. Ce livre est donc aussi un livre sur les principes et les enseignements du jaïnisme.

Enfin, je me situe à la confluence de l'Orient et de l'Occident. Installé depuis trente ans en Angleterre, je suis aussi influencé par l'Ouest que par l'Est. En moi s'opère une synthèse des deux visions du monde qu'ils représentent, même si je m'efforce de demeurer un esprit libre et de tracer ma route hors des frontières géographiques, religieuses ou culturelles.

Je suis issu d'une culture orale. Toutes les conversations que je rapporte dans cet ouvrage émanent de mes souvenirs personnels, mais je n'ai pas tenu de journal ni même noté sur le moment les propos qui furent échangés. Je n'ai ajouté les guillemets qui ouvrent et ferment certaines phrases que pour en faciliter la lecture. Il ne s'agit donc pas d'un véritable compte rendu : mon livre témoigne seulement de ce que j'ai compris à l'époque et de ce qui en est resté à ma mémoire.

Satish Kumar
Hartland
15 février 2002

Sur ce dont on ne peut parler, il faut garder le silence.

Ludwig WITTGENSTEIN

PREMIÈRE PARTIE

Des rencontres pleines de sens

Les animaux sont nos amis et parents.
Bhagwan PÂRSHVANÂTHA

Il n'y a pas de rupture entre l'observateur et l'observé, entre le sujet et l'objet : ils forment un tout homogène et continu.

J. KRISHNAMURTI

1

À l'école de la nature

« La nature est notre meilleur professeur, déclara ma mère alors que nous nous rendions à pied sur notre petit lopin de terre. Elle est encore meilleure que Bouddha, puisqu'il a appris d'elle, lui aussi. C'est après avoir longuement médité sous un arbre qu'il a atteint l'Éveil. Il a observé le banian sous lequel il s'était assis en s'interrogeant sur la nature même de cet arbre si compatissant, si généreux, si peu avare de ses bienfaits. Il a alors compris que la plénitude et la pleine conscience de soi qui caractérisaient ce banian résidaient dans sa manière d'être parfaitement ce qu'il était, sans jamais essayer d'être autre chose qu'un arbre. En tant que banian, il ne se refusait jamais à ceux qui venaient à lui : les oiseaux étaient libres d'y nicher, les animaux pouvaient se reposer à tout instant à l'ombre de ses branches, et ses fruits profitaient à tous. »

J'écoutais ma mère avec attention. Malgré mon jeune âge – je n'avais que huit ans –, je comprenais très bien ce qu'elle voulait dire. Elle s'adressait presque toujours à moi comme elle l'aurait fait avec mes frères et sœurs aînés. Elle ne me considérait pas comme un « adulte en devenir » sous prétexte que j'étais encore un enfant :

ensemble, nous abordions fréquemment des sujets de la plus haute importance.

Pourtant, ma mère ne savait ni lire ni écrire. Elle n'avait même pas appris à signer son nom et se contentait d'apposer l'empreinte de son pouce sur les documents officiels. Mais elle était à la fois profondément religieuse et dotée d'une aptitude innée à la philosophie.

Elle s'appelait Anchi Devi. Née en 1900 d'un couple de fermiers installés dans la petite ville de Momasar au Rajasthan, elle avait grandi dans la propriété familiale sans jamais aller à l'école. Ses croyances religieuses, sa philosophie et son mode de vie étaient directement issus de son expérience.

Brune aux yeux vifs, elle était petite et menue. Les rides qui plissaient son visage doux et pensif témoignaient d'une existence laborieuse. Elle portait des vêtements traditionnels : une longue jupe brune ornée de cercles rouges, un chemisier noir sur lequel elle drapait un grand châle de coton marron foncé qui lui couvrait le front, la tête et les épaules. Tous ses vêtements étaient tissés, teints et fabriqués dans notre petite ville. Elle adhérait aux principes du jaïnisme. Sa vision religieuse de l'existence sous-tendait le moindre de ses actes.

Mon père, Hiralal Sethia, était jaïn, lui aussi. Avant de rencontrer ma mère, il vivait avec ses proches à Shrî Dungargarh, une bourgade située à trente kilomètres de Momasar. Ses parents étaient négociants en grain. Ce que la famille d'Anchi Devi récoltait, celle d'Hiralal Sethia le vendait.

« Après trois ou quatre ans de mariage, j'ai commencé à éprouver un sentiment de vide, m'avait expliqué ma mère. Sans arbres, sans animaux, sans rien à cultiver, je ne savais pas quoi faire de moi-même.

Alors j'ai persuadé ton père d'acheter un lopin de terre. Il s'est montré réticent au début, mais lorsqu'il a compris que nous pourrions avoir du lait, du beurre et du *ghee*[1] maison, manger les fruits et les légumes de notre jardin, ses papilles l'ont convaincu d'accepter ma proposition, et j'en ai été très heureuse. »

C'était une décision très inhabituelle. Les jaïns s'abstiennent généralement de cultiver la terre : l'agriculture est incompatible avec la non-violence, principe fondateur de leur religion. L'emploi d'animaux, même pour labourer les champs, constitue à leurs yeux une forme de violence inacceptable. Ils se refusent également à nuire aux insectes – or ceux-ci sont souvent malmenés par les fermiers lors des semailles ou des récoltes. Ils évitent de consommer du miel, afin de ne pas priver les abeilles de leur nourriture, et s'interdisent de fabriquer ou de porter de la soie et du cuir, puisque ces matières nécessitent l'usage de la violence à l'encontre d'êtres vivants. Bien que très religieuse, ma mère avait à l'égard de l'agriculture une opinion radicalement différente : « Puisque nous consommons des produits de la ferme, arguait-elle, pourquoi ne pas les cultiver nous-mêmes ? Nous pourrons ainsi le faire dans le respect de nos principes. » Chez nous, comme dans tous les foyers jaïns, on se nourrissait de produits laitiers, de céréales, de fruits et de légumes. Personne n'aurait songé à manger de la viande, puisque c'était contraire à notre religion. Certains jaïns, dont ma mère faisait partie, considéraient toutefois la violence liée à l'élevage et à l'agriculture comme inévitable, voire acceptable. Pour elle, la non-violence consistait à respecter les êtres vivants, aussi petits soient-ils, et à

1. Beurre clarifié très utilisé dans la cuisine indienne. *(Toutes les notes sont de la traductrice.)*

éviter, dans la mesure du possible, tout recours à la violence – y compris lorsqu'elle résulte d'un manque d'attention de notre part.

Ma mère envisageait la vie comme une gigantesque tapisserie constituée de millions d'actes infimes qui, tous, contribuent à sa réalisation. Elle ne croyait pas aux grands actes héroïques, mais aux petites actions entreprises avec beaucoup d'amour et d'imagination.

La matière étant à ses yeux le véhicule de l'esprit, elle accordait une importance extrême aux choses matérielles et manipulait les objets avec le plus grand respect.

Avec le recul, je m'aperçois aujourd'hui à quel point les préceptes du jaïnisme influaient sur la vie et l'âme de ma mère, comme sur celles de tant d'autres femmes de l'époque. Pour elle, l'existence devait être vécue comme une pratique spirituelle, une méditation. Elle n'envisageait pas la réalisation de soi comme un objectif lointain ou inatteignable, mais comme une tâche de chaque instant, dictée par une profonde révérence pour la matière, le travail et la vie.

Adeptes du jaïnisme, nous ne nous comportions pas comme des individus isolés au sein de notre propre foyer. Les adultes ne nous encourageaient pas à être autonomes et à nous débrouiller seuls. Le mutualisme définissait toutes nos relations. Affection, vie privée, argent et biens propres : nous partagions tout et mettions tout en commun. C'était particulièrement évident pour ma mère. Prendre soin de sa famille et vivre au sein d'une communauté soudée contribuaient, plus que tout, à son accomplissement et à son bonheur.

Notre maison, bâtie dans la pierre du pays, s'articulait autour de deux grandes cours. La cour intérieure était reliée à une cour extérieure, où nous trayions les vaches, cultivions des herbes aromatiques, recueillions les eaux de pluie, recevions nos amis et faisions sécher, battions et vannions le maïs. Tout était extrêmement simple et efficace. Chaque chose était à sa place. Nous ne manquions de rien : l'entreprise familiale, qui reposait sur le négoce des céréales et du jute, rapportait assez d'argent pour satisfaire nos besoins. Nous n'étions ni riches ni pauvres – ces catégories n'avaient aucun sens à nos yeux.

La collecte des eaux de mousson faisait partie intégrante de notre mode de vie. Mes parents avaient installé une grande citerne dans la cour extérieure afin d'y recueillir l'eau qui s'abattait sur les toits pendant la mousson. Cette citerne jouait un rôle essentiel dans la bonne marche de la maison. Aussi importante que le grenier à grain ou la cuisine, elle contenait notre réserve annuelle d'eau potable et ne nous faisait jamais défaut.

On trouvait ce genre de citerne dans la plupart des maisons du bourg. Au Rajasthan, la collecte et la conservation des eaux de mousson occupaient l'ensemble de la population tout le long de l'année. La région regorgeait d'étangs et de lacs artificiels, petits et grands. Il y avait des puits partout, en ville, dans les campagnes, entre les champs : chaque fois que c'était possible, on installait des réservoirs à eau. Les puits traditionnels voisinaient avec d'autres, de facture plus moderne ; il s'en construisait sans cesse. J'avais souvent l'impression que le recueil des eaux de pluie ainsi que la construction et l'entretien des divers types de réservoirs qui servaient à les contenir étaient au centre de nos préoccupations collectives. Une gigantesque citerne se dressait à l'ouest du bourg : c'était là que les employés municipaux venaient puiser la ration d'eau de lavage attribuée quotidiennement aux habitants de la commune. Nous avions droit à un seau par jour et par personne. Comme tous les jaïns, nous veillions scrupuleusement à ne pas le gaspiller. Ma mère m'avait appris dès mon plus jeune âge un de ses sutras préférés, consacré à l'eau :

> Ne gaspille pas l'eau,
> N'en renverse pas une goutte.
> L'eau, c'est précieux.
> L'eau, c'est sacré.
> L'usage que tu en fais donne la mesure de ce que tu es.
> L'eau est le témoin,
> L'eau est le juge.
> Ta réputation dépend de l'attention que tu lui portes.

Maman avait coutume de dire : « La mousson est un des meilleurs amis des hommes et de la terre. Elle vient une fois par an nous faire don de l'eau. À nous de recevoir ce don avec gratitude, de remercier la déesse de la Pluie et d'utiliser l'eau avec soin et révérence. À nous de vivre en harmonie avec la mousson et de nous réjouir de son arrivée. Surya, le dieu du Soleil, et Indra, la déesse de la Pluie, sont les jumeaux dont dépend toute forme de vie. »

Dans la cour de notre maison poussait un grand prunier sauvage. J'adorais y grimper. « Quand je suis arrivée ici, m'expliqua ma mère, la cour était complètement vide. J'ai décidé d'y planter un prunier. J'ai enfoui une petite graine dans le sol, et ce bel arbre en est sorti. N'est-ce pas extraordinaire ? » Maman était très en verve, ce jour-là. Elle se servit de l'arbre et de la graine comme d'une métaphore lui permettant d'illustrer sa conception du changement, de la naissance et de la mort, de la permanence et du caractère temporaire des choses. « Tout comme la graine peut devenir un arbre, chaque être humain peut devenir pleinement lui-même. Pour se transformer en arbre, la graine doit être enfouie dans le sol. Elle doit disparaître sous terre, dans l'obscurité, se faire oublier. Au contact de la terre, elle renonce peu à peu à son individualité, à son identité, à son ego. Elle accepte de ne faire plus qu'un avec le sol. C'est à ce moment-là que son énergie cachée se libère et que nous voyons apparaître les premières pousses vertes à la surface du sol, comme un miracle. »

Ces conversations sont gravées dans ma mémoire. Lorsqu'elle s'exprimait ainsi, ma mère entrait dans une sorte de transe, oubliant presque où elle était et ce qu'elle faisait. Elle paraissait nimbée d'une aura quasi mystique, que j'ai rarement perçue chez d'autres. Muet de stupeur, je l'observais avec fascination.

« Car il s'agit bien d'un miracle – n'est-ce pas, mon tout-petit ? La minuscule graine que j'ai plantée il y a trente ans a donné je ne sais combien de prunes, et dans chacune d'elles il y avait une nouvelle graine de prunier. Tu te rends compte ? Tout ça à partir d'une seule graine ! Cet arbre m'aide à mieux comprendre l'éternité et la réincarnation. »

Je suis heureux que maman n'ait pas brouillé les pistes en citant un texte sacré relatif à l'éternité ou à la réincarnation. Elle se contenta de désigner le prunier d'un geste de la main, et ce fut plus éloquent que tous les discours. Cet arbre, dont je mangeais les fruits chaque année, à l'ombre duquel je dormais si souvent et que j'avais escaladé un nombre incalculable de fois, m'était si familier !

« De la même façon, reprit-elle, nous devons renoncer à notre orgueil, à notre individualité, et ne pas accorder trop d'importance à ce qui nous distingue des autres. Si nous nous immergeons dans la vie, si nous acceptons de nous fier à la marche de l'univers et de nous fondre dans la communauté des hommes, nous deviendrons comme cet arbre : nous aurons mille branches et des millions de fruits. »

Du haut de mes huit ans, je l'avais écoutée avec attention, mais ses propos me laissaient perplexe.

« Je suis pourtant différent des autres, moi ! répliquai-je. J'existe en dehors de toi, en dehors de mes frères et sœurs, et de mes amis. Comment veux-tu que je me fonde en vous ? »

Maman ne répondit pas tout de suite. Elle regagna la cuisine en silence. Je la rejoignis peu après. Le riz était cuit. Elle m'en servit, agrémenté de légumes et de dhal[1]. Je commençai à manger et me détendis aussitôt. La question que j'avais posée à ma mère ne me préoccupait déjà plus. Elle ne l'avait pourtant pas oubliée et reprit la conversation à l'endroit exact où elle l'avait interrompue.

« Tu as raison, tu sais : nous avons tous besoin d'exister en tant qu'individus. La conscience de soi a sa place dans notre vie. La vie individuelle et la vie collective sont complémentaires, non contradictoires : le collectif a besoin de l'individu pour se développer comme la graine a besoin de la cosse. Sans la cosse, la graine serait incapable de se constituer en tant que telle. C'est pareil pour les hommes : le sentiment de notre identité nous permet de nous distinguer les uns des autres, mais il vient toujours un moment où la graine doit se transformer en arbre. Quand ce moment

1. Plat composé de lentilles corail et d'épices.

survient et que la graine devient un arbre, la cosse n'a plus lieu d'être. Elle doit se désintégrer afin que la graine puisse se mêler aux autres éléments. »

Le riz et le dhal qu'elle m'avait servis étaient délicieux. Absorbé dans mon repas, je ne l'écoutais plus que d'une oreille. Ses mots m'imprégnèrent d'autant plus durablement, semble-t-il, que je n'y prêtais guère attention. Qui sait ? Elle avait peut-être choisi ce moment précis pour aborder ces questions complexes, attendant que je sois occupé à engloutir mon déjeuner tandis que ma sœur Suraj chantonnait en faisant la lessive.

Elle continua donc son exposé, sans se soucier de savoir si je me montrais vraiment attentif. Il n'y avait plus moyen de l'arrêter, de toute façon. « La graine vient de l'arbre et finit elle-même par devenir un arbre. L'essence de la graine, le fait même qu'elle soit une graine, n'est donc qu'un phénomène transitoire. De la graine à l'arbre, la transition est inéluctable – pourquoi nous y attarder ? De même, nous avons tous, sans aucune exception, conscience de notre individualité, mais celle-ci n'est que transitoire. Et cette individualité est peut-être plus apparente que réelle. Existerais-tu sans moi, mon fils ? Existerais-tu sans la nourriture que tu manges ? Sans le sol sur lequel tu es assis ? Notre individualité dépend de ce qui nous entoure. Elle est indissociable de notre environnement. »

Bien qu'illettrée, ma mère avait appris par cœur de nombreuses chansons, ainsi que des poèmes et des vers tirés des grands textes jaïns. Elle récitait souvent celui-ci, par exemple : « C'est en se rendant mutuellement service que les âmes trouvent leur salut. »

Ce jour-là, elle associa ce précepte jaïn à la graine du prunier.

« La graine sert la terre et la terre sert la graine. L'arbre laisse tomber ses feuilles sur la terre et la terre nourrit les racines de l'arbre. Leurs âmes se rendent mutuellement service et s'en trouvent comblées.

— Et toi, maman, tu ne déjeunes pas ?

— Non, pas aujourd'hui. Je jeûne. »

Je me souviens aussi d'un matin où nous nous rendîmes à pied jusqu'à notre lopin de terre, ma mère et moi. Le jour venait de se lever. Le ciel rouge, déployé d'un bout à l'autre de l'horizon, était d'une immensité à couper le souffle.

« D'où vient tout ce rouge, maman ? demandai-je.

— C'est un mystère, mon fils. Un grand mystère.

— On dirait que quelqu'un a renversé des tonnes de peinture rouge dans le ciel !

— Regarde la ruche. Là, dans cet arbre ! »

Les abeilles la captivaient davantage que la beauté des cieux, ce matin-là. « Les abeilles vont d'une fleur à l'autre, se contentant de prendre un peu de nectar ici, un peu de nectar là, sans jamais abîmer les fleurs qu'elles butinent. Elles sont si modérées, si délicates ! Jamais on n'a entendu une fleur se plaindre qu'une abeille était venue lui voler son nectar. Tout se passe comme si l'abeille savait qu'elle n'existerait pas sans les fleurs, ni la fleur sans les abeilles. Les hommes font exactement le contraire. Lorsqu'ils tirent profit des richesses de la terre, ils ne s'imposent aucune limite : ils prennent ce qu'il y a à prendre jusqu'à épuisement des ressources. Les abeilles ne se contentent pas de prendre le nectar des fleurs : elles le transforment en une substance délicieusement sucrée et bienfaisante – le miel –, tout en assurant la pollinisation des plantes. Combien d'êtres humains en seraient capables ? Lorsque nous nous emparons des richesses naturelles, nous ne faisons qu'abîmer et gaspiller ! Si seulement nous apprenions de la nature, nous pourrions profiter de ses ressources sans l'agresser ! Le peu que nous prendrions à la terre serait transformé en bienfait et nous veillerions à lui rendre ce qu'elle nous a donné, comme l'arbre rend les feuilles au sol qui l'a nourri. La nature ne gaspille rien et ne produit aucun déchet. »

La ferme familiale et le lopin que nous cultivions se trouvaient à cinq kilomètres de chez nous. Il nous fallait une heure pour nous y rendre à pied chaque matin et une heure pour en revenir en fin d'après-midi. Ma mère ne s'en plaignait pas : ces deux heures de marche quotidienne la ravissaient.

« Ton père venait à la ferme – quand il venait – à cheval. J'essayais de le faire changer d'avis : "Pourquoi monter à cheval quand nous avons la chance de pouvoir marcher sur nos deux jambes ? Et que dirais-tu, toi, si un cheval s'avisait de grimper sur ton dos ?" Il m'écoutait en riant, mais il ne se servait pas de ses jambes pour autant ! »

Ma mère n'avait pas l'habitude de critiquer mon père, mais elle regrettait encore, semblait-il, qu'il n'ait pas renoncé à son cheval. S'il avait marché avec elle, ils auraient pu discuter un peu – non de choses triviales, mais du sens de la vie et de ses mystères, comme elle aimait le faire. Mon père, très occupé par ses affaires, se préoccupait davantage d'assurer la subsistance de son négoce et de sa famille que de méditer sur l'infini et sur la réincarnation.

Une ombre avait voilé le visage de ma mère quand elle avait évoqué mon père. Je l'avais à peine connu : il était mort lorsque j'avais quatre ans. J'étais un vrai « fils à maman ». Encore aujourd'hui, je pense beaucoup à elle et je l'évoque constamment. De mon père, je ne sais que ce qu'elle a bien voulu m'en dire quand j'étais petit.

Les gens sont parfois surpris de m'entendre parler si souvent de ma mère. « En Occident, nous n'en parlons pas autant, m'expliquent-ils. On dirait que tu n'as pas surmonté ton complexe d'Œdipe ! » Leurs remarques ne m'émeuvent pas outre mesure. Ma mère m'a tant appris qu'il me paraît normal d'évoquer son rôle et l'influence qu'elle a eue sur moi.

Il me semble que la société actuelle n'incite pas les jeunes gens à remercier leur mère ni à l'apprécier à sa juste valeur. Et que les mères ont, de ce fait même, laissé se distendre le lien qui les unit à leurs enfants.

Mon père s'occupait de son petit commerce, pas de la ferme. Il était donc moins sensible que ma mère à la beauté de la nature. Elle le déplorait, tout en appréciant la rigueur et la noblesse avec lesquelles il conduisait ses affaires.

« Ton père disait souvent qu'il faisait du commerce pour nouer de nouvelles amitiés et servir la communauté. "Le profit est secondaire à mes yeux, affirmait-il. Je dégage des bénéfices et je veille à équilibrer mes comptes – sans quoi l'entreprise courrait à sa perte –, mais ce n'est pas ma motivation première. Le profit met de l'huile dans les rouages, mais on ne met pas les rouages en marche pour consommer de l'huile ! On le fait pour produire quelque chose d'utile à sa communauté. Le profit est nécessaire, jamais primordial. Je préfère me faire des amis plutôt que dégager des bénéfices. C'est bien plus amusant. Et c'est pour ça que je suis dans les affaires !" »

Maman se réjouissait de l'entendre parler ainsi. Elle avait toujours tenu la modération pour une vertu.

« Il n'est pas bon d'avoir trop de biens, disait-elle souvent. Ça prend trop de temps ! Il faut les entretenir, les surveiller, s'en servir, les stocker… Si tu passes tes journées à t'occuper de tes biens, où trouveras-tu le temps de réfléchir, de méditer, de rendre service à la communauté ? »

Que mon père gagne peu d'argent ne l'inquiétait pas, mais qu'il refuse de marcher dans les champs, voilà qui la décevait ! Je me tournai vers elle. Ses yeux s'étaient embués. Elle fit de son mieux pour retenir ses larmes, mais il était clair que la mort de mon père, survenue quatre ans plus tôt, la bouleversait encore. Nous cheminâmes quelques instants en silence, puis elle revint à ses réflexions sur les bienfaits de la marche.

À ses yeux, rien ne remplaçait la marche, dont la pratique lui semblait plus bénéfique que celle du yoga ou de la course à pied.

« Avez-vous transpiré aujourd'hui ? nous demandait-elle souvent lorsque nous étions petits, ma sœur Suraj et moi. Sinon, allez marcher à grands pas dans la campagne ! Transpirer favorise l'ouverture des pores et nous permet d'éliminer les toxines. C'est le meilleur moyen de garder une peau saine. En plus, vous bénéficierez d'un massage plantaire gratuit, et les herbes qui vous chatouilleront les orteils vous prodigueront subtilement tous leurs bienfaits ! » concluait-elle en riant.

Elle ne considérait pas la marche comme un simple exercice physique mais comme une véritable méditation. Toucher la terre, être en contact avec le sol, accomplir chaque pas le plus consciemment possible lui semblait extrêmement favorable à la contemplation.

« Mahâvîra, notre guide, le grand prophète de la religion jaïne, avait atteint l'Éveil en marchant. Il pratiquait la méditation dynamique : la marche lui permettait de méditer simultanément sur lui-même et sur le monde, alors qu'en position assise il aurait été plus enclin à se concentrer uniquement sur lui-même. »

Ma mère n'était pas égocentrique. Souvent dehors, le nez au vent, elle se régénérait au contact de la nature. Quand je repense à cette époque et à nos longues marches quotidiennes pour aller et revenir de la ferme, je comprends mieux pourquoi j'ai toujours aimé marcher, sans jamais m'effrayer des distances à parcourir.

Tout en marchant, maman m'apprenait à respirer correctement et me demandait de me concentrer sur ma respiration. « Se concentrer, c'est méditer », avait-elle coutume de dire. Sans doute espérait-elle me familiariser avec la marche et la méditation dès mon plus jeune âge afin que leur pratique ne me décourage pas à l'âge adulte. Je l'entends encore me dire : « Concentre-toi sur l'instant qui sépare l'inspiration de l'expiration. Observe bien cet instant précis, quand tu n'es plus en train d'inspirer et pas encore en train d'expirer. Inutile de prolonger cet instant ni de retenir ta respiration. Contente-toi d'observer ce qui se passe. »

Ma mère tenait cette technique d'une nonne qui avait pratiqué la méditation pendant une dizaine d'années. Les nonnes et les moines jaïns ne se déplacent qu'à pied et ne portent pas de chaussures. Ce sont les maîtres de la marche méditative. Encore aujourd'hui, je m'estime heureux d'avoir pu l'apprendre sans trop d'effort auprès de ma mère.

« Respirer nous relie à l'univers. Nous partageons le même souffle de vie, le même air, avec l'ensemble de l'humanité. Ce médium invisible nous relie au reste du monde chaque fois que nous respirons. Nous partageons l'air avec les animaux, les oiseaux, les poissons, les plantes – le monde entier, en somme. N'est-ce pas merveilleux de penser que nous sommes tous liés les uns aux autres par notre respiration ? L'air ne connaît nulle barrière, nulle frontière, nulle distinction ou séparation. En te concentrant sur ta respiration, tu sentiras se dissoudre en toi ce qui te sépare et t'isole de l'univers. »

Après m'avoir expliqué cette technique de respiration, maman s'était tue et nous avions poursuivi notre chemin en silence pendant une petite vingtaine de minutes.

« Est-ce que je dois faire plus attention à mes pas dans le sol ou à ma respiration ? Je ne peux pas faire les deux à la fois, n'est-ce pas ? lui demandai-je un matin.

— C'est tout à fait possible, au contraire. À condition que tu ne penses ni à tes pieds ni à ta respiration. Méditer ne consiste pas à penser à ce que tu fais. Respire et marche sans réfléchir. Tout doit se produire très naturellement. »

J'ai mis longtemps à comprendre ce qu'elle voulait dire. Elle avait entièrement raison : il ne faut pas envisager la méditation comme une action consciente mais comme une manière de s'affranchir des pensées, des idées, des techniques et des méthodes qui meublent notre esprit. Méditer, c'est se contenter d'exister. C'est être présent et attentif à chaque instant de sa vie.

C'est un peu comme l'apprentissage de la lecture, en somme : au début, on apprend les lettres une à une. Puis, l'expérience aidant, on les lit, on les écrit sans plus penser à l'alphabet. Les lettres se fondent dans le texte et deviennent porteuses de sens. La méditation relève du même principe.

Ma mère aimait beaucoup le mantra « *Aum shanti shanti shanti* », qu'elle chantait souvent, en le murmurant ou à voix haute.

« Je suis parfois submergée par les soucis familiaux ou les affaires de la ferme. Mais il me suffit de réciter le mantra pour que mon esprit s'éclaircisse. Chanter est enchanteur. En chantant, on s'élève, on transcende la réalité et on se libère de notre brouillard mental. Le mantra m'aide à me ré-enchanter chaque fois que je me sens perdue. Un mantra est un mot sacré qui se charge de sens à force d'être répété. Plus tu récites le même mantra, plus il gagne en potentiel. Le mantra nettoie ton esprit. En sanskrit, *man-* désigne l'esprit et *-tra*, la libération. En récitant un mantra, tu libères ton esprit par le chant. Tu t'affranchis des pensées qui t'encombrent. Voilà pourquoi les hindouistes, les bouddhistes et les jaïns ont souvent recours à la récitation des mêmes mantras. »

2

Un esprit hindou

Alors que nous revenions de la ferme, ma mère et moi, nous rencontrâmes Gopalji, mon instituteur. Elle aimait beaucoup ce brâhmane d'une quarantaine d'années, professeur et philosophe. Bien qu'hindouiste, Gopalji avait une vision du monde très similaire à la sienne. Toujours vêtu et coiffé avec soin, il portait une *kurta*, une chemise couleur safran filée et tissée à la main dans un village voisin. Sur ses épaules, un châle de coton blanc brodé aux noms de Krishna et de Râdhâ lui rappelait que ces dieux accompagnaient chacun de ses pas. Du haut de son crâne rasé partait une longue natte de cheveux noirs. À cette tenue traditionnelle, propre aux brâhmanes orthodoxes, s'ajoutait une paire de sandales fabriquées à la main par un artisan local, ornées de petites perles colorées. Grand et mince, il inspirait le respect. Tous les élèves de notre petite école le vénéraient. C'était notre héros.

Il était souffrant ce jour-là : il avait attrapé un mauvais rhume et avait mal à la tête. « Venez à la maison, suggéra ma mère. Je vous ferai de la tisane. » Nous ne buvions jamais de thé ni de café. D'ailleurs, nous n'avions pas de bouilloire. Mes parents n'avaient pas fait installer le gaz et l'électricité, et nous n'utilisions pas de charbon : les jaïns considèrent l'extraction de la houille comme une forme de violence à laquelle il faut recourir le moins possible.

Nous ne brûlions que du bois et des briquettes de bouse de vache séchée – avec une préférence pour ces dernières, que ma mère jugeait particulièrement appropriées et efficaces. Il y avait peu de bois mais beaucoup de bouses de vache dans les plaines arides du Rajasthan. Les enfants de la région sillonnaient les pâturages pour les ramasser. Ils y ajoutaient de la paille et découpaient la mixture ainsi obtenue en briquettes, qu'ils faisaient sécher au soleil avant de nous les vendre. Nous procédions de la même manière avec les bouses de notre troupeau de vaches et de buffles, que nous transformions aussi en combustible. Nous ne les ajoutions jamais au compost, qui se constituait exclusivement de feuillage et des pelures de légumes que les vaches ne mangeaient pas.

Nous veillions toujours à laisser quelques braises rougeoyer sous les cendres afin que maman puisse facilement rallumer le feu en jetant quelques briquettes de bouse dans l'âtre. C'est ce qu'elle fit lorsque nous arrivâmes à la maison avec Gopalji. Puis elle mit de l'eau à bouillir avec de la cannelle, du gingembre séché, de la cardamome, du poivre noir et quelques feuilles de tulsi, le basilic indien. Ma mère et Gopalji vouaient un véritable culte à cette plante, dont les propriétés curatives sont connues en Inde depuis des siècles ; elle permet de guérir les petits maux et stimule les capacités régénératrices du corps humain. Aussi était-ce une composante essentielle du breuvage que maman servit à Gopalji ce jour-là. Je remarquai que mon maître l'appelait le *yogi tchaï* ou « thé du yogi », tandis qu'elle se contentait du vocable *ukali*, qui signifie « mélange d'épices ».

On trouve du tulsi dans la plupart des maisons indiennes. Considéré comme un don de Shiva, apprécié pour ses vertus médicinales, il est traité comme une véritable divinité au sein du foyer. Ma mère arrosait notre basilic chaque matin, puis s'inclinait, les mains jointes en signe de dévotion. « Le tulsi symbolise l'ensemble du règne végétal, nous expliqua Gopalji. En le respectant, ce sont toutes les plantes du monde que nous respectons. De même, le Gange représente tous les fleuves du monde. C'est pourquoi, lorsque nous faisons un pèlerinage au bord du Gange, nous rendons hommage au caractère sacré de l'eau elle-même. Les vaches sont sacrées, elles aussi. Elles symbolisent l'ensemble du règne animal : à travers elles, ce sont tous les animaux qui sont sacrés. La tradition religieuse a mis l'accent sur une plante, un animal ou un oiseau pour nous rappeler que toute forme de vie est sacrée. »

Après avoir servi l'*ukali*, ma mère demanda à Gopalji pourquoi le mantra « *Aum shanti shanti shanti* » était devenu le mantra par excellence.

« Parce qu'il nous suffit de le prononcer pour nous recentrer sur nous-mêmes, répondit-il. C'est comme le tulsi, le Gange ou les vaches : ce sont des mots qui rendent tous les mots sacrés. *Aum* s'écrit en trois lettres : A, U et M. Or, en sanskrit, "A" est la première lettre de l'alphabet ; "M" est la dernière. Le "U" représente toutes celles qui se trouvent entre elles deux. Le son "aum" résume donc l'alphabet à lui seul. Il est à l'origine de toutes les formes de langage et de vie car, selon nos traditions ancestrales, la vie elle-même provient du son "aum". La déesse Umâ, l'épouse de Shiva, tire son nom du mantra *Aum* parce qu'elle est la mère de toute création. "Umâ" signifie "mère". *Aum* symbolise le principe maternel. Il désigne ce qui est entier, ce qui forme un tout. Chanter ce mantra, c'est englober la totalité du monde sans rien laisser de côté. »

Ma mère était si attentive aux propos de Gopalji qu'elle en oubliait son *ukali* : il refroidissait dans sa tasse. Je comprenais mieux, à présent, pourquoi elle aimait tant bavarder avec lui : il abordait les sujets qui l'intéressaient avec une telle clarté, une telle concision !

Il connaissait par cœur la *Bhagavad-Gîtâ*, le « chant du Bienheureux » considéré comme l'un des textes majeurs de l'hindouisme. Il y voyait le « poème le plus beau et le plus éloquent jamais écrit ». « En lui convergent le son, le sens et l'esprit », disait-il souvent. Très érudit, Gopalji maîtrisait parfaitement le sanskrit – ce qui ne faisait aucune différence à mes yeux : ma mère, bien qu'illettrée, était aussi douée que lui pour élucider les grands mystères de la vie. Son analphabétisme n'était jamais un handicap. Je m'estimais heureux de grandir auprès d'une telle mère et d'un tel maître.

Gopalji n'avait pas terminé ; il prenait manifestement plaisir à expliquer le sens du mot *aum* à ma mère.

« *Aum* est un mantra d'affirmation, précisa-t-il. Il signifie "oui", tout simplement – oui à la vie, oui au soleil et à la lune, oui aux arbres et aux fleuves, oui à nos proches et à nos amis, oui à vous et à moi, oui à la tisane que nous buvons, oui à la beauté de l'existence. C'est un mantra d'acceptation et d'ouverture au monde. Il encourage à la pensée positive. Il n'est pas nécessaire de nous asseoir en tailleur dans une pièce fermée pour le chanter : nous pouvons l'entonner à tout moment de la journée, au contraire. En mangeant, en nous lavant, en marchant… Nous devrions le faire aussi souvent que possible ! »

Il marqua une pause, durant laquelle maman remplit de nouveau son gobelet de cuivre. Nous n'avions ni verre, ni porcelaine, ni plastique à la maison : tous nos ustensiles étaient en métal – cuivre, bronze ou argent. Gopalji prit le gobelet avec un mouchoir pour éviter de se brûler et le porta à ses lèvres, savourant sa tisane à petites gorgées.

« Et *shanti shanti shanti* ? reprit ma mère lorsqu'il eut terminé. Qu'est-ce que ça veut dire ? »

Gopalji n'attendait que cette question pour poursuivre. Je l'attendais, moi aussi. Leurs discussions ne m'ennuyaient jamais.

« *Shanti* veut dire "paix" en sanskrit. La paix est la découverte ultime. Ne sommes-nous pas tous en quête de paix ? Elle nous guide vers le bonheur et la plénitude.

— Pourquoi faut-il répéter trois fois le mot *shanti* ? demanda maman.

— La première fois nous sert à faire la paix avec nous-mêmes : nous devons d'abord commencer par nous accepter tels que nous sommes. Chacun de nous est l'expression unique et singulière de l'énergie universelle. Nous devons apprécier notre singularité, notre "unicité" à sa juste valeur : apprendre à aimer ce qui nous rend différents des autres. Or nous sommes souvent sévères envers nous-mêmes. Certains de nous se plaignent de ne pas être assez doués ou assez beaux. Ils sont en guerre contre eux-mêmes. Dans ces conditions, comment pourraient-ils faire la paix avec le monde ? Il n'y a pas de paix extérieure sans paix intérieure. Si la société se composait uniquement d'individus en paix avec eux-mêmes, dépourvus de pensées négatives et jouissant d'une certaine sérénité d'esprit, personne ne craindrait personne. Nous n'aurions plus d'ennemis. C'est loin d'être le cas : comme nous sommes incapables de surmonter nos peurs, les gouvernements et les militaires n'ont aucun mal à attiser en nous celle d'un agresseur extérieur. Ils nous parlent sans cesse de nos "ennemis". C'est dans leur intérêt ! Ils veulent susciter la peur et l'entretenir en chacun de nous. Ils y parviennent fort bien : nous sommes dominés par la peur. Nous nous méfions de nos voisins, des hindous, des musulmans, des chrétiens, des pays étrangers. La société se scinde en plusieurs petits groupes qui se craignent les uns les autres. Nous en venons même à craindre notre conjoint ou nos enfants. Pas étonnant que les chefs d'État dépensent de telles fortunes en matériel militaire ! Bien qu'il n'apparaisse pas de prime abord, il existe un lien puissant, indissoluble, entre la paix de l'esprit et la paix des nations, entre la paix intérieure et la paix extérieure. Si nous continuons d'attendre que le monde change sans pour autant changer nous-mêmes, rien ne changera. En nous s'enracinent la peur, la méfiance, l'esprit de compétition, le manque d'assurance que nous observons entre les nations et leurs dirigeants. Les craintes qui assombrissent notre existence s'amplifient avec le temps ; elles s'amalgament les unes aux autres et se muent en peur, en méfiance, en désunion, en insécurité générales. Nous ne ferons pas la paix avec autrui si nous ne la faisons pas d'abord avec nous-mêmes. Nous ne pouvons même pas comprendre ce qu'est réellement la paix si nous continuons de lutter contre ce que nous sommes ! Voilà pourquoi la paix intérieure est la clé de la paix extérieure. Lorsque j'ai atteint cette paix intérieure, je dois faire la paix avec le monde. De même qu'il nous arrive souvent de nous plaindre de nous-mêmes, nous nous plaignons de notre famille, de notre travail, de nos concitoyens ou du gouvernement. Rien n'est assez bien à nos yeux. Nous sommes submergés de pensées négatives qui rendent toute paix impossible. Nous devons commencer par admettre que le monde est bon, qu'il possède une beauté intrinsèque. Puis nous appuyer sur cette certitude pour bâtir le monde idéal dont nous rêvons. Alors les hommes vivront enfin en paix. »

Sans doute pensait-il au conflit qui ravageait l'Europe – cette conversation se passait pendant la Seconde Guerre mondiale – car il ajouta : « Bien des hommes souffrent d'un faux sentiment de supériorité qui les pousse à se croire les meilleurs ou à estimer que leur religion ou leur pays l'emporte sur les autres. Ce type d'attitude est à l'origine des guerres et des conflits religieux. Voilà pourquoi ce mantra nous incite à faire la paix entre les hommes, entre les religions et entre les pays. »

Il y eut un bref silence.

« Et pourquoi faut-il répéter *shanti* une troisième fois ? demanda ma mère.

— Lorsque nous avons fait la paix avec le monde, nous pouvons faire la paix avec la nature, le cosmos et les dieux – avec tout l'univers. Le monde n'est pas seulement constitué d'êtres humains : nous le partageons avec les animaux, les oiseaux et les plantes. Aussi devons-nous faire la paix avec toutes les formes de vie existantes. Nous appartenons à la même famille. Nous sommes tous reliés les uns aux autres. En répétant trois fois le mot “paix”, nous envoyons nos pensées les plus nobles aux quatre coins de l'univers et nous laissons venir à nous ces mêmes pensées, ces vœux de paix issus de l'univers tout entier. Nous les aidons à l'emporter sur la guerre et à imprégner ces trois sphères : la sphère intime, la sphère sociale et la sphère cosmique. »

Maman n'avait pas de montre ; Gopalji non plus. Je devinai qu'il était prêt à partir. Pourtant quelque chose semblait le retenir, comme s'il pressentait qu'il n'était pas allé au bout de son propos. Il se leva. Nous l'imitâmes, mais aucun de nous ne fit un mouvement vers la porte.

Un court silence s'ensuivit, puis mon maître reprit avec gravité : « Ce mantra ne doit pas vous donner à penser que la paix intérieure est distincte de la paix sociale, ni que la paix sociale est distincte de la paix cosmique. La paix intérieure, la paix internationale et la paix cosmique sont profondément liées. L'une ne peut être atteinte sans les autres. Elles se renforcent et se complètent mutuellement. Ce sont les trois facettes d'une même entité. »

Un sourire plissa ses lèvres. Il semblait satisfait, à présent. Il s'inclina en joignant les mains. Ma mère s'inclina à son tour, et je lui touchai les pieds en signe de respect. Il posa sa main sur ma tête pour me donner sa bénédiction et sortit.

3

Le principe maternel

Lorsque je revis Gopalji le lendemain matin, il se sentait mieux. Le *yogi tchaï* avait dégagé ses sinus. Il souhaitait poursuivre le traitement. « Je vais rentrer avec toi, m'annonça-t-il après la classe, pour demander à ta mère de me préparer une nouvelle tasse d'*ukali.* »

Maman fut ravie d'apprendre que sa décoction avait agi, et plus ravie encore d'en offrir davantage à notre hôte. Les tisanes sont propices à la conversation.

« Hier, vous avez mentionné la déesse Umâ, dit-elle. C'était l'épouse de Shiva, n'est-ce pas ?

— Oui et non. Il existe plusieurs milliers de mythes différents sur mère Umâ. Les mythes sont issus de notre imagination. Ils nous aident à mieux comprendre le monde, à élucider ce qui, dans la réalité, échappe à notre entendement.

— Quelle est votre vision d'Umâ, alors ?

— Umâ est la Mère des Mères, la déesse suprême. Elle donne vie à toute vie. Elle donne et continuera de donner naissance à l'univers entier. D'Umâ est venu Shiva. Puis Umâ et Shiva ont commencé à danser. Le monde que nous connaissons est le résultat de cette danse, une danse qui n'en finit pas, une danse éternelle.

— Pour les jaïns, le monde n'a ni commencement ni fin, fit remarquer ma mère.

— Bien sûr. Le temps dont nous parlons ici n'est pas un temps linéaire. Umâ et Shiva sont présents de toute éternité ; ils dansent en permanence. Tous nos mouvements, physiques et mentaux, font partie de cette danse. Umâ et Shiva sont les deux moitiés d'un même corps, mi-*devi*, mi-*deva* – mi-femme, mi-homme, mi-mère, mi-père. Quand la moitié d'Umâ et la moitié de Shiva se sont réunies, la moitié restante d'Umâ a donné naissance à tous les êtres féminins du monde, et la moitié restante de Shiva à tous les êtres masculins. Je m'exprime au passé, mais ce que je dis vaut aussi pour le présent et pour l'avenir. Le temps n'est fragmenté que par le langage, pas dans la réalité. Umâ est aussi Durgâ, la déesse mère aux neuf bras, celle qui chevauche un lion et met ses immenses pouvoirs au service de la vie, protège les éléments et assure la pérennité de la danse cosmique.

» Umâ est aussi la belle Sarasvatî, mère de la connaissance et des arts. Elle se déplace sur un grand cygne blanc et joue de la *vînâ*[1] à sept cordes. Elle engendre l'imagination, la poésie, la musique, les arts et l'artisanat, la créativité des hommes et de la nature. Les foulards chatoyants que vous tissez de vos mains et concevez avec votre cœur sont l'œuvre de Sarasvatî en vous. La déesse se manifeste à travers chacun de nous. Elle nous inspire tout ce que nous concevons de beau au cours de notre vie. »

Le rhume dont souffrait Gopalji ne l'empêchait pas de parler. Il s'interrompait de temps à autre pour tousser et se moucher, mais il ne semblait pas pressé de

1. Luth indien.

rentrer chez lui. Il se rafraîchit la gorge avec une gorgée de *yogi tchaï* et reprit :

« Umâ est aussi Lakshmî, la déesse de l'Abondance et de la Prospérité. Elle se tient sur une fleur de lotus, entourée de deux éléphants. Elle nous comble de cadeaux et de nourriture. Sa présence suffit à créer l'abondance. Les melons et le sésame qui poussent dans vos champs, le miel, les fruits qui mûrissent sur vos arbres, le lait et le beurre que produisent vos vaches, tout cela vient de notre mère Lakshmî. Mais ne vous y trompez pas : sous sa beauté et sa bienveillance, Umâ cache aussi la terrifiante Kâlî, celle qui détruit toute chose. Elle donne la mort à ce qui prend naissance et met un terme à ce qui commence. Elle porte un long collier de crânes humains et brandit une coupe de sang. Un serpent enserre la fleur de lotus qu'elle tient à la main. Son épée et ses ciseaux tranchent tout ce qu'elle touche. Vaincu, Shiva gît à ses pieds, le corps dévoré par les flammes. L'univers tout entier, ce que nous voyons et ce que nous ne voyons pas, dépend d'Umâ, la déesse mère. Elle nous tient dans ses bras et sur ses genoux. Elle veille sur nous. Faites-lui confiance. Abandonnez-vous au mouvement perpétuel de l'univers. Il suffit d'entrer dans la danse ! »

Enfant, j'étais déjà fasciné par le fait que ma mère, qui pratiquait le jaïnisme avec ferveur, s'entendait à merveille avec Gopalji, qui étudiait et enseignait l'hindouisme. Le souvenir de leurs discussions continue de me fasciner, mais il ne me surprend plus. Les jaïns n'envisagent pas la vérité en termes d'absolu. Le paradoxe est au cœur de leur système de pensée : à leurs yeux, nous sommes à la fois des êtres physiques et des créatures spirituelles. « Il est possible d'être et de ne pas être[1] » en même temps. Tout est à la fois permanent et provisoire.

« La langue des jaïns est une langue abstraite, très conceptuelle, alors que les hindous privilégient un langage descriptif et imagé, reprit Gopalji. Vous parlez d'"origination", de persistance et de cessation, quand nous parlons de naissance, de vie et de mort. Nous vénérons la trinité constituée de Brahmâ, le créateur, de Shiva, le destructeur, et de Vishnu, le protecteur, et nous avons recours à des images, des histoires et des mythes pour illustrer ces trois aspects de la vie. En fait, les jaïns et les hindous s'expriment de manière différente pour désigner des phénomènes identiques. Bien que le langage sépare nos trois principes de base, ils ne se distinguent pas réellement les uns des autres. Brahmâ, Shiva et Vishnu sont présents ensemble, à tout moment. On ne peut pas les séparer. Il n'y a pas de dualité. Nous ne recourons à des dieux apparemment distincts que pour mieux expliquer le monde. En réalité, ils se fondent l'un dans l'autre tout au long de l'existence. Par exemple, poursuivit-il pour éclairer son propos, la naissance d'un bébé est d'abord l'œuvre de Brahmâ. Puis Vishnu entre en scène pour maintenir l'enfant en vie et l'amener à l'âge adulte. Ensuite Shiva intervient pour mettre fin à l'existence de cette personne telle que nous la connaissions. Mais, de manière plus souterraine, la naissance d'un enfant se traduit aussi par la mort du fœtus. De ce point de vue, on peut dire que Shiva entre en scène le premier. Une heure plus tard, il est toujours à l'œuvre puisque le nouveau-né est déjà en route vers la mort. Shiva poursuit son œuvre de destruction tout en laissant

1. Extrait de l'introduction de *That Which Is* d'Umâsvati, traduit en anglais par Nathmal Tatia, Harper Collins, 1994. *(Note de l'auteur.)*

Vishnu garantir la survie de l'enfant. Brahmâ intervient à tout moment, lui aussi, pour assurer le renouvellement des cellules du nouveau-né et l'éveil de son âme. Les trois dieux veillent donc activement sur l'existence et le destin de l'enfant. Et lorsque, devenu adulte, il finit par mourir, ce que nous concevons comme une fin est aussi le début d'une nouvelle vie : la mort d'un arbre n'engendre-t-elle pas la vie dans le sol qui l'accueille ? »

En s'opposant à une vision dualiste du monde, les hindous rejoignent la conception jaïne du non-absolutisme. Le refus de la dualité est parfois perçu comme une approche uniforme de la réalité. Gopalji s'opposait fermement à cette opinion :

« La non-dualité symbolise la nature plurielle du cosmos. Elle met en avant ses multiples facettes au lieu d'en favoriser une plutôt qu'une autre. La multiplicité ne mène pas à la dispersion ni au morcellement de la réalité : elle désigne un tout, un ensemble de relations si complexes qu'elles ne peuvent se résumer à une suite de mots. Lorsque nous parlons, nous devons nous contenter de décrire tel ou tel aspect de la vérité. Sa globalité échappe au langage et à l'esprit. Nous n'atteindrons jamais la compréhension totale et absolue ; les mots n'offrent qu'une approximation d'une partie de la vérité. Nous devrions l'admettre et demeurer silencieux lorsque les mots nous manquent. Prenons l'exemple de l'eau, ajouta-t-il. Il y a l'eau des mares, l'eau des puits, l'eau des rivières et l'eau des océans. Il y a aussi de l'eau dans la neige. L'eau se manifeste sous de multiples formes en fonction des conditions géographiques et climatiques de l'endroit où elle se trouve. Il n'y a pas de contradiction entre l'eau en général et les innombrables cours d'eau qui la représentent. Aussi, plutôt que de parler de l'eau, nous devrions parler des eaux. Il en va de même pour tous les autres aspects de la vie. Il n'y a pas *une* vérité, mais des vérités. Pas *une* religion, mais des religions. Une grenouille qui vit dans une mare et n'a jamais vu la mer peut parfaitement affirmer à un poisson que la mer n'existe pas, et que la seule eau sur terre est l'eau des mares. Toute à sa préférence pour une mare en particulier, cette grenouille peut même dénigrer d'autres mares. Elle agit ainsi parce qu'elle ne dispose que d'une vision partielle de la réalité. Le sage, lui, ne verra pas de différence fondamentale entre l'eau des mares et celle de la mer. À quoi bon perdre son temps en vaines disputes ? Pourquoi opposer une vérité ou une religion à une autre ? Ouvrons plutôt notre troisième œil pour observer les multiples facettes de la réalité ! »

Pour méditer, Gopalji avait plusieurs techniques. L'une d'elles consistait à concentrer son attention sur son troisième œil, symboliquement situé entre les sourcils, juste au-dessus de l'arête du nez.

« Fermez les yeux et laissez votre troisième œil s'ouvrir, nous dit-il. Le troisième œil nous permet de transcender la dualité que nous imposent l'œil gauche et l'œil droit. Il nous offre une vision *impressionniste* du monde. Il perçoit ce qui échappe à la fonction différentielle de nos yeux : l'endroit où le monde intérieur et le monde extérieur se rencontrent et se fondent l'un dans l'autre. Il voit la réciprocité, les liens, les relations, les modes de fonctionnement.

» Nos yeux perçoivent la réalité tridimensionnelle, celle qui s'offre à nous sous son aspect le plus visible et le plus évident. Pour accéder à la réalité non dimensionnelle, nous devons recourir à notre troisième œil, celui de l'imagination, de l'intuition et de l'esprit. Il voit ce qui est illimité, éternel, infini, entier et absolu.

Son caractère translucide nous permet de dépasser les images mentales et les constructions intellectuelles. Ce troisième œil est l'œil de l'amour : il voit tout, il accepte tout, il reçoit tout, mais il ne s'accroche à rien, il ne possède rien, il ne rejette rien. La vérité absolue n'existe pas », ajouta Gopalji en guise de conclusion.

Ma mère hocha la tête.

« Les jaïns ont un terme pour désigner cette notion, précisa-t-elle. Il s'agit du mot "*anekânt*", qui signifie "sans réponse définitive, sans connaissance absolue". La vérité n'est jamais exclusive. La tradition jaïne m'a appris que "ceci est vrai et cela l'est aussi". C'est une expression très répandue chez nous ! Toutes les vérités sont relatives ; un texte n'a de sens que dans son contexte. La vérité est sublime. Elle transcende les notions de correct ou d'incorrect. Ce n'est pas un objectif à atteindre : c'est un mode de vie, un processus et une quête perpétuels. Celui qui cherche ne doit pas avoir d'idées arrêtées ; son esprit est constamment en mouvement. Il n'accepte aucun dogme. La vérité grandit avec l'esprit ; elle ne cesse de s'amplifier. C'est pourquoi les jaïns s'efforcent d'être généreux et tolérants, de vivre sans empiéter sur la vie des autres ni dénigrer leur point de vue.

» La vérité est insaisissable, ajouta-t-elle. Nous ne devrions jamais tenter d'imposer notre vérité aux autres. Cette manière de vivre sans s'imposer relève de la non-violence. La non-violence est donc un préalable à la vérité.

» Le monde reste un mystère. Nos connaissances sont limitées, mais la vie est pleine de découvertes. Ne craignons pas ce qui est incertain ou imprévisible ! Tout ce que nous savons est relatif et dépend de la situation dans laquelle nous nous trouvons à un moment donné. Chaque fois que nous progressons dans notre découverte des faits, nous devons aussi progresser dans notre découverte de nous-mêmes. C'est la meilleure façon de renouveler nos connaissances. »

Pour les jaïns, tout savoir est provisoire et hypothétique. C'est ce qu'ils appellent le *syâdvâda*, « la doctrine du peut-être » : toute assertion doit être assortie d'un conditionnel ou d'un « peut-être ». Nous ne pouvons rien nier ni affirmer de manière définitive. La complexité de l'univers est telle qu'elle rend toute certitude impossible. Puisque nous abordons toujours les choses d'un certain point de vue, nos opinions ne peuvent être que relatives, temporaires et transitoires.

Pour étayer son propos, ma mère nous raconta la légende des six aveugles et de l'éléphant.

« Il était une fois six aveugles. Ils apprirent un jour que le prince du royaume avait acquis un nouvel éléphant. Ils avaient entendu parler des éléphants, mais ils n'en avaient jamais approché. Aussi décidèrent-ils de se rendre chez le prince pour découvrir l'animal. Ils se présentèrent aux portes du palais et expliquèrent le but de leur visite au garde, qui les laissa entrer. On les emmena près de l'éléphant. L'un des aveugles toucha son flanc ; le deuxième toucha sa trompe ; le troisième frôla ses défenses ; le quatrième toucha une de ses pattes, le cinquième, son oreille et le sixième, sa queue. Ensuite, ils s'assirent sous un arbre pour partager leurs impressions. “Maintenant, je sais ce qu'est un éléphant, déclara l'homme qui avait touché le flanc de l'animal. Ça ressemble à un mur.” Celui qui avait touché la trompe s'exclama : “Pas du tout ! On dirait un serpent.” Le troisième, qui avait touché une des défenses, rétorqua : “Quelle bande d'idiots ! On dirait un javelot.” Le quatrième aveugle, qui avait touché la patte de l'animal, s'écria : “Avez-vous perdu la tête ? Cet éléphant ressemble à un arbre.” Le cinquième comparse, qui avait effleuré les oreilles, protesta : “Un arbre ? Certainement pas ! C’est une sorte de grand éventail.” Le sixième, qui avait touché la queue de l’éléphant, s’insurgea : “N’importe quoi ! Vous vous trompez tous. On dirait une corde !” Ils se disputaient si âprement qu’ils faillirent en venir aux mains. “Que se passe-t-il ? s’écria le prince, qui s’apprêtait à grimper sur sa nouvelle monture. Pourquoi vous battez-vous ?” L’un des aveugles expliqua : “C’est à propos de l’éléphant. Nous n’arrivons pas à nous mettre d’accord. Nous l’avons touché en même temps, mais nos impressions sont toutes différentes.” Le prince éclata de rire. “L’éléphant est un très gros animal. Ses flancs ressemblent à un mur, sa trompe à un serpent, ses défenses à des lances, ses pattes à des troncs d’arbre, ses oreilles à des éventails et sa queue à une corde. Il faut que vous mettiez vos impressions en commun pour vous représenter l’éléphant tout entier !” »

Cette histoire nous montre que notre connaissance du monde est nécessairement partielle. Ceux qui l’ont compris se libèrent des préjugés et des opinions toutes faites. Ils évitent les pièges du fondamentalisme. Ils acceptent la multiplicité des croyances sans jamais être esclaves de ces croyances.

La tradition jaïne nous apprend à adopter un point de vue pluriel sur le monde. À le voir de la manière le plus complète possible, dans toute la richesse de ses attributs. « Soyons toujours prêts à apprendre et à découvrir ! » disait ma mère.

« Quelle merveilleuse histoire ! s’exclama Gopalji lorsqu’elle eut terminé son récit. Six aveugles à la découverte d’un éléphant ! »

Le soir tombait. Maman se leva pour aller chercher une lampe à huile.

« Je dois rentrer, déclara notre hôte en se levant à son tour. On m'attend chez moi. »

4

Tout faire dans la joie

Il n'y avait pas le moindre livre à la maison. Nous n'avions pas non plus de journaux, de magazines, de poste de radio ou de télévision. Et, bien sûr, pas d'ordinateur. Nos journées étaient rythmées par nos conversations ; elles étaient denses, chaleureuses, simples et informelles. Poussés par la nécessité, mon père puis mes frères aînés avaient appris à lire et à écrire. Mon père rédigeait seul son courrier et tenait les comptes de sa petite entreprise. Mes quatre sœurs, en revanche, n'étaient pas allées à l'école. Quand je fus en âge d'apprendre à lire, Gopalji persuada ma mère de m'envoyer en classe quelques heures par jour, afin que je puisse accéder au monde de l'écrit. Maman le respectait et lui faisait entièrement confiance. Elle m'autorisa donc à rejoindre les bancs de sa classe unique, installée dans la petite école du village. Le nombre des élèves variait d'un jour à l'autre : nous étions entre dix et vingt à nous réunir chaque matin. Gopalji nous apprenait à lire et à écrire. Il nous initiait aussi aux grands poèmes épiques de la littérature hindoue, le *Râmâyana* et le *Mahâbhârata*, dont nous récitions des vers entiers par cœur, en hindi ou en sanskrit.

« Entre ce que vous avez dans la tête et l'argent que vous avez dans la poche, vous devez pouvoir vous sortir de toutes les situations ! » avait-il coutume de dire. Il nous inculquait des rudiments de mathématiques, de grammaire et d'orthographe, mais son enseignement excluait les arts, l'histoire, la géographie et le sport. « Vous apprendrez tout ça à la maison ! » affirmait-il. Facultatives, ses leçons n'avaient pas vocation à remplacer celles de nos parents, qui demeuraient nos premiers instituteurs.

Je ne m'en plaignais pas : j'appréciais la compagnie de ma mère et j'aimais la regarder travailler. Traire les vaches, faire le beurre, préparer les repas, aller aux champs et philosopher occupaient la plus grande partie de ses journées. Elle trouvait aussi le temps de tailler des jupes, des châles et des couvre-lits multicolores dans de vieux morceaux de tissu qu'elle agrémentait de petits éclats de miroir. Ce travail de confection, auquel elle prenait un réel plaisir, faisait partie intégrante de sa vie quotidienne.

Elle offrit un jour à ma sœur Suraj un des châles qu'elle venait de terminer.

« Comme c'est beau ! s'extasia Suraj, ravie. Il est si doux, si coloré… Je vais l'accrocher au mur pour que tout le monde puisse l'admirer. Pas question de le porter ! Je risquerais de l'abîmer ou de le tacher… Ce serait tellement dommage ! »

Ma mère s'assombrit. La perspective de voir son châle accroché au mur ne lui plaisait pas du tout. Pour elle, l'artisanat n'avait de sens que s'il était utile. Les objets d'art, aussi beaux et décoratifs soient-ils, ne devaient pas être exhibés, mais utilisés.

« Je t'ai offert ce châle pour que tu le portes, répliqua-t-elle. Ce n'est pas une pièce de musée. Avec quoi t'habilleras-tu si tu mets tes beaux habits aux murs ? Porte-le, ma fille. Porte-le ! Et apprends à fabriquer de beaux objets utiles et durables. Ainsi, quand les plus anciens commenceront à s'user, d'autres viendront les remplacer. »

« De beaux objets utiles et durables » : ces mots sont restés gravés dans ma mémoire. Chez nous, les murs étaient nus, mais les objets possédaient une beauté intrinsèque. Tout ce que nous utilisions – meubles, vaisselle, souliers, outils – était beau et bien fait.

« Tu fais de si jolies choses, maman ! reprit Suraj avec enthousiasme. Mais tu y passes tant de temps… Il te faut six mois, parfois même un an pour fabriquer une jupe ou un châle. Tu irais beaucoup plus vite si tu travaillais avec une machine à coudre. Les nouveaux modèles sont très performants, tu sais ! Veux-tu que je t'en offre une ?

— Une machine ? s'étonna ma mère. Pour quoi faire ?

— Pour gagner du temps.

— N'as-tu jamais entendu parler de l'éternité, ma chérie ? Nous ne souffrons pas d'une pénurie de temps, que je sache ! Quand les dieux nous ont donné le temps, ils nous en ont donné énormément. Le temps ne s'épuise pas : il se renouvelle sans cesse, au contraire. Je ne manque pas de temps, crois-moi ! Lorsqu'une journée se termine, une autre commence. J'ai des semaines, des mois, des années devant moi… Et même une autre vie, quand celle-ci s'achèvera. Pourquoi veux-tu que j'aille plus vite ? »

Suraj ne semblait pas convaincue.

« Si tu gagnais du temps et de l'énergie en travaillant à la machine, tu pourrais faire plus de choses dans une seule journée, insista-t-elle.

— Pourquoi économiser le temps, qui est abondant, en dépensant des ressources terrestres qui se raréfient ? Les machines à coudre sont en métal, n'est-ce pas ? Or les métaux sont en quantité limitée sur terre. Il faut creuser pour les extraire du sous-sol. Puis il faut construire des usines pour fabriquer les machines, et donc utiliser encore plus de métaux. As-tu pensé à la violence que génèrent les mines et les usines ? Combien d'hommes se tuent en creusant les galeries ? Combien d'autres s'épuisent à la tâche pour atteindre les gisements de minerai dans les profondeurs de la terre ? J'ai entendu parler de leurs souffrances. Et je ne veux pas y contribuer en utilisant une de ces machines pour mon seul confort personnel. »

Suraj commençait à comprendre. La voyant hocher la tête, maman poursuivit :

« Je ne manque pas d'énergie non plus. Et j'aime travailler. Pour moi, le travail manuel est une forme de méditation. Méditer ne consiste pas seulement à chanter des mantras ou à respirer dans la position du lotus. Coudre, préparer les repas, faire la lessive ou la vaisselle, c'est aussi méditer. N'importe quelle activité peut me conduire à la méditation si je l'entreprends pleinement, avec le sens du sacré. Veux-tu me priver de méditation ? Quand je suis penchée sur mon ouvrage, l'aiguille à la main, j'ai l'esprit en paix. Tout est si calme autour de moi ! Si je cousais à la machine, je devrais renoncer au silence. La machine ferait du bruit et je n'arriverais plus à méditer. Quant au temps qu'elle me ferait gagner, c'est peut-être une vue de l'esprit. Crois-tu que je travaillerais moins si j'avais une machine à coudre ? Je fabriquerais dix châles par an au lieu d'un ou deux, et j'utiliserais plus de tissu. Et même si je gagnais réellement du temps, qu'en ferais-je ? Coudre est une joie pour moi, pas une contrainte. »

Elle était parfaitement sincère : il lui suffisait de se mettre à l'ouvrage pour irradier de bonheur. Elle prenait un tel plaisir à varier les patrons et à inventer de nouveaux motifs qu'elle ne réalisait jamais deux fois la même pièce. Naturellement, elle ne concevait pas ses motifs à l'avance, préférant les improviser à mesure qu'elle progressait dans son travail. J'étais fasciné par son talent, et plus encore par la joie que lui procurait cette activité toute simple.

« Croyez-moi, mes chéris, je fais des châles pour le seul plaisir de les faire, assura-t-elle. J'y puise ma joie, mon *ananda*. Les sâdhus [1] aussi accordent une importance particulière à l'*ananda*. Elle les définit si parfaitement qu'elle fait partie de leur nom. Certains d'entre eux se font appeler "Yogananda", par exemple. Ils nous indiquent ainsi qu'ils trouvent la béatitude dans le yoga. Et que le yoga sans *ananda* n'a pas de sens. On peut être un ascète, vivre dans une grotte, savoir tenir en équilibre sur sa tête pendant des heures, faire du yoga matin, midi et soir, et ne tirer aucun plaisir de ce mode de vie ! Dans ces conditions, le yoga devient un fardeau et une obsession. Les vrais yogis l'ont compris. C'est pourquoi ils se font appeler Yogananda. Le yoga seul ne leur suffit pas : c'est la béatitude qu'il procure qui donne tout son sens à la vie du yogi. De même, certains sâdhus se rebaptisent Satyananda – Béatitude dans la vérité –, Vivekananda – Béatitude dans la sagesse –, Atmananda – Béatitude dans l'âme –, Shivananda – Béatitude auprès de Shiva –, et ainsi de suite. »

Nous l'écoutions attentivement, Suraj et moi.

---

1. Ascètes hindous.

« Pourtant, il n'y a pas que de la béatitude dans notre vie, fit remarquer ma sœur. Nous avons parfois du chagrin, n'est-ce pas ? Quand papa est mort, par exemple, tu étais anéantie. Tu as pleuré pendant des jours entiers, je m'en souviens. Tout le monde était triste à la maison. Comment préserver notre joie dans ces moments-là ? Comment être heureux quand la douleur nous submerge ? »

Maman se rembrunit. L'évocation de la mort de mon père lui était pénible. Plusieurs années s'étaient écoulées, mais son cœur était encore à vif. Incapable de nous répondre, elle tendit la main vers son nécessaire à couture et entreprit d'ajouter quelques points de broderie à son ouvrage. Cette forme de distraction méditative lui permit de se ressaisir.

« C'est vrai, admit-elle alors. Nous avons souvent de la peine et du chagrin. La douleur n'épargne aucun de nous. L'accouchement, la maladie et la mort occasionnent de grandes souffrances. Et il suffit que quelqu'un se montre désagréable envers nous pour que nous ayons de la peine. C'est pour cela que nous devons cultiver l'art de la joie. Elle nous est utile et nécessaire ! Grâce à elle, nous pouvons transformer notre chagrin en une sorte de compost sur lequel pousseront les roses de la félicité. Ce n'est pas facile : il faut travailler en permanence pour semer ces roses sans se laisser abattre par le fumier qui s'amoncelle en nous. Pensez aux lotus. Ils poussent dans la vase des mares et des étangs. Pourtant, leurs fleurs sont d'une beauté, d'une douceur incomparables. Leurs pétales sont couverts d'une substance huileuse qui les protège des eaux de pluie ou de celles de l'étang : les gouttes glissent sur elles sans jamais les abîmer ni les faire basculer. Voilà pourquoi le lotus est une fleur sacrée. Il symbolise la félicité. Nous pouvons en faire notre gurû : il nous apprend à accueillir le chagrin dans la sérénité.

» Le canard est un bon professeur, lui aussi. Il vit sur les eaux du lac été comme hiver, de jour comme de nuit, éveillé ou assoupi. Ses plumes, légèrement graisseuses, le protègent de l'humidité. Même en pleine tempête, lorsque l'eau l'assaille de toutes parts, le canard glisse sereinement sur le lac. Nous pouvons nous inspirer de son exemple pour apprendre à préserver notre joie de vivre en toutes circonstances, même lorsque le chagrin menace de nous engloutir. »

Elle marqua une courte pause, avant d'entrer dans le vif du sujet :

« La mort de votre père a laissé un grand vide dans ma vie et dans celle de notre famille. Ses amis le regrettent amèrement, eux aussi. Mais souvenez-vous de ce que nous a dit notre ami Gopalji : l'âme ne meurt jamais ! Elle quitte un corps pour un autre, tout comme nous remplaçons nos vieux habits par des vêtements neufs lorsque le besoin s'en fait sentir. Pour votre père, la mort était une libération. Nous devons apprendre à la considérer sous un angle positif. La mort n'est pas seulement la fin d'une vie : c'est aussi l'aube d'une vie nouvelle. Si la mort n'existait pas, nous serions condamnés à vivre pour l'éternité. Y avez-vous déjà songé ? C'est la vie qui pose problème, pas la mort. Notre naissance nous oblige à traverser la vallée de la vie ; à affronter ses drames, ses conflits, ses douleurs ; à éprouver la colère, l'angoisse, le désir et le manque. C'est la naissance qui est responsable de nos malheurs, pas la mort ! Ne serions-nous pas plus heureux si notre âme se fondait dans l'âme universelle sans jamais s'incarner ? »

Je l'écoutais avec une émotion indicible. Depuis la mort de mon père, je luttais contre des questions qui demeuraient sans réponse. Comment nous libérer de la mort ? me demandais-je. Comment faire pour que personne ne pleure, pour que maman ne soit pas seule, pour qu'aucun enfant ne soit privé de son père ? J'étais résolu à tout mettre en œuvre, à endurer les pires difficultés, à aller au bout du monde pour triompher de la mort. Or ma mère m'expliquait à présent que pour anéantir la mort il fallait anéantir la naissance ! Je n'y comprenais plus rien. C'était si déroutant, si complexe !

Nous n'avons pas choisi de naître, me dis-je. Nous devons traverser la vallée de la vie. De nombreuses épreuves nous attendent. Pourtant ma mère parvenait à cheminer dans la joie. Comment était-ce possible ?

« Je ne suis pas toujours joyeuse, expliqua-t-elle. Parfois, la félicité me quitte et mon humeur s'assombrit. Les serpents muent et changent de peau chaque année. Nous aussi, nous devons abandonner notre ancienne peau, laisser de côté ce qui s'est amassé en nous au fil des mois – les attachements, les attentes, les ambitions inutiles – afin que notre âme puisse de nouveau toucher le sol de la joie, l'*ananda*. Tant que nous vivons dans ce corps, dans ce monde et dans ce cercle de relations, nous sommes condamnés à nous charger de bagages encombrants et néfastes. La joie peut nous libérer de tous ces fardeaux. »

5

À la rencontre du gurû

Ma mère allait voir Tulsi, le chef spirituel de notre communauté jaïne, au moins une fois par an. Ce rite, que les hindous appellent le *darshan*, consiste à se rendre dans un temple pour voir une représentation du divin, qu'il s'agisse d'un gurû, d'une statue ou d'une image sacrée. Elle m'emmena avec elle lorsque Tulsi vint à Ladnun, une ville médiévale située à quatre-vingts kilomètres de chez nous. Nous partîmes à l'aube et montâmes dans le train à voie étroite, actionné par une locomotive à vapeur, qui traversait la région. Il roulait lentement – guère plus de vingt ou vingt-cinq kilomètres à l'heure. Nous prîmes possession du wagon comme s'il s'agissait de notre nouvelle demeure. Maman entreprit de déballer les nombreuses denrées qu'elle avait emportées pour agrémenter le voyage : petites boules de pâte sucrée, gâteaux aux amandes, galettes de pain pita rissolées au beurre, pots de chutneys et de sauces variées. Nous partageâmes notre pique-nique avec les autres voyageurs, qui nous firent partager le leur. L'après-midi touchait à sa fin lorsque nous arrivâmes à Ladnun.

Nous nous rendîmes pour la nuit dans une pension tenue par la communauté Osval, à laquelle nous appartenions. Très répandue au Rajasthan, cette sous-caste regroupait les marchands jaïns. À l'époque, il y avait une pension Osval dans la plupart des villes de la région. Destinées à accueillir gratuitement les voyageurs de passage, ces maisons servaient aussi à célébrer les mariages, les funérailles et les diverses fêtes organisées par les membres de la communauté. On y trouvait de la vaisselle, des ustensiles de cuisine, des matelas, des tapis, des paravents et des moustiquaires, mais chaque visiteur était tenu d'apporter ses propres denrées : riz, lentilles, pois, huile, sel, épices, bonbons et légumes séchés. La pension qui nous accueillit à Ladnun était réservée à la communauté Osval ; les autres castes et sous-castes avaient les leurs, disséminées en ville. Certaines d'entre elles offraient même des repas gratuits à leurs hôtes. Ces établissements étaient d'autant plus nécessaires qu'il n'y avait aucun hôtel dans cette ville de cent mille habitants. Ils permettaient donc à chaque communauté d'héberger décemment ses visiteurs. Construite grâce aux donations des Osval de Ladnun, cette pension fonctionnait sur le principe de l'hospitalité réciproque : nous n'avions rien à payer pour notre séjour, mais nous étions tenus d'offrir la même hospitalité aux marchands jaïns de passage dans notre ville.

Ce jour-là, maman m'emmena marcher dans les rues de Ladnun, que nous visitâmes avec beaucoup de plaisir. Les demeures les plus anciennes, qu'on appelait des *havelîs*, se distinguaient des autres par leur taille imposante et leurs énormes portes de bois, dont on n'ouvrait les gigantesques battants que pour laisser entrer les chevaux, les éléphants ou les chameaux. Les hommes, eux, se contentaient de pousser une petite porte découpée dans la grande. Extraordinaires par leur taille, ces portes l'étaient aussi par leur finesse d'exécution. Les battants à caissons étaient incrustés de boutons de cuivre qui brillaient au soleil. Des fresques ornaient les murs : éléphants et chevaux peints en rouge, en jaune ou en bleu de part et d'autre des portes et, surplombant l'encadrement, une effigie de Ganesh, le dieu à tête d'éléphant, fils de Shiva. Dieu protecteur, il veille à la bonne fortune des habitants du foyer, chasse les mauvais esprits désireux d'entrer dans la maison et accorde sa bénédiction aux visiteurs bien intentionnés. Vénéré par les hindouistes, il figure aussi au panthéon de nombreux jaïns, qui n'hésitent pas à le représenter au-dessus de leur porte.

« Ganesh a rendu un immense service au poète Vyâsa en acceptant de copier sous sa dictée l'intégralité du *Mahâbhârata*, m'expliqua ma mère. Aucun scribe ne parvenait à soutenir le rythme et la fluidité de l'épopée. Seul Ganesh en était capable, mais il était presque trop zélé ! “Je suis venu t'aider, annonça-t-il à Vyâsa. Je me mets entièrement à ta disposition. Tu peux user de moi à ta guise, mais sache que, lorsque je commence à écrire, je suis incapable de m'arrêter. Tu devras donc me dicter ton œuvre sans faire la moindre pause.” Vyâsa s'inquiéta. Il ne pouvait pas composer son poème sans l'aide de Ganesh, mais serait-il assez rapide pour lui ? Il lui vint une idée. “D'accord, dit-il à Ganesh. Je ne m'interromprai pas. Mais j'ai une condition, moi aussi : tu ne pourras écrire que ce que tu auras parfaitement compris. Je ne veux pas que tu copies mécaniquement ce que je vais te dire. Il faut que tu assimiles le poème, que tu le comprennes et que tu prennes plaisir à le retranscrire.” Ganesh accepta. Ils se mirent au travail. Chaque fois que Vyâsa avait besoin de faire une pause pour imaginer la suite du poème, il inventait une série de vers très compliqués que Ganesh mettait du temps à comprendre. Il devait lever la plume, et Vyâsa pouvait réfléchir tranquillement. C'est ainsi que le *Mahâbhârata* put voir le jour.

— Pourquoi Ganesh a-t-il une tête d'éléphant ? demandai-je, intrigué.

— Difficile de te répondre, mon chéri : il y a tellement d'histoires différentes sur le sujet ! D'après l'une d'elles, Shiva souhaitait réunir le monde des hommes et celui des animaux en un seul être. Or, de tous les animaux, l'éléphant lui paraissait le plus sage. Il conçut donc Ganesh, son fils, en posant une tête d'éléphant sur un corps d'homme. On raconte aussi que la déesse Umâ, qu'on appelle également Pârvatî, envoya Shiva chercher un bel endroit dans la plaine pour qu'ils puissent y élever leurs enfants. Ils venaient de se marier et elle attendait déjà le petit Ganesh. Shiva se mit en route. Il voyagea de nombreuses années avant de trouver l'endroit idéal, à Vârânasî[1], sur les bords du Gange. Il planta son trident dans le sol pour délimiter l'endroit, puis il retourna au mont Kailâsa, dans l'Himalaya, pour annoncer la bonne nouvelle à sa femme.

» Lorsqu'il arriva chez lui, il fut surpris de trouver un jeune homme devant la porte. Il lui demanda de s'écarter pour le laisser passer, mais l'inconnu refusa en expliquant qu'il avait été chargé par Umâ de monter la garde et qu'il n'autorisait l'accès à personne. “Comment oses-tu m'empêcher de voir Umâ ?” s'insurgea Shiva, furieux. La jalousie décuplait sa rage. Il ne comprenait pas qui était ce jeune homme et il en concevait les pires soupçons ! Il se jeta sur l'inconnu et parvint à lui couper la tête. Alertée par le bruit, Umâ accourut aussitôt. “Tu as tué mon fils !” s'écria-t-elle, horrifiée. Shiva comprit enfin son erreur. “Aide-moi !

1. Aussi appelé Bénarès.

supplia-t-il, effaré. Dis-moi ce que je dois faire pour redonner vie à notre enfant !" Umâ répondit : "Va sur la route, prends la tête du premier être vivant que tu rencontreras et rapporte-la ici. Nous la mettrons sur le corps de notre fils." Shiva partit en courant. La première créature qu'il croisa fut un éléphant. Il prit la tête de l'animal et la posa sur les épaules de l'enfant, qui devint Ganesh. »

Cette histoire me laissa perplexe. Comment un dieu pouvait-il être assez stupide pour tuer son propre fils ? Et pourquoi continuait-on de le vénérer après une bourde pareille ? J'étais trop jeune à l'époque pour comprendre la signification profonde des mythes hindous, qui ne m'apparut que bien des années plus tard.

À Ladnun, les demeures des riches marchands étaient bâties dans la pierre du pays, puis finement sculptées du sol au plafond. Des colonnettes en pierre, d'une finesse exquise, barraient les fenêtres afin de laisser entrer la lumière et l'air frais tout en faisant écran au soleil. Les maçons avaient pris soin de décorer les colonnettes en gravant dans le grès des paons, des cygnes, des chevaux, des éléphants, des tigres, des arbres, des fleurs de lotus et bien d'autres motifs. Nous nous promenâmes longuement dans la vieille ville, ma mère et moi, fascinés par l'élégance et le raffinement des *havelîs*, connues à travers tout le pays comme d'excellents exemples d'architecture traditionnelle. Trouvant une porte ouverte, nous nous aventurâmes dans l'un de ces palais pour mieux en admirer la structure. Deux grandes pièces flanquaient l'entrée monumentale. Elles servaient de pièces de réception aux hommes de la famille et s'ouvraient sur une cour en terre battue dans laquelle poussait un vieux margousier – qu'on appelle *neem* en hindi.

« Le neem est l'arbre le plus médicinal du monde. Il a des vertus antiseptiques, curatives et purificatrices. C'est pourquoi la plupart d'entre nous font pousser au moins un neem dans leur jardin », commenta maman en l'apercevant. Des légumes séchaient au soleil dans la cour ; les habitants y entreposaient aussi leur bois de chauffage et y attachaient leurs chevaux et leurs chameaux dans de grandes étables aménagées à cet effet. La maison proprement dite se dressait dans un coin de cette vaste cour. Elle était elle-même construite autour d'une cour intérieure, plus petite et pavée, où les femmes préparaient les repas, stockaient l'eau et gardaient les enfants. Elles nous virent arriver et nous invitèrent gentiment à entrer. Maman leur expliqua que nous étions venus de notre village pour voir Tulsi, le chef spirituel de notre communauté, et écouter son enseignement. « Puisque c'est la première fois que mon fils vient à Ladnun, j'en profite pour lui faire visiter la ville », conclut-elle.

Une des femmes de la famille, âgée d'une vingtaine d'années, nous offrit de l'eau fraîche. Une longue galerie bâtie autour du patio desservait les pièces de la maison. Les portes et les fenêtres étaient tendues de lourds rideaux de tissu afin de préserver les lieux de la poussière, du sable et de la chaleur étouffante du dehors.

J'étais ravi. Les ruelles étroites de Ladnun et ses somptueuses *havelîs* me plaisaient infiniment. Les femmes portaient des saris aux couleurs vives, parfois brodés de fils d'or et d'argent, et disparaissaient sous les bijoux : anneaux aux orteils et dans les narines, bracelets aux poignets et aux chevilles, bagues, colliers, boucles d'oreilles… Pas un centimètre de leur peau qui ne soit orné de pierres ou de métaux précieux ! Les hommes n'étaient pas en reste : ils se paraient de turbans colorés, de boucles d'oreilles et de colliers. Ladnun était une ville élégante et opulente. Autrefois, ses habitants allaient jusqu'à Calcutta pour y faire fortune avant de revenir dans leur ville natale, où ils bâtissaient de superbes *havelîs*.

6

La vision jaïne du réel

La divinité se cache en toi comme le grand manguier se cache dans le petit noyau de la mangue. Ne t'accorde aucun repos avant de l'avoir trouvée.

BHAGWAN MAHÂVÎRA

Le jour de notre arrivée à Ladnun, nous passâmes la fin de l'après-midi et la soirée à nous installer puis à nous promener en ville. Le lendemain, nous nous levâmes avec le soleil pour aller voir le gurû.

Pour nous comme pour tous les jaïns, il était essentiel que cette entrevue, ce *darshan*, ait lieu au petit matin, avant toute autre activité, afin que l'esprit de notre rencontre avec le divin – qu'il s'agisse d'un maître spirituel ou d'une statue – imprègne chacun de nos actes au cours de la journée à venir. Les jaïns considèrent les responsables religieux et les représentations du divin comme un médium, un moyen d'apercevoir la pureté, la beauté et l'unité qui résident au cœur de tout être et de toute chose.

Tulsi commença par bénir l'assemblée. « Que toutes les créatures qui vivent à la surface de la terre trouvent le bonheur et la plénitude, nous dit-il. Qu'elles goûtent la sérénité que procure l'accomplissement de soi. Qu'elles soient exemptes de toute peine et dégagées de toute entrave ! » Plusieurs centaines d'hommes, de femmes et d'enfants s'étaient réunis pour le voir et obtenir sa bénédiction. Le rituel, qui dura une dizaine de minutes, s'effectua dans un profond recueillement.

Plus tard dans la matinée, nous assistâmes à l'une des conférences que donnait Tulsi pour expliquer les grands principes de la philosophie jaïne. Il s'appuya ce jour-là sur le *Tattvârthâdhigama-sûtra*, le Sûtra de ce qui est, un traité rédigé au IIe siècle par Umâsvâti, moine-philosophe jaïn, pour décrire les sept substrats de la réalité.

Avant d'en venir au sûtra lui-même, Tulsi commença par une analogie.

« Imaginez une maison. Avant sa construction, le terrain est vide, n'est-ce pas ? Cet espace nu, c'est *jîva*, la force vitale, le premier substrat qui régit l'univers. En dressant les quatre murs de leur maison, les propriétaires du terrain donnent forme à cet espace. Cette forme matérialise la force vitale ; on l'appelle *ajîva*. Puis la maison est munie de portes et de fenêtres qui permettent à l'air de circuler, par lesquelles on fait entrer l'eau, le bois, la nourriture, les meubles et bien d'autres choses encore. C'est pareil pour le corps humain : nos cinq sens permettent à la matière de circuler en chacun de nous. Cet afflux de matière se nomme l'*asrava*. La maison se remplit peu à peu ; les possessions matérielles s'accumulent, et les habitants commencent à se sentir oppressés, enfermés dans leur amour pour certaines choses et leur répugnance pour d'autres. Pour rompre cet asservissement (*bandha*), les habitants décident de stopper l'afflux de toute nouvelle matière dans la maison. Ils ferment les portes et les fenêtres, et bloquent tous les conduits, même ceux qui servent à faire circuler l'air ou l'eau de pluie dans le bâtiment. C'est le *samvara*, le mécanisme de défense spirituelle et psychologique qui met un terme à l'afflux de matière. Mais ce blocus ne suffit pas : les habitants de la maison décident de se libérer de ce qu'ils ont accumulé. Ils brûlent une à une toutes leurs possessions et commencent à se libérer des fardeaux qui les oppressaient. C'est la purification (*nirjara*). Ils en viennent alors à se demander pourquoi ils tiennent à la maison elle-même. À quoi bon posséder quoi que ce soit ? se disent-ils. Pourquoi nous lier à ces quatre murs et laisser cette maison régir notre vie ? Ils décident de s'en débarrasser. L'espace vide qui avait été cloisonné pour former leur espace individuel est rendu à son état initial – il est libéré. Cette libération, qu'on appelle *moksha*, est le septième et ultime principe fondamental : dégagée de la matière, l'âme atteint l'Éveil. »

Tulsi se lança ensuite dans une explication plus théorique des sept grands principes qui régissent la réalité. Je n'y compris pas grand-chose à l'époque mais, par la suite, ces concepts me devinrent plus familiers. On peut les résumer de la manière suivante : en premier vient *jîva*, la force vitale, le substrat universel. C'est la vie, mais aussi l'âme, le soi, l'esprit, l'énergie, le vide, la conscience, la subjectivité, l'essence de l'être. La vie imprègne tout ; pas seulement les hommes et les animaux. Du brin d'herbe à la goutte de pluie qui s'abat sur les sommets himalayens, tout est vivant.

Ajîva, la matière, vient en deuxième. C'est tout ce qui a un corps, une forme, une structure, un poids.

Tout ce que nous voyons autour de nous – la terre, l'air, le feu, l'eau, les plantes, les hommes, les animaux – est constitué de ces deux principes essentiels. *Jîva*, la force vitale immatérielle, se manifeste à travers *ajîva*, la matière. L'âme prend corps dans la matière.

La vie ne serait pas visible sans la matière qui lui donne forme. La vie imprègne la matière et la matière contient la vie. L'existence résulte de leur danse infiniment complexe. Le fait qu'un arbre soit arbre, qu'une mangue soit mangue, qu'un homme soit homme est dû à *jîva*. *Ajîva* est l'enveloppe extérieure d'un être ; *jîva* est son essence. La qualité, la continuité et la permanence relèvent de *jîva*. La quantité, le changement et l'instabilité sont le fait d'*ajîva*. Ensemble, *jîva* et *ajîva* façonnent le monde et lui permettent d'exister.

Le troisième principe fondamental est l'*asrava*, c'est-à-dire le flux et le reflux de matière karmique qui s'opèrent par les sens. L'âme (*jîva*) est entourée d'une matière fine et subtile appelée karma ou matière karmique. *Asrava* désigne l'association de *jîva* à ces particules, la manière dont elle entre en contact avec les objets matériels et sensoriels. C'est notre capacité à sentir, à penser, à agir, à réfléchir, à juger, à nous souvenir et à nous émouvoir. Nos cinq sens nous incitent à penser et à agir. De ces pensées et de ces actes découle l'afflux des karmas, qui exercent une influence positive ou négative sur tous les êtres vivants.

L'asservissement, ou *bandha*, est le quatrième principe fondamental. Il survient lorsque douleur et plaisir, goûts et dégoûts, attirance et répulsion, attachement et aversion viennent entraver la force vitale. Soumise à ces entités antinomiques, *jîva* devient le jouet des conséquences désirables ou indésirables de l'afflux de matière karmique. Très collante, celle-ci s'agrippe à la force vitale, qui s'en trouve entravée et conditionnée. Asservis aux karmas, les hommes souffrent ; ils peinent à trouver la voie de la libération.

Samvara, le cinquième principe fondamental, est la première étape vers la libération de l'âme et la fin de ses souffrances. Ce terme désigne le mécanisme défensif qui se met en place lorsqu'un être vivant prend conscience de la souffrance que lui cause son asservissement aux karmas. Il décide de stopper l'afflux de matière karmique responsable des désirs, des obsessions, des dégoûts et des illusions qui l'entravent. Pour ce faire, il doit bloquer les ouvertures et les conduits qui permettent l'afflux de karmas. Il renonce peu à peu à ses possessions matérielles et spirituelles, et s'engage sur la voie de la modération.

La purification (*nirjara*) permet à l'âme de se défaire des karmas qui se sont déposés en elle. C'est le sixième principe fondamental. Après avoir bloqué l'afflux des bonnes et des mauvaises forces, l'âme doit se détacher de ce qui l'encombre. Elle doit jeter au feu tous les karmas, les conditionnements, les liens et les préjugés qui l'entravent. Cette purification, qui permet à l'âme de se laver des impuretés karmiques, s'obtient par le jeûne, la pénitence, l'altruisme et le don de soi. Un nouvel équilibre mental en résulte. Purifiée, l'âme est plus constante, inébranlable, sereine et imperturbable. Elle peut assister aux drames du monde sans s'y noyer.

Engagée dans cette voie, l'âme atteint alors la libération suprême (*moksha*), qui combine l'état d'Éveil et une liberté intérieure absolue. L'être vivant s'accomplit totalement en s'intégrant à l'âme universelle. Il n'y a plus ni objet ni sujet, ni naissance ni mort, ni fragmentation. C'est un état de plénitude et de complétude parfaites.

La session du matin touchait à sa fin. Les disciples s'agenouillèrent et s'inclinèrent devant Tulsi. Nous pressâmes nos paumes l'une contre l'autre – la première représentait le gurû, la seconde les disciples, joints dans une communion spirituelle.

Nous rentrâmes à la pension, où nous passâmes un moment à ranger nos affaires. Nous avions cinq bagages : deux sacs de couchage, une petite malle métallique pour nos vêtements, un gros sac en toile de jute plein de riz, de lentilles, de farine, d'épices, d'huile et de ghee. Un autre sac contenait quelques casseroles, une planche à découper, un rouleau à pâtisserie et divers ustensiles de cuisine.

Après avoir remis un peu d'ordre, j'aidai ma mère à préparer le repas. Postés sur le seuil de la maison, nous attendîmes ensuite que des moines viennent nous demander l'aumône. Nous n'eûmes pas à attendre longtemps. Un moine âgé d'une cinquantaine d'années s'avança vers nous. Il portait trois bols à aumônes empilés les uns sur les autres et enveloppés dans un morceau de tissu. Nous le priâmes d'accepter un peu de nourriture, ce qu'il fit. Maman mit du riz et des chapatis dans le premier bol, des légumes sautés dans le deuxième et du dhal dans le troisième. Elle aurait souhaité les remplir davantage, mais le moine refusa. Il nous expliqua qu'il recevait les dons de nombreuses familles du quartier, qu'il partageait ensuite avec d'autres moines.

Après le déjeuner, nous nous assîmes pour réciter des mantras et des chants religieux que maman connaissait par cœur et que j'apprenais en sa compagnie.

Nous attendions la conférence suivante avec impatience. Tulsi avait annoncé qu'elle serait consacrée au karma. Il avait déjà employé ce terme à plusieurs reprises et tout le monde voulait en savoir plus. Ma mère s'était promis de ne manquer aucune de ses interventions. Le lendemain matin, nous fûmes parmi les premiers à nous installer. Fidèle à sa promesse, Tulsi nous parla ce jour-là du karma, de sa nature et de ses causes.

« Toute action suscite une réaction, dit-il. Tout ce que nous faisons a des répercussions. Chacune de nos paroles et de nos pensées, chacun de nos désirs entraîne une conséquence, un effet sur nous-mêmes et sur autrui. Chaque graine que nous plantons porte des fruits, et chacun de ces fruits contient d'autres graines qui donneront d'autres fruits. C'est la loi du karma. Si vous parlez gentiment à quelqu'un, il vous répondra gentiment. Si vous l'insultez, il vous répondra par des insultes. Même s'il reste calme, vous souffrirez de votre tumulte intérieur, car la colère a des répercussions immédiates sur notre état d'esprit. Cette relation de cause à effet est moins évidente lorsqu'elle se produit à long terme, mais elle est tout aussi déterminante. Les conséquences d'une action peuvent se faire sentir à très long terme. Les êtres vivants (*jîva*) sont dépositaires du souvenir d'une multitude d'actions et de pensées, des plus infimes aux plus importantes. Tout est préservé. Même si ces actions et ces pensées n'affleurent pas à la mémoire consciente, elles demeurent dans l'inconscient (*samskara*) comme de vieux objets oubliés au grenier. Nous sommes incapables de prédire le moment exact où elles émergeront, et lorsqu'elles émergent, les actions qu'elles entraînent portent en elles les graines d'autres actions. Le karma ressemble à de petites particules de matière qui s'agrippent à l'âme, l'envahissent et la conditionnent peu à peu. Ces particules maintiennent la force vitale dans une gangue de liens positifs et négatifs (*punya* et *papa*). »

À l'entendre, nous étions prisonniers d'un cycle d'actions et de réactions éternellement recommencé.

« Peut-on sortir de ce labyrinthe karmique ? demanda un disciple.

— Oui, répondit Tulsi. En pratiquant le *dharma*, l'éthique de la compassion. Le karma s'empare de nos actions physiques et mentales, les lie entre elles et nous maintient dans leurs filets ; le dharma, à l'inverse, nous libère des pièges et des conditionnements. C'est une nourriture spirituelle, un véritable antidote au karma.

» Le mot *dharma* vient du verbe sanskrit *dhar*, qui signifie porter, garder, maintenir, observer et se souvenir. Les mots *dharaa* ou *dharani*, qui désignent la terre, sont issus de la même racine. Le dharma, comme la terre, porte et nourrit la vie.

» La violence (*himsâ*), dans laquelle le karma prend sa source, menace et détruit la vie. La non-violence (*ahimsâ*), qui est la forme la plus achevée du dharma, agit de manière inverse : elle maintient et protège la vie. Nous devons absolument apprendre à pratiquer la non-violence : cessons de porter atteinte à la dignité et au caractère sacré de la vie d'autrui ! Chaque fois que nous menaçons la dignité ou la vie d'autrui, nous nous menaçons nous-mêmes, puisque les autres font partie de nous et que nous faisons partie des autres. Nous sommes tous faits d'eau, de terre, d'air, de feu, d'espace, de temps et de conscience. Agencés différemment, ces éléments constituent toutes les formes de vie existantes. Ils apparaissent sous une forme et se transforment en une autre. L'univers n'appartient qu'à lui-même. À long terme, il n'y aura plus ni vous ni moi :

nous disparaîtrons pour nous fondre dans la vie universelle.

» C'est en nous engageant sur la voie du dharma, en pratiquant la compassion, que nous parviendrons à stopper l'afflux de karmas. Ce mode de vie ne requiert aucun exploit de notre part. Inutile de vous lancer dans une série d'actes vertueux ! Éviter de nuire à autrui est le seul impératif. Le dharma consiste à *être* bon plutôt qu'à *faire* le bien. La différence est subtile, mais elle vous entraînera dans un voyage unique, celui qui mène du faire à l'être. Lorsque nous nous contentons d'exister, nous n'accumulons plus de matière karmique. Nous ne sommes vraiment nous-mêmes que lorsque nous privilégions notre manière d'être à notre manière de faire. Le dharma nous apprend qu'on peut accomplir sans agir. Pensez au soleil, par exemple. Il nous éclaire abondamment ; pourtant, il ne bouge pas ! Ne rien faire ne signifie pas ne rien accomplir. Le dharma nous incite à être pleinement nous-mêmes, à exprimer notre nature profonde, comme l'eau qui, en se contentant d'être de l'eau, étanche notre soif et nettoie ce qui est taché. Le seul fait d'exister est un bien en soi. Le karma requiert un effort ; le dharma n'en exige aucun. Le karma est contraint, le dharma est spontané. Nos désirs, nos ambitions, nos objectifs sont tous liés au karma. Il est responsable de nos succès et de nos échecs. Tout ce qui s'accomplit sans ambition relève du dharma. Il nous apprend à apprécier ce qui est. À vivre en paix, l'esprit serein, dégagé de tout artifice. Le karma nous fait souffrir ; le dharma nous permet de mettre fin à cette souffrance. Le karma nous meurtrit, le dharma nous guérit. Il est notre thérapie, le meilleur moyen de lutter contre l'angoisse et le désarroi que nous cause le karma. »

Tulsi réfléchit un court instant avant de reprendre :

« Les bouddhistes ont recours à la notion de Noble Vérité pour exprimer les grands principes universels. Ces vérités sont au nombre de quatre. La première est similaire à la notion jaïne d'asservissement (*bandha*) : c'est *duhkha*, la souffrance physique et morale. La deuxième Noble Vérité est l'apparition ou l'origine de *duhkha*. Cette notion, que les bouddhistes désignent par le terme *samudaya*, est à rapprocher de celle d'*asrava* pour les jaïns. Ensuite vient *nirodha*, la cessation de la souffrance. Ce concept est équivalent au principe jaïn de défense, ou *samvara*. La quatrième Noble Vérité désigne le chemin qui mène à la cessation de la souffrance (*mârga*). Là encore, cette notion est équivalente à l'un de nos concepts jaïns – celui de la purification (*nirjara*).

» Les bouddhistes cherchent à atteindre l'état d'Éveil ou de libération absolue, qu'ils nomment *nirvâna*. Cette notion recoupe parfaitement la notion jaïne de *moksha*.

» En revanche, les bouddhistes ne s'appuient pas sur le concept d'âme ou de force vitale – ce que nous nommons *jîva* dans les textes jaïns. Notre doctrine admet l'existence de la souffrance, certes. Mais elle s'interroge sur l'objet de cette souffrance. Qui a mal ? Qui éprouve de l'angoisse ou de la douleur ? Qui cherche à mettre fin à cette souffrance ? Qui connaît l'Éveil ? Les bouddhistes ne répondent pas à ces questions, qu'ils jugent déplacées ou superflues. Les jaïns estiment au contraire que *jîva*, la force vitale, est au centre des principes fondamentaux. C'est *jîva* qui souffre, et c'est *jîva* qui se libère de ses souffrances.

» Cela étant dit, je ne cherche nullement à imposer un dogme au détriment d'un autre. De mon point de vue, il existe une force vitale qui transcende la matière ;

mais j'accepte aussi l'idée que le Soi n'existe pas en tant qu'objet. Et je suis sûr que les bouddhistes admettent l'existence de la force vitale, quel que soit le nom qu'ils lui donnent. »

Un sourire éclaira le visage de Tulsi. Il semblait heureux d'avoir établi un rapprochement entre le jaïnisme et le bouddhisme. Il mettait parfaitement en pratique la notion jaïne d'*anekânt*, qui insiste sur le caractère relatif des dogmes et des théories.

La conférence était terminée. Le gurû leva la main droite pour bénir l'assemblée, qui s'inclina avec gratitude.

Après le déjeuner, maman m'emmena visiter le grand temple jaïn, au centre de Ladnun. « Les Osval ne sont pas les seuls jaïns à vivre ici », m'expliqua-t-elle. Son projet me parut d'autant plus excitant que notre gurû s'opposait aux représentations divines. Le jaïnisme se scinde en deux branches parallèles : la première regarde le culte des images comme le plus sûr moyen de méditer et d'exprimer sa dévotion religieuse ; la seconde recommande à ses disciples de se libérer de toute forme de représentation divine, et donc d'éviter les temples, les cloches, les statues, l'encens et les bougies. Ma mère, qui adhérait à la seconde tradition, était aussi et surtout un esprit libre. Parce qu'elle aimait tirer profit de toutes les formes de sagesse, elle tenait à ce que je connaisse l'existence de l'autre branche du jaïnisme, favorable aux effigies divines.

Lorsque nous arrivâmes au temple, le gardien vint nous accueillir, comme il le faisait pour tous ceux qui n'étaient pas membres de sa communauté. « Nous avons besoin de vous ! déclara maman. Voulez-vous être notre guide ? » Il accepta volontiers et commença par nous expliquer ce que représentaient les nombreuses peintures qui ornaient le hall. La plupart d'entre elles illustraient la vie des *tîrthankara*, les guides spirituels qui ont élaboré la doctrine jaïne il y a plusieurs siècles. Maman l'écoutait avec une telle attention qu'il nous proposa de poursuivre la visite.

« Il y a un autre temple sous celui-ci, annonça-t-il. Il est beaucoup plus ancien… Voulez-vous le voir ?

— Bien sûr ! » répliqua-t-elle avec enthousiasme.

Il sortit une clé de sa poche et ouvrit une petite porte. Une volée de marches menait au temple souterrain. « Les jaïns l'ont construit à l'époque des persécutions », expliqua-t-il.

Les parois étaient couvertes d'images splendides, gravées dans du marbre rouge, noir, vert ou blanc, mais je fus immédiatement attiré par un petit plat rond, en cuivre massif, posé sur un présentoir. Je me penchai, intrigué. L'artiste avait représenté les contours d'un homme debout, au centre du plat. Je compris qu'il symbolisait l'esprit éveillé, celui qui a atteint *moksha*, la libération suprême. La silhouette était vide : seul le cuivre qui l'entourait lui donnait forme. Elle se fondait dans l'espace qui l'accueillait.

Tulsi poursuivit son cycle de conférences le lendemain matin, à la plus grande joie de tous. Lorsque l'assemblée fut au complet, il déclara :

« La non-violence est au cœur des quatre grandes religions qui ont trouvé naissance en Inde : l'hindouisme, le bouddhisme, le sikhisme et le jaïnisme. Toutefois, les jaïns accordent une importance particulière à la vie animale. Être jaïn, c'est avant tout être végétarien.

» D'après les grands maîtres de la religion jaïne, il y a huit millions quatre cent mille espèces sur Terre.

L'inventaire qu'ils ont dressé il y a plus de deux mille ans comprend les aigles, les cygnes, les baleines, les tigres, les éléphants, les serpents, les vers, les bactéries, les champignons, l'air, l'eau, le feu, les cailloux... Ils ont recensé tout ce qui est “naturel et vivant”. Car les jaïns sont animistes : pour eux, tout ce qui est issu de la nature est vivant, et toute vie est sacrée. L'homme doit éviter de porter atteinte à la vie sous quelque forme qu'elle soit. Même si la survie de quelques espèces dépend de l'existence de certaines autres, nous ne devrions jamais considérer ce principe comme acquis. Les hommes ne représentent qu'une des huit millions quatre cent mille espèces qui peuplent la Terre. Ils n'ont pas plus de droits que les autres. Tout être vivant, qu'il appartienne ou non à l'espèce humaine, a le droit de vivre, et ce droit est le même pour tous. Non seulement les hommes ne disposent d'aucun droit sur les autres formes de vie (rien ne les autorise à ôter, contrôler ou assujettir la vie d'autres espèces), mais ils doivent, plus que toute autre espèce, pratiquer la non-violence et se montrer d'une grande humilité face à l'extraordinaire mystère de la vie. »

Pour illustrer l'attitude des jaïns envers les animaux, Tulsi nous raconta l'histoire du prince Pârshvanâtha, qui vivait au Xe siècle av. J.-C.

« Le jeune Pârshvanâtha s'apprêtait à se marier. Le jour des noces, alors qu'il se rendait chez sa fiancée, il aperçut un enclos plein d'animaux qu'on se préparait à abattre. Serrés les uns contre les autres, ils criaient de panique. “Pourquoi sont-ils enfermés dans des conditions pareilles ?” s'exclama le prince, bouleversé. “Ce sont les animaux nécessaires à votre repas de noces”, lui répondit-on. Le jeune prince fut saisi de compassion. En entrant dans la salle prévue pour le mariage, il se précipita vers le père de la mariée. “J'exige qu'on relâche immédiatement tous les animaux qui doivent être abattus pour le repas de noces !" s'écria-t-il. "Pourquoi ? s'étonna son hôte. Les animaux sont les esclaves de l'homme. Nous disposons d'eux selon notre bon plaisir ! Et puis comment voulez-vous faire un banquet sans viande ?" Le prince l'observa avec stupeur. "Les animaux ont une âme, eux aussi ! répliqua-t-il, interloqué. Ils ont parfaitement conscience de ce qui leur arrive. Ce sont nos amis et nos ancêtres. Ils éprouvent des sentiments, des émotions, de l'amour. Comme nous, ils tiennent à la vie et redoutent la mort. Leur instinct de survie est aussi puissant que le nôtre. Ils ont parfaitement le droit de vivre – c'est même leur droit fondamental ! Je refuse de me marier dans ces conditions. Je ne pourrai plus ni aimer ni être heureux tant que des animaux seront abattus ou réduits en esclavage."

» Il renonça donc à ses projets de mariage et quitta le palais sur-le-champ. Rejetant le confort de sa vie princière, il répondit à l'appel d'une voix intérieure l'enjoignant d'aller réveiller la conscience de ceux qui avaient été amenés à privilégier leur confort personnel et à tuer des animaux pour satisfaire leurs désirs égoïstes. Les animaux accueillirent Pârshvanâtha comme un prophète, un protecteur des espèces les plus faibles et les plus sauvages. Ils se rassemblaient autour de lui partout où il allait. Les oiseaux se perchaient sur les branches des arbres pendant ses promenades et, quand il s'asseyait au bord d'un lac ou d'une rivière, les poissons s'approchaient des berges pour le saluer. Les éléphants, les lions, les renards, les lapins, les rats, les insectes et les fourmis s'inclinaient sur son passage. Pendant la mousson, apercevant Pârshvanâtha sous une terrible averse, le roi des cobras se dressa sur sa queue et forma un parapluie avec sa tête pour protéger le prince. »

Je repensai à l'une des statues que j'avais vues la veille au temple jaïn de Ladnun : en marbre noir, elle représentait Pârshvanâtha et le gigantesque serpent à sept têtes qui l'abritait de la pluie.

« Pârshvanâtha rencontra un immense succès, poursuivit Tulsi. Partout, dans les villes et les villages, des milliers de gens se massèrent pour l'écouter. Touchés par ses idées, ils cessèrent de manger de la viande et décidèrent de se consacrer au bien-être des animaux. L'ancienne fiancée de Pârshvanâtha fut tellement émue qu'elle résolut de rester célibataire pour s'occuper des animaux jusqu'à la fin de ses jours. Le roi lui-même, qui avait perdu sa fille et son futur gendre au profit de la cause animale, changea complètement de point de vue sur la question. Il décréta que tous les animaux devaient être respectés dans son royaume, où l'abattage, la chasse, la capture, l'enfermement et la domestication seraient désormais interdits.

» Pârshvanâtha devint le vingt-troisième *tîrthankara* de la tradition jaïne. Le vingt-quatrième fut Mahâvîra, qui vécut il y a deux mille six cents ans. Chacun des vingt-quatre Grands Libérateurs est associé à un animal afin de symboliser la place centrale qu'ils occupent dans la doctrine jaïne. L'amour n'est pas l'amour s'il n'inclut pas les animaux. Peut-on parler de compassion à propos de ceux qui vénèrent la vie humaine tout en demeurant indifférents au massacre des animaux ?

» En distinguant le règne animal du règne humain, en plaçant les intérêts de l'espèce humaine avant ceux des animaux, les hommes favorisent l'émergence du régionalisme, du racisme, du nationalisme, de l'inégalité entre les classes et les castes, et bien sûr entre les espèces. Les motivations qui conduisent à l'exploitation des animaux peuvent aussi conduire à celle des hommes : certains d'entre nous peuvent être amenés à réduire des hommes en esclavage au nom de leur intérêt individuel ou même de l'intérêt national, exactement comme on le fait pour les animaux. Voilà pourquoi nous, adeptes et moines jaïns, incitons nos semblables à manifester une révérence inconditionnelle et sans équivoque envers toutes les formes de vie. »

7

La pratique du dharma

« J'aurais tellement aimé que ton père soit avec nous aujourd'hui ! » s'exclama ma mère, brusquement saisie d'une émotion incontrôlable. Ses joues étaient baignées de larmes. Ce n'était pas inhabituel – la mort de mon père l'avait laissée en état de deuil permanent –, mais, comme toujours, la voir dans cet état me bouleversa. Elle n'est certainement pas la seule dans ce cas, me dis-je. Combien d'autres femmes pleurent leurs maris ? Combien d'autres enfants ont perdu leur papa et doivent, comme moi, grandir sans lui ? La mort est un démon insatiable... Comment l'empêcher de dévorer les gens qu'on aime ? pensai-je avec angoisse.

« Pourquoi papa est-il mort ? demandai-je.

— Comment ça, "pourquoi" ? répondit ma mère. Tous ceux qui sont nés finissent par mourir, c'est comme ça. Et ça m'arrivera à moi aussi... Même toi, mon fils, tu mourras un jour. »

Sa voix était ferme, mais je compris qu'elle ne parvenait pas à surmonter la disparition de mon père.

Je me glissai dehors pendant qu'elle préparait le déjeuner. Je voulais revoir Tulsi, notre gurû. Je courus jusqu'à l'endroit où il donnait ses conférences. Par chance, je le trouvai presque seul : les nombreux disciples qui l'entouraient d'ordinaire s'étaient dispersés. Seuls deux ou trois jeunes moines étaient encore assis près de lui. Penché sur un splendide manuscrit, il en lisait des passages à voix haute. Bien que très absorbé dans sa lecture, il m'aperçut du coin de l'œil. Il ignorait qui j'étais, mais il s'interrompit aussitôt, étonné de voir un petit garçon entrer seul dans la pièce.

« Qu'y a-t-il, petit ? Tu cherches quelque chose ? »

Devinant mon embarras, il s'était exprimé d'une voix douce et bienveillante.

« Je suis très malheureux, répondis-je. Ma mère est en train de pleurer. Elle pleure tout le temps ! Elle a beaucoup de chagrin.

— Pourquoi ?

— Parce que mon père est mort. C'était il y a quatre ans, mais maman est toujours aussi triste. Alors je voudrais savoir... Y a-t-il un moyen de lutter contre la mort et d'empêcher ce démon de faire pleurer les gens ?

— C'est une très bonne question. Le monde est un éternel recommencement. Le cycle des naissances et des renaissances n'aura jamais de fin. »

Il en resta là, estimant sans doute qu'un petit garçon de huit ans n'avait pas besoin d'en savoir davantage. Mais je voulais qu'il m'en dise plus, au contraire ! Et je voulais qu'il réponde par l'affirmative à ma question. S'il y avait un moyen de lutter contre la mort – et j'espérais de tout cœur qu'il y en eût un –, alors Tulsi le connaissait. Car il savait tout, n'est-ce pas ?

« Il doit bien y avoir un moyen de mettre fin à la mort ! insistai-je.

— Effectivement. Veux-tu le connaître ?

— Oh oui, Gurûdev. J'aimerais beaucoup le connaître !

— Pour se libérer de la mort, il faut renoncer au monde. C'est ce que font tous les moines. C'est un voyage long et difficile, mais il nous permet de briser le cycle des naissances et des renaissances. »

Je ne m'attendais pas à une réponse aussi radicale. Renoncer au monde ! Mais alors... je devrais quitter ma mère ? Quitter Suraj, ma sœur adorée ? Quitter mon cher Gopalji ? Les questions m'assaillaient, et à toutes je répondis par l'affirmative. Oui, oui, et oui ! J'étais prêt à tout pour vaincre le démon de la mort.

« Je veux être moine, moi aussi. Je ferai tout ce qu'il faut. Je suivrai votre exemple, Gurûdev !

— C'est une décision importante. Tu ne dois pas la prendre à la légère. Réfléchis bien. Et parles-en à ta mère. »

Je quittai la pièce le cœur lourd. Comment confier à ma mère mon désir de rejoindre Tulsi ? Ne serait-elle pas terriblement triste à l'idée de me voir partir ? Cette pensée me troubla tant que je résolus de ne rien lui dire dans l'immédiat.

Nous rentrâmes peu après à Shrî Dungargarh, mais j'eus l'impression de laisser à Ladnun une partie de moi-même.

Dès lors, je fus encore plus attentif aux histoires que me racontait ma mère. Avide d'en savoir davantage, je la pressai de questions.

« Tu m'as parlé des abeilles, l'autre jour. T'en souviens-tu ? Veux-tu m'en parler encore, s'il te plaît ? J'aimerais savoir tout ce qu'elles peuvent nous apprendre !

— Les abeilles nous révèlent les bienfaits de la pollinisation. C'est très important, car nous sommes incapables de trouver la plénitude par nous-mêmes. Or nous sommes tous dépendants les uns des autres.

L'homme dépend de la femme ; je dépends de toi, et vice versa. Je suis heureuse que tu sois venu au monde à travers moi, mon fils. Tu avais besoin de moi pour naître ; j'avais besoin de toi pour devenir mère. Nous, les humains, nous dépendons des arbres, de la pluie et des fruits de la terre pour vivre. Observer la pollinisation nous rappelle que nous devons renforcer la relation que nous entretenons avec les autres formes de vie.

— Qui t'a appris tout ça, maman ? Comment sais-tu que les abeilles sont nos professeurs ?

— Je l'ai appris de Mahâvîra. Il nous conseille d'imiter les abeilles ; lui-même les a beaucoup imitées, tu sais ! Lorsqu'il allait de maison en maison pour mendier sa nourriture, il n'acceptait que le minimum. Si quelqu'un lui proposait deux morceaux de pain, il n'en prenait qu'un. Aucune maîtresse de maison ne pouvait reprocher à ses disciples d'avoir vidé son garde-manger ou de l'avoir obligée à refaire la cuisine pour nourrir sa famille après leur passage. Mahâvîra frappait chaque jour à une dizaine de portes pour rassembler de quoi préparer son repas. Cette modération lui venait certainement de l'observation des abeilles. Il les imitait aussi dans sa manière de répandre la sagesse autour de lui : il allait seul à travers le pays, pieds nus, sans aucun bagage. Il n'avait même pas de bol à aumônes ! Et partout où il allait, il racontait des histoires, des contes et des légendes aux princes et aux paysans ; il partageait ses rêves et ses idées avec les riches comme avec les pauvres. Parcourir la terre à pied a toujours été un acte sacré, peut-être le plus sacré de tous. C'est une forme de pèlerinage pour chaque *tîrthankara*.

— Qu'est-ce qu'un *tîrthankara* ? demandai-je, intrigué.

— C'est un "passeur de gué", un Éveillé qui nous aide à franchir une rivière, à aller d'une berge à l'autre. Les vingt-quatre *tîrthankara* jaïns sont nos maîtres spirituels. Ils ont traversé l'Inde à pied, parcourant des milliers de kilomètres pour nous transmettre leur savoir. Ils communiaient avec la nature et passaient de longues heures à méditer dans la plus grande solitude, au cœur des montagnes ou des forêts les plus reculées. La beauté et les mystères de la vie les plongeaient dans un profond émerveillement.

— Comment ces *tîrthankara* ont-ils atteint l'Éveil ? » demandai-je avec excitation.

Cette conversation me passionnait, et j'étais impatient d'en savoir plus.

« En vivant constamment au contact de la nature, répondit ma mère. Ils s'asseyaient sous les arbres et se laissaient imprégner par la nature environnante. Ces expériences mystiques les conduisaient vers l'Éveil.

— Est-ce qu'il y a encore des *tîrthankara* parmi nous ?

— Non, dit-elle en secouant tristement la tête. Il n'y a plus de *tîrthankara* aujourd'hui. Les hommes se sont coupés de la nature. Les gens s'entassent dans des immeubles. Les villes sont de plus en plus peuplées. Plus personne ne va méditer dans la montagne ! Même les moines y vont de moins en moins souvent... Ils ont perdu l'habitude de s'asseoir sous les arbres. Les *tîrthankara* passaient de longs mois à méditer dans les forêts ou au fond des grottes. Et tous allaient mourir au sommet d'une montagne. Ces montagnes sont devenues sacrées pour les jaïns, bien sûr. Mais, aujourd'hui, les moines et les laïcs n'y vont que parce que les *tîrthankara* y sont morts. C'est dommage, tu ne trouves pas ? Toutes les montagnes sont sacrées – pas seulement celles où les *tîrthankara* sont allés mourir !

Et c'est justement parce qu'elles sont sacrées qu'ils ont voulu y finir leurs jours. Beaucoup d'entre nous ont tendance à l'oublier : ils ne vénèrent que les montagnes où sont morts les *tîrthankara*.

— De quelles montagnes s'agit-il, maman ? Tu les connais toutes ?

— Bien sûr. Il y en a six : le mont Abu, la colline de Shatrunjaya, le Girnar, le Rajgir, le Sammed-shikhar et le Kailâsa. Mahâvîra est mort près du Rajgir. Il a grimpé la montagne pieds nus, les yeux rivés au sol pour éviter de piétiner les vers ou les insectes qui se trouvaient sur sa route. S'il lui arrivait par malheur d'en écraser un, il savait que le mal était moindre parce qu'il marchait pieds nus, le plus doucement possible. Quoi qu'il fasse, où qu'il aille, il veillait à préserver les êtres vivants, aussi petits soient-ils. Il vouait un tel respect à la vie qu'il incita d'abord ses disciples à cesser de manger de la viande et du poisson. Puis il alla plus loin, en leur demandant d'éviter de manger des tubercules car leur consommation oblige les paysans à déterrer toute la plante, et donc à tuer les petites créatures qui vivent dans le sous-sol. Voilà pourquoi les jaïns recommandent de manger des céréales, des fruits et des légumineuses, et d'éviter les oignons, l'ail, les pommes de terre, les carottes et toutes les plantes à tubercule ou à rhizome.

» Mahâvîra apprit à ses disciples à ôter et à conserver les graines des fruits et des légumes qu'ils cuisinaient, surtout lorsque ceux-ci en contenaient beaucoup, comme les melons ou les poivrons. Lorsque ce n'est pas possible ou qu'il est difficile de séparer les graines du légume lui-même – avec les aubergines, par exemple –, les jaïns préfèrent renoncer à consommer le légume en question. D'une manière générale, ils s'efforcent de ne pas manger de graines ou de les conserver avec soin. Âdinâtha, le premier *tîrthankara*, insistait beaucoup sur ce point. Il recommandait aux cultivateurs de planter beaucoup de graines afin qu'il y en ait assez pour nourrir les oiseaux, les souris et les insectes. Il leur apprenait aussi à mettre de côté une partie des pois, des céréales et des légumineuses qu'ils récoltaient pour pouvoir les replanter l'année suivante. Enfin, il les incitait à laisser une petite partie de cette récolte à terre pour les animaux. En période de disette, ils doivent pouvoir se nourrir, eux aussi ! » conclut-elle.

Je comprenais mieux, à présent, pourquoi maman mettait toujours un peu de grain sur les fourmilières. « Nous devons faire preuve de gentillesse envers toutes les créatures terrestres », disait-elle souvent.

En toute logique, elle avait une affection particulière pour Âdinâtha, qui fut le premier *tîrthankara* à encourager la pratique de l'agriculture.

Comme tous les jaïns, nous évitions de manger des graines, des tubercules et des racines. Mais nos repas n'étaient pas monotones pour autant ! Maman savait transformer le moindre en-cas en véritable festin. La variété et l'arôme des épices, la couleur des mets, le raffinement de la présentation, le soin avec lequel nous mangions et l'attention qu'elle portait à chaque convive donnaient chaque jour à notre table des allures de fête. Elle était convaincue qu'on ne peut pas « avoir de bonnes pensées dans la tête si on n'a pas de bons aliments dans l'estomac ».

J'ai donc grandi sans manger d'oignons, d'ail, de pommes de terre ou de carottes – j'en ignorais même le goût. Pourtant, les somptueux repas que préparait ma mère sont restés gravés dans ma mémoire. Elle déployait une imagination débordante, comme si le nombre réduit d'ingrédients dont elle disposait la mettait au défi de renouveler sans cesse la composition et la préparation des mets qu'elle nous servait.

Un an après notre voyage à Ladnun, Tulsi et quelques-uns de ses disciples firent étape dans notre petite ville. Maman fut ravie. Quant à moi, je retrouvai le gurû avec d'autant plus d'émotion que ses conférences ravivèrent en moi le désir de liberté que j'avais éprouvé à Ladnun. Je repensais souvent au jour où j'avais entendu pour la première fois l'injonction de « renoncer au monde ». Elle résonnait comme un défi. Je décidai d'en parler à ma mère. Après bien des discussions, des revirements et des déceptions, de longs mois de réflexion et de multiples conversations avec Tulsi, je parvins à la convaincre.

Je quittai donc la maison pour devenir moine.

L'heure était venue pour moi de mettre en pratique ce que j'avais appris et de m'engager sur la voie de la libération. Chez les jaïns, on ne parle pas de théorie et de pratique, comme en Occident, mais de pratique et de théorie : *achar* précède *vichar*. La théorie découle de la pratique, et non l'inverse. On peut élaborer plusieurs théories à partir d'une même pratique, mais seule la pratique du dharma mène à la libération. Voilà pourquoi les chefs spirituels du mouvement jaïn ne sont pas des chercheurs, des professeurs ou des auteurs, mais des *âchârya*, « des gens qui pratiquent ». Notre gurû s'appelait Âchârya Tulsi.

« La pratique du dharma, disait Tulsi, n'implique rien d'extraordinaire. Elle se confond avec les gestes les plus ordinaires de la vie quotidienne : on peut le pratiquer en marchant, en parlant, en mangeant, en dormant, en lavant son bol, en pliant ses vêtements et en conversant avec autrui. La compassion n'a rien à voir avec l'érudition : il faut la *vivre* et non l'apprendre ; l'éprouver plutôt qu'y penser ou en parler. C'est comme la natation : quel que soit le nombre de manuels que vous lirez sur le sujet, vous ne saurez pas nager tant que vous n'aurez pas sauté à l'eau et que vous n'aurez pas bu la tasse. À cet instant, alors que vous pensez être sur le point de vous noyer, vous vous apercevez que vous flottez, au contraire ! L'eau vous porte au lieu de vous engloutir. Vous remuez vos bras, vos jambes – déjà, vous vous sentez mieux. Vous savez que votre moniteur ou vos proches sont prêts à intervenir en cas d'incident, et cette certitude vous donne la confiance nécessaire pour poursuivre vos efforts. Mais vous savez aussi que ce n'est pas le moniteur qui doit nager : c'est vous, et vous seul. C'est exactement pareil avec le dharma : il faut se jeter dedans.

» Pratiquer le dharma, c'est vivre de manière compassionnelle. C'est éprouver de la compassion envers tous les éléments terrestres, qu'ils soient faits de terre, de feu, d'eau ou d'air, car les éléments issus de la nature sont intimement liés à la vie humaine. Notre corps a besoin d'eux pour se nourrir et pour survivre. Ils se sacrifient pour nous permettre d'exister. Nous devons donc apprendre à reconnaître le caractère sacré de toutes les formes de vie et à respecter leur intégrité. Ce respect constitue l'un des principes essentiels du dharma. C'est aussi la première étape de sa mise en pratique. »

Mahâvîra, le fondateur de la doctrine jaïne telle que nous la pratiquons encore aujourd'hui, n'accordait pas une grande importance à l'étude ni à la théorie. C'est en pratiquant la compassion et la non-violence qu'il répandait ses idées. Il veillait toujours à dispenser son enseignement au pied d'un arbre, dans une forêt ou un grand bosquet. Hommes, femmes et enfants venaient en grand nombre l'écouter. On raconte aussi que ses conférences attiraient des lions et des chevreuils, des aigles et des colombes, des paons et des perroquets, des éléphants et des tigres. Mahâvîra entrait facilement en contact avec eux, car il était animé d'un même amour pour les hommes et pour les animaux.

Fils de prince, il était prince lui-même. Il avait grandi dans un luxueux palais, où de nombreux serviteurs exécutaient ses moindres désirs. Mais cette abondance l'oppressait. Loin de le rendre heureux, les moyens dont il disposait l'enfermaient dans une cage étroite – une cage dorée, certes, mais une cage tout de même ! comprit-il brusquement. Persuadé que l'argent et le pouvoir n'apportaient que l'illusion du bonheur, il eut le courage d'abdiquer et de s'engager sur la voie de la libération (*moksha*). Il quitta sa famille, sa cour et ses valets, et renonça pour toujours à ses chevaux, à ses équipages, à sa sécurité et à son confort. Il le fit avec soulagement, sans jamais avoir l'impression d'avoir sacrifié quoi que ce soit. On le surnomma Mahâvîra – littéralement, le Grand Héros. Il disait souvent qu'il est bien plus difficile de se conquérir, d'administrer ses désirs et de contrôler ses passions que de conquérir, d'administrer et de contrôler un royaume étranger.

8

Les cinq règles de vie

Le jour où je revêtis la robe blanche des moines, Tulsi réunit tous les novices pour leur dispenser son enseignement. Il s'assit près du sol sur un siège en bois, tandis que nous prenions place sur la grande couverture étalée devant lui.

« Je vous ai rassemblés pour vous expliquer les principes de la vie monacale. Ce sont eux qui vous guideront sur la voie de la libération. Nous les tenons de Mahâvîra, qui les a héroïquement respectés. Je vous invite à suivre son exemple afin de vous libérer des désirs mesquins qui vous asservissent et vous angoissent.

» Ces grands principes sont au nombre de cinq. Le premier est la non-violence (*ahimsâ*), qui consiste à éviter toute forme d'agression envers soi-même et envers autrui, tant en pensées ou en paroles qu'en actes. Cette règle nous incite à nous libérer de nos désirs malfaisants et à refuser d'entretenir des pensées négatives. Pour la mettre en pratique, vous devrez éviter tout contact avec la cruauté, la malveillance, la calomnie et la souffrance. Parallèlement, vous adopterez une discipline de vie propre à favoriser la bonne volonté, l'optimisme, la retenue et la bienveillance. »

Il y eut un silence, puis Tara, un des jeunes novices, prit la parole :

« Comment parviendrons-nous à nous comporter ainsi ?

— Soyez modérés en tout, c'est la clé pour y parvenir, répondit Tulsi. Pensez moins, parlez moins et agissez moins. Soyez plus dans l'être que dans le faire. Méditez davantage, pratiquez le silence et mettez-vous au service des autres. »

Il marqua une autre pause, plus longue encore que la précédente. Craignant qu'il n'oublie ce qu'il s'apprêtait à dire, je m'exclamai vivement :

« Quel est le deuxième principe ?

— Tu es bien pressé, dis-moi ! As-tu seulement compris le premier ? Bon, puisque tu le demandes, venons-en au deuxième. C'est *satya*, la vérité. Pratiquer la vérité, c'est s'efforcer de découvrir la *vraie* nature de l'existence – la nôtre et celle du monde qui l'entoure. Pour cela, nous devons non seulement nous accepter nous-mêmes, mais accepter la réalité telle qu'elle est, en toute objectivité, sans la réduire à un qualificatif : les choses ne sont pas bonnes ou mauvaises. Elles sont, tout simplement. Les qualifier, c'est déjà les interpréter. *Satya* nous invite aussi à ne pas mentir, au sens le plus profond du terme, c'est-à-dire à ne pas nous faire d'illusions sur nous-mêmes. Vous devez cesser de chercher à savoir si vous êtes importants ou insignifiants, doués ou médiocres. Suspendez tout jugement. Contentez-vous d'observer ce qui est. Regardez la vérité en face. Et ne la craignez pas ! »

Nous étions très jeunes encore. Pourtant, Tulsi s'adressait à nous de manière complexe, sans simplifier son discours. Il semait des graines dans notre esprit avec la certitude qu'elles viendraient à germer.

« Celui qui pratique la vérité s'applique à vivre de la manière le plus vraie possible, au-delà des pensées et des discours qu'elle peut susciter. Il ne cherche pas à manipuler les événements, les gens ou la nature afin qu'ils répondent à ses désirs. Il admet que d'autres puissent avoir un avis différent du sien, puisque la vérité n'est jamais unique. Nul ne peut la concevoir ou la décrire : elle échappe à l'esprit et au discours des hommes. En cela, *satya* rejoint la notion jaïne d'*anekânt*, qui insiste sur l'impossibilité d'établir un jugement ou une conclusion définitifs. La plupart des religions se fondent sur l'existence d'une vérité unique, que les sages expriment de différentes manières. Il en va autrement pour les jaïns, qui ont une vision multicentrique de la réalité. Pour nous, chaque individu, chaque arbre, chaque fleur gravite au centre d'un univers infini. Il n'y a pas plus de centre que de vérité unique. Le monisme n'existe pas.

— Comment peut-on être objectif et pratiquer la vérité si la vérité unique n'existe pas ? s'enquit Tara.

— Pour être objectif, il faut se montrer humble et ouvert aux idées nouvelles, tout en admettant qu'aucune d'entre elles ne sera jamais immuable ou définitive. Tout ce qui existe est vrai, car la vérité se confond avec l'essence des choses. Lorsque vous l'aurez compris, vous accepterez la réalité telle qu'elle est. Vous en parlerez et vous la vivrez telle qu'elle s'offre à vous, dans toute sa vérité. Notre vision du monde n'est ni plus ni moins vraie qu'une autre : nous n'avons pas à l'imposer à autrui. Les groupes ou les individus qui prétendent posséder *la* vérité font fausse route.

— En disant les choses telles qu'elles sont, ne risque-t-on pas de faire de la peine à ceux qui nous écoutent ? demandai-je.

— La vérité peut faire mal, en effet. Pourtant, comme je vous l'ai dit, vous devez l'exprimer sans crainte. Pour résoudre ce paradoxe, vous apprendrez à dire la vérité en douceur, de la manière le plus neutre possible. Il vous faudra être honnêtes, ouverts et transparents. Si vous êtes confrontés à des contrevérités, ne vous cachez pas derrière des platitudes, ne détournez pas les yeux ! La vérité émergera de votre capacité à vous montrer compatissants – c'est l'une des grandes qualités que vous devrez acquérir en tant que moines. C'est en puisant dans vos réserves de compassion que vous parviendrez à dire la vérité de manière souple et posée, sans mots durs ni blessants. Soyez toujours prêts à admettre vos erreurs et, le cas échéant, à modifier votre point de vue. D'une manière plus générale, vous devrez accepter qu'il existe d'autres vérités que les vôtres. »

Tulsi entrecoupait souvent ses propos de longues pauses afin de nous laisser le temps de comprendre et d'assimiler ce qu'il venait de dire. Il demeura donc un moment silencieux, avant de reprendre :

« *Asteya*, le troisième principe, nous défend de pratiquer le vol, c'est-à-dire d'acquérir ou de nous approprier des biens superflus. Comme il n'est pas toujours évident de distinguer l'essentiel du superflu, je vous invite à évaluer régulièrement vos biens et votre mode de vie afin de déterminer ce qui vous est absolument nécessaire. La différence entre ce dont nous avons besoin et ce qui nous fait envie manquant parfois de netteté, cette évaluation doit être menée avec la plus grande honnêteté.

» Le commerce des biens de consommation doit être fondé sur un échange équitable, et garantir à chacun la mesure la plus juste du travail, du temps et des compétences investis.

» Prendre avant de donner équivaut à voler. En tant que moines, vous veillerez donc à dispenser votre enseignement, vos conseils et votre bénédiction avant de mendier votre nourriture. Vous aiderez ceux qui sont dans la confusion, l'agitation ou la dépression. Ensuite, et seulement ensuite, vous pourrez recevoir les dons d'autrui. »

Après nous avoir brièvement expliqué le troisième principe, le gurû aborda le quatrième en ces termes :

« Vous pratiquerez la chasteté (*brahmâchârya*). *Brahmâ* désigne l'Être-pur ; *charya* signifie demeurer. Être chaste, c'est "demeurer dans la pureté". Ce principe nous invite à vivre l'amour sans luxure. Les laïcs s'y conforment en restant fidèles à leur époux ou à leur épouse ; les moines en pratiquant une continence absolue. Toute pensée, tout propos ou tout acte qui vise à rabaisser, à déprécier ou à agresser le corps d'autrui constitue une atteinte au principe de chasteté. Le corps humain est le lieu de résidence de Brahmâ. Rien ne doit venir profaner ce temple.

» Ce principe ne s'applique pas seulement au corps humain, mais aussi à celui de la nature. Puisque Brahmâ, l'Être-pur, imprègne la nature tout entière, son corps se confond avec elle. Reconnaître le caractère sacré de l'existence, c'est se montrer fidèle à la nature, la respecter en étant conscient que nous ne faisons qu'un avec elle. »

Tulsi ferma les yeux et respira plus lentement pendant quelques minutes. Puis il reprit la parole :

« *Aparigraha*, le cinquième principe, nous invite à renoncer aux richesses matérielles et à ne pas entretenir de sentiment de possession ou d'attachement à leur égard. Rien ne peut réellement nous appartenir puisque chaque chose se possède elle-même. Contentons-nous de prendre ce dont nous avons besoin, et laissons le reste. Si nous cessions tous d'acquérir, de posséder, de stocker et d'accumuler, il n'y aurait plus de pénuries. La nature est si abondante !

» Respecter le principe de non-attachement permet un meilleur partage des richesses. Tout comme les membres d'un même foyer partagent leurs biens sans rien posséder en propre, vous renoncerez à la propriété individuelle afin de mieux partager les ressources naturelles.

» Ceux qui obéissent au vœu de non-attachement s'engagent à vivre simplement, sans ostentation. Ils s'habillent, se meublent et se nourrissent tout aussi simplement, avec élégance et sobriété. La simplicité des moyens garantit la richesse des fins. Ceux qui passent trop de temps à accumuler des biens et à s'en occuper n'ont plus de temps à consacrer à leur âme.

» L'*aparigraha* s'applique aussi aux idées, aux connaissances, à la philosophie et aux doctrines religieuses. Lorsqu'elle est excessive, l'accumulation de ces richesses immatérielles s'apparente à une forme de matérialisme spirituel tant elles ont le pouvoir de nous asservir. Je vous encourage donc à simplifier votre vie matérielle autant que votre vie intellectuelle. »

Après avoir marqué une pause aussi longue que les précédentes, Tulsi promena un regard sur notre petite assemblée.

« Avez-vous des questions ? » s'enquit-il.

Bien que plutôt loquace avec ma mère, j'étais timide avec Tulsi, surtout lorsqu'il nous invitait à prendre la parole. Le jeune Tara était beaucoup moins timoré. Il s'inclina devant Gurûdev et lui posa la question suivante :

« Ces vœux ne sont-ils pas difficiles à respecter dans la vie de tous les jours ?

— Il y a deux manières de les mettre en pratique, répondit Tulsi. Les moines et les moniales jaïns sont tenus de les suivre de manière plus rigoureuse que les laïcs. Ils ne cultivent rien, par exemple, et ils ne font rien cuire. Vous savez aussi que nous ne nous déplaçons qu'à pied. Nous n'utilisons aucun autre moyen de transport – ni train, ni voiture, ni cheval, ni bateau. S'il n'y a pas de pont sur une rivière, nous ne la traversons pas. Nous évitons de toucher les pièces et les billets de banque. Nous n'utilisons ni bougies ni lampes électriques et nous n'allumons jamais de feu pour nous éclairer. Nous faisons tout à la lumière du jour ; la nuit, nous chantons et méditons dans l'obscurité. Nous veillons à limiter au maximum l'usage que nous faisons des ressources dont nous disposons.

— Certains moines ne portent même pas de vêtements ! dis-je.

— Tu as tout à fait raison. Ces moines appartiennent à l'ordre *Dîgambara* – littéralement, ceux qui sont "vêtus d'espace". Ils n'ont pas non plus de bol à aumônes et se contentent de joindre les mains pour recueillir la nourriture qu'on leur offre. Ils ne possèdent rien, hormis un bol en bois pour l'eau et un petit balai en plumes de paon avec lequel ils ôtent les insectes qui viennent se poser sur leur corps ou sur leur chemin. Nous, qui appartenons à l'ordre *Shvetâmbara* ("vêtus de blanc"), sommes moins radicaux. Nous possédons chacun deux grands morceaux de tissu blanc pour nous vêtir, deux couvertures, trois bols à aumônes et quelques manuscrits de textes religieux.

» Les laïcs sont moins stricts encore, poursuivit-il. Cependant, même pour eux, l'acquisition d'un objet, qu'il s'agisse d'une casserole, d'une chaise, d'une table ou d'une chemise, est une décision religieuse. Le matérialisme ne fait pas bon ménage avec le jaïnisme. Les jaïns limitent la variété et la quantité de nourriture qu'ils consomment chaque jour ; ils veillent aussi à ne porter qu'un nombre restreint de vêtements. Ils s'efforcent sans cesse de réduire la quantité de denrées, d'objets et de ressources dont ils ont besoin pour vivre. Voilà pourquoi entrer ou non dans un magasin est une décision religieuse pour tous les jaïns. L'ascétisme que pratiquent les moines et les moniales constitue une référence pour l'ensemble de la communauté. Sommé de choisir entre être ou avoir, un jaïn optera toujours pour l'être. Son niveau de vie lui importe moins que la qualité de ce qu'il vit.

— Pourquoi est-il bon de pratiquer un tel ascétisme ? demanda Tara.

— Nous le tenons de Mahâvîra, qui cherchait à définir la place de l'homme dans la nature de la manière le plus juste possible, sans surestimer ni sous-estimer son importance. Ses réflexions l'ont amené à prêcher la chasteté (*brahmâchârya*) et le renoncement aux biens matériels (*aparigraha*), car c'est en contrôlant l'évolution démographique et en réduisant la consommation de ressources naturelles que nous parviendrons à maintenir l'équilibre mondial. Plus cet équilibre sera solide, plus la société s'affranchira de ses peurs. D'un point de vue individuel, c'est en vous libérant de la violence, du mensonge, du vol, de la convoitise et de l'attachement aux biens matériels que vous parviendrez à la liberté.

— Je vous remercie de votre réponse, Gurûdev, déclara Tara en s'inclinant à deux reprises. Pourriez-vous maintenant nous expliquer pourquoi nous devons rechercher la liberté ?

— L'univers ne se réduit pas à la perception limitée que nous en offrent nos cinq sens : il est bien plus vaste que nous ne le pensons. Mais pour avoir accès à cet univers, pour franchir la barrière que nous imposent nos sens et pénétrer dans l'infini, nous devons nous libérer des passions insignifiantes qui nous entravent et nous enchaînent au monde terrestre. Chercher la liberté, c'est chercher à échapper aux limites du monde sensoriel afin d'accéder à l'univers immatériel. Nous ne parviendrons pas à découvrir cet univers si nous demeurons liés au monde terrestre et enchaînés aux plaisirs sensuels, qui sont source d'insatisfaction, de mécontentement et de déceptions. Le monde des sens, celui des idées et des opinions, celui du commerce et de la politique nous tirent en arrière. Nous en libérer nous permet d'aller plus loin.

» Apprenez à respecter la matière sans être la proie du matérialisme. Ceux qui sont obsédés par la matière, ceux qui ne voient qu'elle ou ceux qui la considèrent comme un outil au service exclusif de l'homme font preuve de matérialisme. Tout comme ceux qui évaluent les hommes en fonction de leurs richesses matérielles (c'est-à-dire de ce qu'ils *ont* plutôt que de ce qu'ils *sont*), et la matière en fonction de l'usage qu'ils peuvent en faire. Aveuglés par ce type de conceptions matérialistes, ils sont incapables de percevoir le monde dans son ensemble.

» Si vous vous laissez guider par l'esprit, vous n'éprouverez plus le désir de vous battre pour obtenir du pouvoir, un terrain ou une maison. Les jaïns ne prennent jamais part à la guerre. Ils s'efforcent de transformer le mal en bien : c'est ainsi qu'ils atteignent la libération. Ils emploient des méthodes pacifiques pour résoudre les conflits. Ils pardonnent à ceux qui ont recours à la violence et demandent pardon à ceux qu'ils craignent d'avoir blessés. Cette attitude leur permet de se libérer de la haine et de la colère. »

Je m'inclinai humblement, avant d'intervenir :

« Il est parfois difficile de ne pas sombrer dans la colère et la rancœur. Comment faire pour s'en libérer ?

— Nous organisons une journée du Pardon une fois par an, répondit Gurûdev. Ce jour-là, tous les jaïns jeûnent pendant vingt-quatre heures, au cours desquelles ils se remémorent l'année écoulée afin de dresser la liste des actes malfaisants qu'ils ont commis envers la terre, l'air, le feu, l'eau, les animaux ou les êtres humains. Chaque fois qu'un de ces actes leur revient en mémoire, ils demandent mentalement pardon à leur victime. Lorsque la liste est complète, ils vont trouver ceux qu'ils ont blessés ou offensés en pensées, en paroles ou en actes, afin d'obtenir leur pardon. "Je n'ai plus d'animosité envers toi, leur annoncent-ils. Je ne t'en veux pas et je t'ai pardonné. Je me considère comme ton ami. Dorénavant, je n'ai plus d'ennemis. C'est dans cet esprit que je te demande de me pardonner." Une fois ces visites terminées, les adeptes écrivent à ceux qu'ils ne peuvent aller voir en personne. Ce n'est qu'après s'être acquittés de toutes ces obligations qu'ils sont autorisés à rompre leur jeûne.

» Cette journée nous permet de faire table rase du passé. En nous libérant de nos mauvaises actions, nous pouvons repartir de zéro. Et quel soulagement de respirer l'air de la liberté ! »

La session du jour était terminée. Nous nous inclinâmes devant Tulsi, qui nous donna sa bénédiction.

9

Le moi et le monde

J'avais rejoint l'ordre jaïn depuis un an quand maman effectua sa visite rituelle au gurû pour le *darshan*. J'avais dix ans.

« Ma mère aimerait venir me voir, annonçai-je à Tulsi. M'autorisez-vous à passer un moment avec elle ?

— Cette femme *était* ta mère. Elle ne l'est plus aujourd'hui, rectifia-t-il. Tu as renoncé à elle en renonçant au monde !

— C'est vrai, Gurûdev. Je suis désolé. »

Il m'accorda sa permission. Je passai donc une heure avec Celle-qui-était-ma-mère-autrefois, en l'appelant par son prénom, Anchi. De son côté, elle veillait à m'appeler Muni-shri, le Silencieux, plutôt que « mon fils ».

Je la trouvai changée. Son visage était empreint de mélancolie, comme si elle ne parvenait pas à surmonter le vide causé par mon départ. Je compris avec étonnement que toute sa sagesse, sa connaissance de la nature et des relations humaines ne suffisaient pas à apaiser son chagrin. Voyant qu'elle peinait à trouver ses mots (ce qui m'étonna plus encore), j'engageai la conversation :

« Gurûdev est très gentil avec moi, tu sais ! Il passe beaucoup de temps à m'expliquer la théorie jaïne. Ce matin par exemple, il m'a parlé des trois niveaux de relations humaines. Le premier, qu'on appelle *raag*, l'attachement, désigne la relation harmonieuse qui peut unir deux personnes, comme deux notes de musique dans une partition. Le deuxième, c'est le renoncement à l'attachement : il se produit quand quelqu'un décide de renoncer aux relations humaines et à l'amour. On le nomme *viraag*. Cette étape peut sembler nécessaire, mais elle n'est pas vraiment satisfaisante parce qu'il est souvent difficile de se détourner des relations humaines. Le troisième niveau s'appelle *veetraag* : c'est le moment de la sérénité, quand nous n'éprouvons plus ni attachement ni désir de nous libérer de nos attachements. On est joyeux, en paix avec soi-même. L'équilibre que nous avons atteint nous permet d'entrer en contact avec le monde sans nous laisser dominer par lui. Tu m'en as parlé, toi aussi, quand j'étais petit. Tu t'en souviens, Anchi ?

— Oui, acquiesça-t-elle. Mais je crois que je suis, moi, restée à la deuxième étape : j'essaie encore d'échapper à l'attachement ! »

Sa réponse, si révélatrice de son état d'esprit, ne fit qu'accroître mon malaise. Anchi semblait avoir perdu sa belle assurance et son énergie coutumières. Je m'en sentais quelque peu responsable : ne l'avais-je pas perturbée en me mettant en quête de ma propre libération ? Mes interrogations, ajoutées au fait que j'étais loin de la tranquillité d'esprit dont parlait Tulsi, me prouvaient que je n'avais pas encore franchi la première étape, celle de l'attachement (*raag*). Mais j'avais brûlé mes vaisseaux : je ne pouvais plus revenir en arrière. Je réprimai donc mes sentiments et me forçai à m'exprimer sereinement, comme le faisait mon maître.

« Gurûdev m'a parlé de la pleine conscience, qui consiste à être totalement conscient de nos sentiments, de nos propos et de nos actes. Beaucoup de gens vivent de manière machinale, comme des somnambules : ils ne sont pas réellement conscients de ce qu'ils font ni des conséquences de leurs actes et de leurs pensées. Ils n'agissent pas consciemment mais par réflexe, selon de vieilles habitudes. D'après Gurûdev, ils sont dans un demi-sommeil ; leur vie se déroule devant eux comme dans un rêve. Pour modifier leur relation au monde et parvenir au troisième niveau d'attachement (*veetraag*), ils doivent se réveiller et se forcer à être attentifs aux moindres mouvements de leur esprit, de leur corps et de leur cœur. Seul un être parfaitement éveillé peut dépasser les stades de l'attachement puis du non-attachement pour atteindre l'amour inconditionnel, l'amour qui ne discrimine pas et ne juge pas. »

Anchi semblait brusquement redevenue elle-même. Ses yeux pétillaient d'énergie, comme autrefois.

« Gurûdev a tout à fait raison ! On ne peut se réveiller qu'en s'immergeant dans le présent. Mon problème, c'est que j'ai parfois tendance à me tourner vers le passé, à repenser aux moments où ton père était encore en vie, ou au temps où tu habitais encore à la maison. Pourtant, je sais bien que le passé appartient au passé, que la seule réalité qui soit est celle que nous vivons ici et maintenant. Le passé ne survit que dans notre mémoire ; l'avenir n'existe que dans notre imagination. En fait, le passé et l'avenir sont des vues de l'esprit. Le présent est le royaume de l'âme. Elle détient la clé de la tranquillité, car elle seule peut dépasser les goûts et les dégoûts, l'amour et le désamour : pour leur échapper, ne faut-il pas être complètement immergé dans le présent ? Les goûts et les dégoûts, l'amour et le désamour résultent d'un ensemble de souvenirs et de projets d'avenir. Si nous parvenons à vivre pleinement l'instant présent sans nous référer au passé ou à l'avenir, alors nous pouvons nous libérer des illusions et atteindre la sérénité (*veetraag*). Tu vois, je suis entièrement d'accord avec Gurûdev ! »

Je me réjouis de l'entendre s'exprimer avec un tel enthousiasme. Comme chaque fois qu'elle parlait de spiritualité, elle se tourna vers la nature pour illustrer son propos.

« Prenons l'eau, par exemple. Elle ne dit pas : "Je n'étancherai que la soif des honnêtes gens" ou "Je refuse de rafraîchir ceux qui sont méchants !" Elle est identique avec tout le monde. Elle ne juge personne. Elle se contente d'être – ce qui, pour moi, constitue un parfait exemple de *veetraag* !

» La terre nous traite avec la même égalité, poursuivit-elle. Les cultivateurs la creusent, les maçons s'appuient sur elle pour bâtir nos maisons et l'humanité tout entière la piétine. Eh bien, elle nous pardonne à tous ! Elle accueille les arbres en son sein et les nourrit sans établir de distinction entre eux : elle ne choisit pas entre les ronces et les roses. Elle se met au service de toutes les plantes : qu'il s'agisse des pommiers, des orangers, des manguiers ou des melons, du riz ou du blé, peu lui importe ! Sa compassion est sans limites.

» L'air échappe aux goûts et aux dégoûts, lui aussi. Il transporte toutes les odeurs, qu'elles soient bonnes ou mauvaises. Il donne vie au roi comme à l'esclave, à l'éléphant comme au ver de terre. Il nous traite tous de manière égale.

» L'espace est tout aussi impartial : il se plie à nos désirs, quels qu'ils soient. Il accueille pareillement la hutte et le Taj Mahal, le manguier et le buisson d'épines.

» Il en va de même avec le feu, conclut-elle. Il brûle tout, n'est-ce pas ? Les éléments naturels nous donnent l'exemple : efforçons-nous de les imiter pour nous rapprocher de notre vraie nature ! »

Les propos d'Anchi complétaient parfaitement l'enseignement de Gurûdev. Celui-ci tirait ses théories des grands textes jaïns et de la vie de Mahâvîra ; elle tenait les siennes de son expérience et de son observation de la nature. Parce qu'elle travaillait la terre, elle était à l'écoute du sol, des animaux, des oiseaux, des abeilles et des arbres. Elle écoutait réellement, profondément. C'était une vraie *shrâvika*, littéralement « une femme qui écoute », c'est-à-dire une laïque, puisque c'est ainsi que les jaïns désignent les membres laïcs de la communauté.

En rejoignant l'ordre fondé par Tulsi, j'étais devenu un *muni*, un silencieux. Cette notion de silence était essentielle : pour les jaïns, les moines peuvent se passer de mots ; ils communiquent en silence avec les laïcs, aussi appelés « ceux qui écoutent ». Pendant le *darshan*, le rituel qui consiste à aller voir un moine, un gurû ou la représentation d'un dieu dans un temple, aucun mot n'est échangé. Les laïcs ne cherchent pas à parler aux moines : être en présence d'une image sainte ou d'un religieux leur suffit.

On raconte que Mahâvîra lui-même ne parlait pas. Pourtant, les nymphes, les êtres humains, les animaux et les plantes le comprenaient comme s'il s'exprimait dans leur propre langue. Sa présence suffisait à éveiller ceux qui venaient à lui ; s'ils étaient aptes à le comprendre, ils n'avaient pas besoin de l'entendre : le voir les incitait à chercher leur vérité intérieure ; et s'ils étaient incapables de le comprendre, l'entendre n'y aurait rien changé. Dans les deux cas, il lui était donc inutile d'énoncer le moindre mot.

Une vieille légende illustre parfaitement le rôle du silence dans l'enseignement jaïn. Invité à s'exprimer lors d'un grand rassemblement religieux, un maître jaïn demanda à ses adeptes s'ils savaient de quoi il allait parler. Ils secouèrent la tête. « Si vous n'en avez pas la moindre idée, à quoi bon vous en parler ? Vous n'y comprendrez rien ! » s'exclama le maître, et il rentra chez lui. Réinvité le lendemain, il leur réitéra sa question. Cette fois, les adeptes lui répondirent par l'affirmative.

« Eh bien, si vous savez déjà de quoi je vais parler, pourquoi le ferais-je ? » s'écria le maître, et il repartit chez lui. Le troisième jour, la foule était mieux préparée. « Certains le savent et d'autres ne le savent pas », répondirent-ils à la question du maître.

— Dans ce cas, répliqua-t-il, que ceux qui le savent le disent à ceux qui ne le savent pas ! »

Le simple fait de voir Mahâvîra et d'être pleinement conscients du moment présent permettait à ses disciples de faire surgir les connaissances enfouies en chacun d'eux. La vérité n'est pas en dehors de nous, mais *en nous*, dissimulée sous le voile chatoyant de nos illusions. C'est en étant éveillés, pleinement conscients et présents à nous-mêmes que nous parviendrons à libérer la force vitale qui sommeille en nous. Mahâvîra, que ses adeptes avaient surnommé Mahamuni, le Grand Silencieux, savait que le meilleur enseignement est celui qui se passe de mots. À quoi bon prêcher devant un public qui n'écoute pas ? Et pourquoi perdre son énergie à parler, dans ce cas ? La véritable écoute consiste à percevoir ce qui ne peut être énoncé – et pour cela, nous devons être dans une parfaite sérénité affective et relationnelle (*veetraag*).

Anchi me rendit régulièrement visite au cours des huit années suivantes. Chaque fois, nous reprenions avec plaisir le fil de nos conversations. Je garde un souvenir très vif de celle que nous eûmes l'année de mes dix-huit ans. Je venais de lire l'autobiographie du Mahatma Gandhi. L'angoisse de la mort, qui avait motivé mon désir d'entrer dans l'ordre jaïn neuf ans plus tôt, s'était estompée, laissant place à mille et une questions – et notamment à celles que la lecture de Gandhi avait soulevées dans mon esprit. Les pages qu'il consacrait au rôle des moines m'avaient particulièrement marqué, et je profitai de la visite d'Anchi pour lui faire part de mon émotion.

« Rends-toi compte ! Gandhi estime qu'il ne sert à rien de renoncer au monde, d'entrer dans les ordres ou d'aller vivre dans une grotte au fond de l'Himalaya – tout ça pour s'éloigner des hommes parce que la société est considérée comme un piège, un endroit impur qu'il faudrait fuir pour trouver la rédemption ! Ça ne sert à rien d'après lui, tu comprends ? La réclusion des moines conduit l'immense majorité des hommes à penser que la spiritualité est réservée à une poignée d'ascètes ! »

Troublée par la teneur et la virulence de mes propos, maman me lança un regard perplexe.

« Que veux-tu dire ? Nous nous efforçons tous de pratiquer le dharma, mais, pour les laïcs, c'est beaucoup plus compliqué que pour les moines ! souligna-t-elle. Seuls les religieux, qui sont dégagés des obligations sociales et des difficultés économiques de la vie quotidienne, peuvent s'engager totalement sur la voie de la compassion.

— C'est ça qui pose problème à Gandhi, justement. Si les moines et les moniales sont seuls à pouvoir atteindre la libération suprême (*moksha*), alors la vie spirituelle devient le privilège de quelques-uns. Elle n'est qu'une prérogative réservée à une élite, tandis que les masses sont condamnées à une vie impure et insatisfaisante. D'après Gandhi, la libération devrait être accessible à tous. Il nous invite à faire sortir la vie spirituelle des monastères, des grottes et des institutions religieuses où elle est confinée et à la partager avec la société tout entière. La spiritualité doit faire partie de la vie quotidienne ! La non-violence et la vérité ne sont pas des mystères dont seuls quelques initiés détiennent les clés. Nous devons les pratiquer partout : en famille, dans le milieu des affaires et de la politique, dans les fermes, dans les boutiques et dans les entreprises.

» Pour Gandhi, poursuivis-je, la vie spirituelle n'est pas digne de ce nom si elle ne met pas fin aux injustices, à l'exploitation et aux luttes sociales. L'amour n'est pas l'amour s'il ne s'étend pas aux intouchables, aux habitants des bidonvilles et aux artisans. Nous commettons une grave erreur en établissant une distinction entre l'amour des dieux et l'amour des hommes ! »

Les idées de Gandhi m'invitaient à pratiquer une forme de spiritualité sociale qui m'était jusqu'alors inconnue. En tant que moine, je pratiquais la spiritualité de manière individuelle : je me conformais à une série de principes destinés à favoriser ma propre libération. Ma vision de la non-violence se limitait à ma sphère personnelle. Gandhi, lui, proposait de l'appliquer à la société tout entière. Il prêchait une non-violence active et positive en incitant ses adeptes à agir contre les systèmes sociaux, religieux, politiques et économiques qui créaient des divisions au sein même du pays, entre les riches et les pauvres, entre les castes supérieures et les castes inférieures.

Il avait été profondément influencé par la doctrine jaïne. Aussi sa vision de la non-violence était-elle en parfaite adéquation avec la conception qu'en avait la communauté jaïne à laquelle j'appartenais. Puisque nous sommes tous issus de *jîva*, la force vitale, affirmait-il, nous ne pouvons pas et ne devons pas nuire à la dignité d'autrui. Le respect pour toutes les formes de vie doit imprégner l'ensemble des relations sociales, économiques et politiques. Si la société des hommes était bâtie sur la non-violence et la compassion, chacun vivrait de manière compatissante au quotidien. Les préceptes religieux et les règles morales n'auraient plus lieu d'être. D'après Gandhi, la distinction très nette que nous établissions entre les laïcs et les membres des multiples communautés religieuses indiennes expliquait une grande partie des maux dont souffrait notre pays.

Manifester de la compassion envers autrui, c'est aussi se montrer compatissant envers soi-même. Il en va de même pour la violence : celle que vous exercez sur autrui se retourne toujours contre vous. En dénigrant ou en rabaissant vos adversaires, c'est vous-même que vous rabaissez. La colère perturbe davantage celui qui l'émet que celui qui la reçoit.

La non-violence est le terreau dans lequel s'enracine l'arbre de l'amour. Ceux qui pratiquent l'*ahimsâ* n'ont pas besoin de chercher la vérité : c'est la vérité qui vient les trouver. Après avoir consacré une grande partie de sa vie et de son énergie à s'interroger sur la vérité, Gandhi avait compris qu'elle se trouve au cœur de notre relation au monde : une relation fondée sur la non-violence est toujours une relation juste et vraie – et que l'on soit moine ou laïc n'y change rien.

Devinant mon désarroi, Anchi m'invita à aller trouver Tulsi pour clarifier ma position et la sienne. De son côté, elle demeurait persuadée que la vie rigoureuse et ascétique des moines constituait une référence indispensable pour les laïcs : elle s'opposait fermement aux idées de Gandhi, qui prônait la réunion des religieux et des profanes en une seule communauté spirituelle.

Je confiai donc mes interrogations à Gurûdev. Ses conseils m'apaisèrent, mais je continuai de penser que renoncer au monde ne suffirait pas à sauver mon âme. Il me semblait de plus en plus évident que la recherche de la libération suprême (*moksha*) était entachée d'égoïsme. Les arguments de Gandhi m'avaient profondément influencé, et je cherchai désormais à pratiquer une spiritualité moins individualiste.

D'après la légende, Bouddha fut accueilli par des nymphes célestes aux portes du nirvâna après avoir connu l'Éveil. Lorsqu'elles l'invitèrent à entrer, il jeta un dernier regard vers le monde et se figea, horrifié par le spectacle qui s'offrait à lui. « Comment pourrais-je vous rejoindre alors qu'il règne une telle souffrance sur la terre ? » s'écria-t-il. Saisi de compassion, il déclina l'invitation des nymphes et décida de rester auprès des hommes jusqu'à ce que tous les êtres doués de sensations soient exempts de douleur, d'angoisse et de souffrance.

Je fus extrêmement touché par cette histoire. J'y trouvai confirmation que le nirvâna n'est pas un lieu détaché du monde : il existe en chacun de nous, et nous ouvre ses portes chaque fois que nous nous offrons au monde avec une abnégation telle que nous parvenons à abolir la frontière qui nous sépare d'autrui. La conscience de soi se fond alors dans la conscience universelle. Le vivre et le comprendre, c'est atteindre le nirvâna. L'enseignement de Bouddha sur ce point me parut si essentiel que je commençai à voir en lui le vingt-cinquième *tîrthankara* – un grand maître spirituel à l'égal de Mahâvîra, dont il avait été le contemporain.

Fort de ces idées neuves, je résolus de quitter l'ordre monastique afin de m'engager dans ce que j'appelais une spiritualité post-religieuse. En agissant ainsi, je n'eus pas le sentiment de renoncer au jaïnisme ni aux préceptes de Mahâvîra : je ne quittais que l'institution monastique en abandonnant ma robe de moine. La doctrine jaïne, elle, demeurait bien vivante à mon esprit. Gandhi m'apparaissait comme le successeur de Mahâvîra, le vingt-sixième *tîrthankara* : il renouvelait et modernisait son message avec une telle force que je me sentais appelé à le servir. Je voulais pratiquer le dharma dans le monde, et non plus hors du monde. Nul ne peut réellement être hors du monde, de toute façon : moi qui avais tant voulu renoncer à la société des hommes, je m'apercevais à présent que ce n'était ni possible ni même souhaitable.

Je m'étais engagé dans l'ordre jaïn parce que j'avais peur de la mort. Après neuf ans passés à marcher, à lire, à apprendre, à méditer, à observer les mille et un mystères de l'existence, je commençais à comprendre que la vie n'a ni début ni fin : elle change constamment de forme. De grands déserts ont succédé aux océans des temps anciens ; les montagnes sont devenues des plaines ; la terre la plus amère a porté de beaux fruits. Tout se transforme en permanence – rien ne naît ni ne meurt. La terre, l'air, l'eau, le feu, l'espace, le temps et la conscience se forment, se déforment, se reforment et se transforment sans cesse. Pourquoi s'en émouvoir ? La mort ne m'inquiétait plus. En revanche, je supportais de moins en moins d'être lié à l'institution monastique qui m'avait accueilli : mes vœux me pesaient. Et je rêvais de m'en libérer.

DEUXIÈME PARTIE

En quête d'unité

De toi, je reçois, à toi je donne.
Ensemble, nous partageons, ainsi nous vivons.

Anonyme

La seule sagesse que nous pouvons espérer atteindre est l'humilité. L'humilité est infinie.

T. S. ELIOT

10

Revenir au monde

Tout se résout en marchant.
Saint AUGUSTIN

J'ai quitté l'ordre monastique un soir après minuit, une fois la ville endormie. Ma décision était prise : je désirais rejoindre les disciples de Gandhi. Mais, avant cela, je voulais revoir ma mère, celle qui avait été « Anchi » pendant tant d'années. J'arrivai à la maison avec appréhension. Je savais que maman n'approuverait pas mon choix, et je ne me trompais pas : la nouvelle lui parut d'autant plus terrible qu'elle exerçait désormais d'importantes fonctions au sein de la communauté jaïne. Depuis que j'avais quitté la maison, dix ans auparavant, elle s'était impliquée avec une énergie croissante dans l'organisation d'événements liés à la vie religieuse. C'était elle qui coordonnait la visite des moines dans notre petite ville. Elle supervisait aussi le voyage et le séjour des groupes de laïcs qui se rendaient auprès de Gurûdev pour le *darshan*. Efficace et dévouée, elle était désormais un pilier de la communauté.

En devenant moine, je m'étais engagé à le rester toute ma vie. J'avais rompu cet engagement, ce que la communauté jaïne ne pouvait accepter. Or ma mère ne pouvait accepter ce que les autres jaïns n'acceptaient pas. Sa loyauté l'emportait sur sa liberté d'esprit et sur son amour pour moi. Je compris qu'elle ne voudrait ni m'accueillir chez elle ni même être vue en ma compagnie.

« Tu me déshonores ! s'écria-t-elle. Tu bafoues les vœux que tu avais prononcés pour ta vie entière !

— J'ai rompu mes vœux, c'est vrai. Mais ils ne signifiaient plus rien pour moi. Ce n'était qu'une façade. J'ai profondément changé, maman. Je ne me reconnaissais plus dans cet engagement.

— Tu t'es peut-être laissé influencer par des gens malavisés ? En as-tu parlé à Gurûdev ? Je suis sûre qu'il aurait pu t'aider... Il aurait dissipé tes doutes !

— J'ai quitté ma robe de moine parce qu'elle me séparait du monde.

— Cette robe n'était qu'un vêtement, répliqua-t-elle. Un point d'ancrage, et tout le monde a besoin d'un point d'ancrage. Est-ce un fardeau pour autant ? Certainement pas ! On peut jeter l'ancre sans renoncer à sa liberté. Te souviens-tu des discussions que nous avons eues à propos du détachement et de la tranquillité d'esprit ? Quand on est dans cet état, au-delà de l'amour et du désamour, les conditions de vie n'ont plus aucune importance. Rien ne peut t'emprisonner, même les quatre murs d'une cellule ne te voleraient pas ta liberté ! Pourquoi nous fais-tu honte, à moi et à toute ta famille, en rompant tes vœux et tes engagements ? La liberté à laquelle tu aspires n'a rien à voir avec tes conditions de vie : elle est en toi. C'est à l'intérieur qu'il faut la chercher, pas à l'extérieur ! Et puis as-tu pensé au chagrin que ton départ va causer à Gurûdev ? Il a tout de même passé neuf ans à te transmettre son savoir !

— Et alors ? objectai-je. Il ne le faisait pas pour obtenir une compensation quelconque ! S'il a atteint le parfait détachement, le *veetraag*, le départ d'un disciple ou l'arrivée d'un autre devraient lui être indifférents, tu ne crois pas ? Je suis certain qu'il est au-delà de ce genre de considérations !

— Il les a peut-être dépassées, en effet. Mais il ne t'appartient pas de juger de son détachement, et encore moins de l'utiliser pour justifier tes actes indignes ! répliqua-t-elle avec colère. Il t'a tant donné ! Et toi, que lui as-tu donné en retour ? As-tu rempli tes devoirs et tes obligations envers lui ?

— Je suis profondément désolé de te faire autant de peine, maman. Je sais que les membres de notre communauté critiqueront ma décision et que leurs reproches te feront du mal. Mais je dois écouter ma voix intérieure et suivre ma route. Je ne peux pas me déterminer uniquement en fonction des critiques ou des compliments qu'on me fait. Ce ne serait pas bien. Mes actes et mes choix ne nuisent à personne. J'ai soif de liberté. Je veux découvrir qui je suis et quel est mon chemin. »

C'était un moment crucial. Ma mère ne me reprochait pas tant ma décision que son impact sur la communauté jaïne. Le scandale était inévitable. Nous savions tous deux qu'elle serait déchue de ses responsabilités au sein de la communauté si elle hébergeait chez elle un moine en fuite, fût-il son propre fils.

« J'entends ce que tu dis, mon garçon, assura-t-elle. Tu veux trouver ta voie ? Eh bien, qu'il en soit ainsi ! Prends ton destin en main. Va où bon te semble. J'ai l'habitude de vivre sans toi, maintenant. De toute façon, je doute que tu serais resté près de moi ! Qui t'aurait retenu ici, alors qu'à neuf ans déjà tu rêvais de partir et que la robe de moine n'a pas fait taire ton impatience ? »

C'étaient là des mots d'adieu, et je les reçus comme tels.

Nous étions en 1957. J'avais vingt et un ans. Je me rendis au Kerala, dans le sud du pays, pour rencontrer Vinobâ Bhâve, que j'avais entraperçu quelques années auparavant, lorsque j'étais encore moine. J'étais convaincu que cet homme, qui poursuivait l'œuvre du Mahatma Gandhi, assassiné en 1948, et associait les exigences de l'âme à celles de la société, pouvait être mon ami et mon mentor.

Près de cinq mille kilomètres séparaient mon point de départ au Rajasthan de mon point d'arrivée au Kerala. Pourtant, spirituellement, mon voyage fut assez bref, car les idées de Tulsi et de Vinobâ étaient similaires. Tous deux cherchaient la libération ; l'un, Tulsi, plaçait le salut de l'âme avant celui de la société ; l'autre, Vinobâ, était convaincu que le salut individuel allait de pair avec celui de la société.

Vinobâ. Le surnom de cet homme m'intriguait. Composé de l'adjectif *vinu*, qui signifie « humble », et du petit mot *bâ*, qui veut dire « maman », il semblait désigner une « mère humble » dans un corps d'homme. En apprenant à le connaître, je m'aperçus qu'il réunissait effectivement les qualités de ma mère et celles de mon gurû. Et surtout, il marchait. Il parcourait chaque jour plusieurs dizaines de kilomètres à pied. Mahâvîra avait connu l'Éveil en marchant ; ma mère puisait sa sagesse et son amour de la nature dans ses marches quotidiennes ; Tulsi m'avait appris à trouver la paix de l'esprit au contact du sol ; et voilà que Vinobâ traversait l'Inde à pied, du nord au sud et d'est en ouest, pour parfaire l'œuvre inachevée du Mahatma Gandhi ! N'était-ce pas formidable ? J'allais me trouver au bon endroit, au bon moment, avec la bonne personne. Mon choix me paraissait infiniment juste. Et j'abordais cette nouvelle période de ma vie avec impatience et exaltation.

Je rejoignis Vinobâ dans la petite ville de Kalady, près de Cochin, où il faisait étape après sa journée de marche. Il lisait, assis sur un coussin posé au sol. Devant lui, sur une table basse, se trouvaient quelques ouvrages, dont la *Bhagavad-Gîtâ*, un bloc-notes, un stylo et une petite pendule. Il y avait aussi un bol en cuivre rempli d'eau, qu'il portait à ses lèvres de temps à autre. Un pagne de coton blanc ceignait ses hanches ; un long rectangle de tissu drapait son torse et ses épaules. Il levait parfois distraitement la main vers sa barbe blanche, taillée en pointe, qui contrastait avec ses cheveux noirs. Ses petits yeux pétillaient d'énergie et de bienveillance. Sous son corps grand et mince, presque frêle, il abritait un esprit robuste et une personnalité d'une infinie douceur. Il portait ce jour-là une casquette verte et des lunettes à monture épaisse.

J'entrai dans la pièce et je m'assis près de lui. L'un de ses disciples m'invita à me présenter.

« J'ai passé neuf ans dans une communauté monastique, dis-je. J'ai marché pieds nus et mendié ma nourriture en cherchant le salut et l'élévation de mon âme. Mais je n'étais pas complètement serein. Les idées de Gandhi, son désir d'intégrer la spiritualité individuelle à la spiritualité collective, m'ont bouleversé. J'ai décidé de rompre mes vœux pour retourner dans le monde et me joindre à votre mouvement. J'aimerais aussi poursuivre ma propre quête spirituelle. Pensez-vous que ce soit possible ?

— Se mettre au service du monde n'interdit pas la pratique d'une spiritualité individuelle, répondit Vinobâ d'un ton réconfortant. Servir la société et chercher la plénitude spirituelle, c'est exactement pareil. Il n'y a aucune différence entre ces deux modes d'action. Si tu peux vivre et agir sans désirer le fruit de ton action, tu es déjà sur la voie de la spiritualité. Nous n'avons pas besoin de désirer le fruit de nos actions pour les obtenir ! En renonçant à ce désir, en agissant sans penser au résultat de tes actes, à leur succès possible, aux gains que tu pourrais en tirer, tu parviendras à supprimer la distinction entre l'action sociale et l'action spirituelle. »

Après cette rencontre brève mais rassurante, je partis me promener dans les rues de la ville. Je pensai à ce que Vinobâ m'avait dit, bien sûr. Et je compris que sa vision du monde ne différait pas fondamentalement de celle de ma mère, de Gopalji ou de Tulsi. Chacune d'elles mettait l'accent sur un aspect différent de l'existence, mais elles n'étaient pas contradictoires.

Je m'engageai avec délice sous une allée de cocotiers. Je n'en avais jamais vu auparavant, et le simple fait de marcher sous ces arbres gigantesques au tronc mince et dénué de feuilles me parut apaisant. Certains d'entre eux étaient si grands que j'en demeurai bouche bée. Plus l'arbre se hissait vers le ciel, plus ses racines s'enfonçaient dans le sol. Le cocotier semblait vivre à la fois en haut et en bas, sur terre et dans les cieux. Était-ce la raison pour laquelle il produisait un fruit terrestre au goût de paradis ?

Je m'approchai d'une vendeuse de noix de coco. Elle travaillait avec son fils, âgé d'une vingtaine d'années. Les fruits étaient joliment disposés en forme de pyramide sur une table à tréteaux. Comment résister à la tentation ? Je ne parlais pas le dialecte local, le malayalam, mais je me fis aisément comprendre en quelques gestes. Le jeune garçon perça une noix de coco et récupéra le jus avant de découper le fruit pour m'en donner la pulpe. J'y goûtai pour la première fois. C'était délicieusement rafraîchissant. Ni trop sucré ni trop fade. Un vrai don de la nature !

Le Kerala était vert, luxuriant et prospère – l'exact opposé des déserts du Rajasthan. Les étals de fruits envahissaient les trottoirs. Dans le nord de l'Inde, on ne trouvait que deux ou trois sortes de bananes. À Kalady, j'en découvris plusieurs dizaines : les vendeurs ambulants proposaient des bananes plantains, des bananes rouges, de grandes bananes, des bananes miniatures… Un vrai festival ! Je vis aussi du poivre noir, de la cardamome, du gingembre, de la cannelle, du thé et du café. Qu'est-ce qui ne pousse pas au Kerala ? me demandai-je, émerveillé. Abreuvé de nourritures corporelles et spirituelles, j'avais l'impression d'être au paradis. Je n'avais qu'un regret : ne pas avoir pu emmener ma mère avec moi. Nul doute qu'elle se serait réjouie de tant de beauté ! Elle en aurait tiré des leçons de vie, et le spectacle de cette nature généreuse lui aurait inspiré bien des métaphores.

Vinobâ, qui souhaitait poursuivre notre conversation, me proposa d'aller marcher avec lui le lendemain matin. Conscient de la faveur qu'il m'accordait, j'en fus profondément honoré. Des centaines de dignitaires patientaient depuis des semaines pour l'apercevoir, mais c'était avec moi, un jeune inconnu sans grande expérience, qu'il souhaitait parler ! De toute évidence, ma démarche l'intriguait – les moines jaïns recherchaient rarement sa compagnie –, et il désirait comprendre ce qui m'amenait à lui.

« Tu devrais lire mes *Discours sur la Gîtâ*[1], me dit-il lors de notre entretien. Tu y trouverais la réponse à plusieurs de tes questions. J'y explique notamment comment concilier la vie spirituelle et la vie civile.

— Je les lirai. Mais, avant cela, j'aimerais savoir comment distinguer les différents types d'actions : celles qui sont entreprises en vue d'un résultat et celles qui échappent au désir de résultat. Auriez-vous la gentillesse de m'en dire plus ?

— Tes actions sont pures si elles sont belles et pleines de joie. La beauté est le principal critère, celui qui te permettra de juger de la pureté de tes actes : si tes intentions sont pures, ton action irradiera de beauté. Les bons sculpteurs, par exemple, sont totalement absorbés dans leur travail. Ils sculptent de manière désintéressée, sans penser à l'argent ni au succès que l'œuvre pourrait leur apporter une fois terminée. Ils suspendent leurs projets d'avenir. La création s'accomplit sans ambition. Puis, peu à peu, la beauté apparaît. L'œuvre devient belle et forte. Comment expliquer un tel miracle, sinon par la pureté des intentions de l'artiste ? C'est parce que l'âme du sculpteur est belle et pure qu'il peut produire un chef-d'œuvre. La beauté de son travail n'est que le reflet de son âme, conclut Vinobâ.

— Les gens ordinaires, les gens comme moi, peuvent-ils atteindre cette pureté d'intentions, ou est-elle réservée aux grands artistes ?

1. Paru chez Macmillan en 1960, cet ouvrage n'est pas traduit en français.

— Tout le monde peut l'atteindre, assura Vinobâ. Quand tes mains, ton cœur et ton esprit ne font qu'un, et que ton âme n'est pas en quête de résultat, le moindre de tes actes devient une œuvre d'art. L'art résulte d'un travail bien fait ; or, pour bien faire son travail, il faut avoir renoncé à son ego, être libre de tout désir et de toute ambition. Nous en sommes tous capables, crois-moi ! »

J'acquiesçai en silence. Vinobâ posa une main sur mon épaule. Nous cheminâmes un moment sans rien dire, puis je repris :

« J'aimerais revenir à notre conversation d'hier, si vous le voulez bien. Quelle est, selon vous, la nature du lien qui unit l'individu à la société ?

— On ne peut les dissocier, répondit-il. D'ailleurs, lorsqu'on envisage les choses dans leur ensemble, il est clair que ce qui est bon pour l'individu est bon pour la société, et vice versa. Il n'y a pas, et il ne devrait pas y avoir, de conflits d'intérêts entre l'individu et le collectif. Pour prendre un exemple, comparons l'air qui circule dans une pièce fermée à celui qui circule à l'extérieur de cette pièce. Ils ne sont ni antagonistes ni différents, n'est-ce pas ? Ceux qui s'imaginent le contraire, qui ferment portes et fenêtres pour éviter tout contact entre eux, se condamnent à l'asphyxie ! Voilà pourquoi il faut laisser l'air du dehors circuler librement à l'intérieur. Il en va de même pour l'individu et la société : ceux qui croient pouvoir se couper de leur communauté, s'épanouir spirituellement ou matériellement loin d'elle, ou, à l'inverse, ceux qui pensent que la communauté peut prospérer sans la contribution des individus font fausse route.

— On nous encourage pourtant à être autonomes et à nous débrouiller seuls, sans l'aide de personne. Qu'en pensez-vous ?

— Les individus qui veulent à tout prix se débrouiller seuls font de leur vie un enfer ; ceux qui cherchent à s'entraider les uns les autres, en revanche, vivent au paradis. Laisse-moi te raconter une histoire. Un homme désirait savoir à quoi ressemblent le paradis et l'enfer. Il commença par aller en enfer. L'endroit lui parut relativement agréable. Les habitants vivaient dans des chambres individuelles. Quand la cloche du dîner retentit, ils sortirent dans le couloir, et l'homme remarqua qu'ils étaient grands, avec de longs bras et de longues jambes. Ils s'assirent de part et d'autre d'une grande table. Ils semblaient inquiets et affamés. On apporta les plats – du riz, du pain et des légumes, le tout bien cuisiné et bien présenté. Les convives furent généreusement servis, mais aucun d'eux ne parvint à manger : leurs bras raides et trop longs ne pouvaient atteindre leur bouche, si bien qu'ils renversaient systématiquement le contenu de leur cuillère par-dessus leur épaule. En peu de temps, tous les mets qui se trouvaient sur la table vinrent joncher le sol au pied des convives. L'homme sourit, amusé.

» Le paradis, qu'il visita peu après, lui parut assez semblable. Les chambres des habitants ouvraient sur une vaste cour intérieure. Les couloirs bruissaient de rires et de conversations. Lorsque la cloche du dîner retentit, les habitants se réunirent autour d'une grande table. Ils étaient aussi grands que ceux de l'enfer, avec de longs bras et de longues jambes, mais ils semblaient heureux et détendus. On apporta les plats – du riz, du pain et des légumes, comme en enfer. Les convives commencèrent à manger. Au lieu d'essayer de porter leur cuillère à leur bouche, ils se mirent à nourrir la personne qui leur faisait face. En s'aidant les uns les autres, ils parvinrent à s'alimenter sans rien gaspiller. Le visiteur sourit, tout aussi amusé. »

En 1957, le Kerala fut le premier État indien à élire un gouvernement communiste. La question des relations entre l'individu et la société était donc au cœur du débat politique, et les controverses allaient bon train. Certains affirmaient que si chacun agissait de manière honnête, en se conformant aux règles morales, sociales et religieuses en vigueur, la vie de tous s'en trouverait améliorée ; d'autres soutenaient, au contraire, que la société corrompait l'individu et que c'était en réformant la société qu'on pourrait réformer l'individu. Le défaut du capitalisme, arguaient-ils, était qu'il incitait chacun à défendre ses propres intérêts ou ceux de sa classe sociale, plutôt qu'à lutter pour le maintien ou l'amélioration du bien commun. L'intérêt individuel ou l'intérêt de classe entrait donc nécessairement en conflit avec l'intérêt général.

Vinobâ souhaitait ardemment dépasser cette dichotomie.

« Si nous agissions sans chercher à tirer profit de nos actes, nous contribuerions au bien commun sans pour autant sacrifier notre satisfaction personnelle, car il est profondément gratifiant d'œuvrer pour la collectivité, n'est-ce pas ? s'exclama-t-il. Voilà pourquoi la transformation de l'individu et celle de la société sont complémentaires. Les communistes ne devraient pas rejeter les idées de ceux qui travaillent à l'épanouissement individuel, et ces derniers ne devraient pas repousser les thèses communistes. S'ils acceptaient de travailler ensemble, de manière non violente et démocratique, ils s'engageraient enfin dans une politique plus globale.

» Le Mahatma Gandhi a forgé la notion de *sarvodaya*, littéralement le "bien-être de tous", c'est-à-dire la contribution de chacun au bien-être général. Dans une société fondée sur le *sarvodaya*, l'individu et la société sont en interaction constante. La collectivité n'existe pas en dehors de l'individu, et inversement. Le *sarvodaya* exalte l'individu sans inciter à l'individualisme ; il exalte la communauté sans glorifier le communisme. L'individualiste sacrifie la communauté ; le communiste sacrifie l'individu. Le *sarvodaya* propose de sortir de cette impasse en envisageant la relation qui lie l'individu à la société. De plus, il étend sa réflexion au bien-être des animaux, des plantes, des insectes et de toutes les formes de vie terrestre. Le *sarvodaya* n'exclut rien ni personne : c'est un système conçu pour le bien de tous. En cela, il se distingue radicalement des conceptions défendues par les partis politiques de gauche comme de droite. Il récuse l'analyse de classe défendue par les marxistes – et donc l'existence d'un conflit d'intérêts inhérent à ces mêmes classes sociales – et rejette la *doxa* capitaliste selon laquelle les individus seraient principalement guidés par la sauvegarde de leurs intérêts économiques.

» Le *sarvodaya* privilégie la décentralisation et l'adoption de mesures politiques à l'échelle locale afin de protéger les intérêts individuels et collectifs dans les zones les plus reculées. Il s'attache aussi à la protection de la terre et des ressources naturelles. Le capitalisme favorise un petit nombre de privilégiés, ceux qui détiennent le capital. Le socialisme s'inquiète des masses : il travaille à l'avènement du bonheur pour le grand nombre, mais il délaisse l'individu. Le capitalisme et le socialisme sont des théories anthropocentriques : elles placent l'homme au centre de leur système de pensée. Le *sarvodaya* s'attache au bien-être de tous, sans exception. Il favorise les pauvres et les faibles, puisque ce sont eux qui ont le plus besoin d'aide. Et il respecte tout autant la vie humaine que la vie animale ou végétale. Le capitalisme accorde la primauté à l'individu ; le socialisme la donne à la société ; le *sarvodaya* l'offre à la vie », conclut Vinobâ.

11

Terre, âme, société

Je lus les *Discours sur la Gîtâ*, comme Vinobâ me l'avait suggéré. L'ouvrage rassemblait les conférences qu'il avait données en 1932 à la prison de Dhulia, lorsqu'il avait été incarcéré pour désobéissance civile par les Britanniques. Il avait retrouvé à Dhulia de nombreux autres partisans de Gandhi qui luttaient, comme lui, de manière pacifique et non violente pour l'indépendance de l'Inde. Vinobâ étant connu comme un des meilleurs spécialistes de la *Bhagavad-Gîtâ*, les détenus le pressèrent de questions – beaucoup d'entre eux voulaient comprendre en quoi leur lutte politique était aussi une quête spirituelle. Vinobâ leur répondit avec tant d'enthousiasme que les gardiens indiens de la prison n'eurent pas le cœur de les interrompre. Ils l'autorisèrent à recommencer et participèrent même aux débats, qui se tinrent désormais une fois par semaine. C'est ainsi que Vinobâ put expliquer à ses camarades le sens du poème et la philosophie qui en découle. L'un d'eux retranscrivit fidèlement ses conférences, qui furent publiées après sa libération.

La *Gîtâ* nous apprend que la nature, la société et l'individu forment un triangle, un tout indissociable qu'il faut entretenir jour après jour avec un soin particulier.

Ce soin est décrit de manière très précise dans la *Gîtâ*, qui nous donne la clé de nos relations avec la nature, la société et nous-mêmes : pour qu'elles soient fructueuses et équilibrées, nous devons nourrir la terre grâce au *yajna* (sacrifice rituel), nourrir la société par le biais du *dâna* (devoir de charité) et nourrir notre moi grâce au *tapas* (austérité).

Le *yajna* nous permet de réparer le tort que nous causons à la nature en lui restituant tout ou partie de ce que nous lui avons pris. Il s'agit de « compenser les pertes », en somme. Dans le cas des cultivateurs, par exemple, le *yajna* consiste à fumer la terre qu'ils ont labourée afin de lui rendre ses éléments nutritifs. Laisser un champ en jachère est aussi une forme de *yajna* : la terre se reconstitue en demeurant au repos. Et si, pour construire une maison, nous abattons des arbres, il faut en replanter aussitôt – non pas un seul, mais plusieurs – afin de compenser les pertes subies par la nature.

Outre la nature, nous devons nourrir la société : ce geste s'accomplit grâce au *dâna*. La *Gîtâ* nous apprend à rendre à la société ce qu'elle nous donne et, surtout, à nous souvenir de ce que nous lui devons. Ne sommes-nous pas nourris dès la naissance par la communauté qui nous entoure ? Notre famille prend soin de nous. Nos instituteurs et nos professeurs nous transmettent leur savoir. Les générations passées et présentes nous offrent l'art, la culture et la science. En retour, nous œuvrons pour la société ; nous lui témoignons notre dévouement et notre bienveillance ; nous offrons notre travail, nos talents et nos connaissances à la collectivité. Cette œuvre de charité, c'est le *dâna*.

Enfin, il faut veiller à nourrir notre moi en pratiquant diverses formes de *tapas* (austérité) : le jeûne, la méditation, l'étude, le silence, le repos et le contact avec la nature sont autant de moyens de reconstituer notre vitalité corporelle et spirituelle.

En fait, les trois sommets du triangle ne sont pas vraiment distincts les uns des autres : l'individu n'échappe pas à la société et la société n'existe pas hors de son environnement naturel. Ces trois entités forment les bases de la vie sur terre. Elles sont indissociables. Vinobâ ne les a séparées que pour mieux expliquer à ses auditeurs – et à ses lecteurs – les grands principes de la *Gîtâ*.

L'idée de nourrir à la fois la nature, l'individu et la société me donna beaucoup à réfléchir. Encore aujourd'hui, je me réfère constamment à cette trinité. C'est elle qui modèle la plupart de mes actes. Je l'ai rebaptisée « Terre, âme, société ». L'homme a souvent exprimé ses aspirations les plus nobles au moyen d'une trinité. « Le Père, le Fils et le Saint-Esprit » condense la vision chrétienne de l'univers. « Vie, liberté et poursuite du bonheur » permit à la jeune nation nord-américaine de formuler ses idéaux démocratiques. « Liberté, Égalité, Fraternité » fut le mot d'ordre de la Révolution française. « L'âme, le corps et l'esprit » résuma le mouvement *New Age*. Aujourd'hui, à l'aube de ce que j'appelle l'ère de l'écologie, la triade « Terre, âme, société » est celle qui, selon moi, formule le mieux nos aspirations à une vision plus globale du monde : elle nous invite à mettre en place un système où la nature, l'humanité et la vie spirituelle seraient en harmonie.

« Le Père, le Fils et le Saint-Esprit » est une trinité spirituelle : elle laisse de côté les dimensions sociales et écologiques de l'existence.

Au XVIIIe siècle, les révolutionnaires français mirent en avant une trinité sociale, « Liberté, Égalité, Fraternité », pour lutter contre l'ordre établi et la prépondérance de la trinité chrétienne. Le but fut atteint, mais la nature et la vie spirituelle furent exclues de cette vision du monde. Dans le sillage de la Renaissance et des Lumières, l'humanisme acquit ses lettres de noblesse : l'intérêt pour les droits de l'homme, la liberté, le progrès et le bien-être de chacun l'emporta sur le respect de la nature et la quête de nourritures spirituelles. L'émergence de cette philosophie humaniste se comprend parfaitement dans le contexte de l'époque : au XVIIe et au XVIIIe siècle, les institutions religieuses au pouvoir, profondément dogmatiques, ne se préoccupaient guère de justice sociale, d'égalité ou de démocratie. Il semble donc logique que les penseurs du mouvement qui devait libérer l'Europe du joug de la religion chrétienne aient placé l'humanisme au cœur de leur système de valeurs, renvoyant ainsi dans l'ombre la vie spirituelle, associée à la religion.

Dans les années 1980, le courant *New Age* instaura une trinité plus individualiste avec sa formule « L'âme, le corps et l'esprit », mais, là aussi, les questions de justice sociale et de développement durable furent délaissées. Le désir de réaliser pleinement son potentiel psychique et spirituel me rappelle un peu la voie monastique sur laquelle je m'étais engagé au Rajasthan – en plus confortable et complaisant, cependant. Ceux qui se regardent dans le miroir en s'inquiétant de se trouver mauvaise mine oublient trop souvent que la détérioration du lien social et la dégradation de l'environnement influent considérablement sur leur bien-être personnel.

C'est pour remédier à ces lacunes que j'ai voulu créer une trinité universelle, une formule qui englobe et résume nos préoccupations actuelles. J'espère y être parvenu avec « Terre, âme, société ».

Nous sommes issus de la terre et nous retournons en elle : il est donc normal qu'elle soit nommée en premier dans la trinité. Une grande partie de ce que nous mangeons chaque jour vient de la terre. Les matériaux de construction qui nous servent à bâtir nos maisons viennent de la terre, eux aussi. Si elle n'existait pas, nous n'aurions ni coton ni lin pour nous vêtir. Nous ne pourrions pas nous chauffer, puisque nos combustibles naturels (charbon, pétrole, gaz et bois) sont issus du sol. Nos artistes puisent leur inspiration dans l'environnement ; nos traditions culturelles sont solidement ancrées dans le monde de la nature. La terre abrite la vie, l'air, le feu et l'eau. D'elle dépend notre existence même. Aussi est-elle bien plus à mes yeux qu'un simple outil : c'est un symbole de vie.

Les philosophes indiens des temps anciens nous ont légué d'importants traités philosophiques appelés les Upanishad. Ces textes essentiels affirment la présence du divin dans tout ce que nous voyons, tout ce que nous connaissons. À l'état originel, tout est pur et sacré. L'esprit de la nature est un esprit souverain. Les animaux, les oiseaux, les fleuves, les montagnes, les dieux et les déesses vivent ensemble dans une dépendance réciproque. Leur caractère sacré ne provient pas d'un dieu tout-puissant qui régnerait sur la Terre depuis son séjour céleste, mais de l'élément divin qui loge en chacun d'eux. Le divin est immanent à la nature : il est en elle, non hors d'elle. Les hommes devraient regarder la générosité de la nature comme un don sacré. Nous faisons partie intégrante de l'environnement. Il nous incombe de le traiter avec respect et gratitude. Nous sommes tenus de prendre soin de la terre et de préserver ses ressources naturelles parce qu'elles nous sont utiles *et* parce qu'elles sont sacrées. Cette pensée, qui m'est essentielle, est au cœur de ce que j'appelle l'écologie révérencielle.

L'humanisme issu de la Renaissance, la philosophie des Lumières, la révolution industrielle, le progrès scientifique et les innovations technologiques ont incité les hommes à se croire maîtres de la nature et supérieurs aux espèces avec lesquelles ils la partagent. Convaincus que les règnes animal, minéral et végétal n'existent que pour satisfaire leurs propres intérêts, les hommes se sont imaginé qu'ils pouvaient les contrôler, les acquérir et les utiliser à leur gré. Cette vision arrogante et anthropocentrique du monde est à l'origine de la profonde crise écologique, sociale et spirituelle que nous traversons à l'heure actuelle.

D'après la *Gîtâ*, nous pourrions résoudre cette crise si nous veillions à restituer à la terre ce que nous lui prenons, et à ne lui prendre que ce dont nous avons strictement besoin.

Les *Discours sur la Gîtâ* m'avaient passionné. À peine le livre terminé, je questionnai Vinobâ sur son contenu. Ce fut au cours d'une de nos conversations qu'il me raconta une anecdote révélatrice de la manière dont Gandhi mettait les principes de la *Gîtâ* en pratique dans sa vie quotidienne.

Le Mahatma était alors en visite à Allahabad, au nord-est du pays, avec M. Nehru, qui devint plus tard le chef du premier gouvernement indépendant de la nouvelle république indienne. Il n'y avait pas l'eau courante, à l'époque. Au réveil, Nehru se chargea d'apporter à Gandhi la cruche d'eau dont il avait besoin pour ses ablutions matinales. Tandis que Nehru vidait la cruche, ils se lancèrent dans une grande discussion sur la situation politique du pays. Tout en parlant, Gandhi se lavait les mains et le visage, mais il était si absorbé dans leur conversation que l'eau vint à manquer avant qu'il n'ait terminé sa toilette. « Ne bouge pas, dit Nehru. Je vais chercher une autre cruche. »

Gandhi se figea, stupéfait. « Quoi ? s'exclama-t-il. J'ai déjà vidé une cruche entière et je n'ai pas fini de me laver ? Quel gâchis ! D'habitude, une seule cruche me suffit ! » Il s'interrompit, visiblement perturbé. Nehru le regardait sans comprendre : pourquoi Gandhi faisait-il une telle histoire pour un peu d'eau ? Il s'apprêtait à l'interroger quand il vit des larmes perler à ses paupières.

« Pourquoi pleures-tu ? s'écria-t-il.

— Je m'en veux d'avoir été si distrait. Quelle honte d'avoir utilisé tant d'eau !

— Tu sais bien que l'eau abonde ici, à Allahabad. La ville est traversée par deux grands fleuves, le Gange et la Yamunâ. Ce n'est pas comme chez toi, dans le Gujarat, où tout est sec et désert !

— C'est vrai. Il y a beaucoup d'eau ici, dans ta ville natale. C'est une grande chance pour elle d'être baignée par ces deux beaux fleuves. Mais cela ne change rien à la quantité d'eau que je m'autorise à utiliser chaque matin ! »

Vinobâ jugeait cette attitude exemplaire. Gandhi s'interdisait de gaspiller la moindre goutte d'eau. N'avait-il pas entièrement raison ? La surexploitation des ressources naturelles est un des pires échecs du monde moderne. Le gaspillage est une forme de violence, un véritable péché envers la nature.

À New York ou à New Delhi, on jette chaque jour des montagnes de déchets. À production de masse, gaspillage de masse : nécessaires ou non, des millions d'articles sortent nuit et jour des chaînes de fabrication. Quoi qu'il arrive, les usines doivent tourner pour garantir la pérennité du système et l'emploi des ouvriers. Nous nous servons des ressources naturelles pour fabriquer des produits synthétiques que nous jetons après usage, sans même nous assurer que la nature parviendra à les absorber.

Si nous produisions en pensant à l'environnement, nous veillerions à ne pas dilapider ses ressources. La nature ne gaspille rien : les pénuries résultent de l'appauvrissement du sol causé par la surexploitation. Si nous apprenions à réutiliser, à recycler et à reconstituer les ressources naturelles, à les exploiter avec modération, il n'y aurait plus de pénuries. L'abondance est la loi de la nature. « Il y a assez sur terre pour satisfaire tous nos besoins, mais pas tous nos caprices », disait Gandhi. Nos caprices, notre avidité et notre propension au gaspillage sont des facteurs de pénuries. Une gestion modérée et attentive des ressources naturelles favorise l'abondance.

Ce jour-là, Vinobâ évoqua aussi une ancienne tradition bouddhiste qui consiste à honorer la nature en plantant des arbres. Il me raconta comment, au IIIe siècle av. J.-C., le grand empereur indien Ashoka, sensible aux idées bouddhistes, avait demandé à ses sujets de planter et d'entretenir au moins cinq arbres au cours de leur vie. Et pas n'importe lesquels : ces cinq arbres, avait-il précisé, devaient comprendre un arbre médicinal, un arbre fruitier, un arbre susceptible de fournir du bois de chauffage, un autre assez solide pour servir de bois de construction et un dernier choisi pour la beauté de ses fleurs. L'ensemble ainsi constitué formait ce que l'empereur appelait le *panchavati*, le bosquet des cinq arbres.

En traversant le Kerala, je remarquai que certaines familles chrétiennes décoraient un arbre à Noël en signe de respect pour tous les arbres du monde. Contrairement aux chrétiens d'Europe, ceux du Kerala laissent leurs « arbres de Noël » en terre et les décorent sur place, dans leur jardin ou dans leur champ. Au Kerala, on ne coupe pas d'arbres pour fêter Noël : on en plante.

Ceux qui prennent soin de la terre doivent aussi prendre soin de la société : en lui accordant la deuxième place au sein de ma trinité, j'invite les sociétés humaines à favoriser l'émergence d'un nouvel ordre social, fondé sur la réciprocité et le mutualisme. Nous puisons constamment dans notre héritage culturel, intellectuel et religieux pour enrichir notre vie personnelle. Ces œuvres, ces idées, ces découvertes se sont accumulées au cours des siècles et transmises de génération en génération. Nous devons autant aux Amérindiens qu'aux aborigènes d'Australie, aux Âdivâsî, les aborigènes d'Inde, qu'aux premières peuplades africaines.

Jésus, Bouddha, Mahomet et Mahâvîra nous ont guidés. Vâlmîki[1], Shakespeare, Tolstoï, Jane Austen et bien d'autres auteurs nous ont inspirés. Les vies du Mahatma Gandhi, de mère Teresa et de Martin Luther King nous ont servi d'exemples. Aucun d'eux ne quêtait la gloire, la fortune ou le pouvoir. Bouddha ne réclamait pas de droits d'auteur à ceux qui propageaient ses idées, et Shakespeare n'a jamais touché de royalties sur ses œuvres. Depuis l'aube des temps, nos

1. Auteur légendaire du *Râmâyana*, composé vers 3 000 av. J.-C.

cultures et nos traditions nous ravissent. La musique, la peinture, l'architecture ou l'artisanat nous transportent d'émotion ou d'enthousiasme. Venues d'un pays lointain ou d'une époque révolue, ces œuvres sont autant de cadeaux dont nous profitons à titre gratuit.

Nous sommes donc nourris par la société. Et j'aime penser que nous la nourrissons en retour : nous offrons notre travail, notre créativité, notre savoir-faire, nos talents d'éleveur, de cuisinier, d'agriculteur ou de bâtisseur aux générations présentes et futures. Ceux qui gardent cette pensée à l'esprit ne ressentent pas leur travail quotidien comme un fardeau ou une obligation. Nous ne sommes même pas réellement acteurs de notre travail : il nous traverse, il emprunte nos mains, notre intelligence, notre imagination ou nos compétences, mais il ne vient pas de nous. Car nous ne sommes pas propriétaires de nos capacités physiques et intellectuelles : elles nous ont été transmises et nous les transmettrons à notre tour. Nous sommes les maillons d'une gigantesque chaîne humaine, un fleuve ininterrompu de savoirs et de connaissances. Que serait un fleuve sans ses affluents ? Chacun de nous contribue au grand fleuve de la culture et des traditions humaines. Si certains affluents cessent de se jeter dans le fleuve, s'ils deviennent égocentriques et individualistes, s'ils posent des conditions avant de se mêler aux autres rivières, ils provoqueront l'assèchement du grand fleuve. Pour que les fleuves soient abondants, leurs affluents doivent les rejoindre sans réticence. Il en va de même pour les activités artistiques et créatrices : nous ne devons pas les retenir ni les refuser au grand fleuve de la culture, mais les lui offrir de manière inconditionnelle. C'est le principe du *dâna*. Et c'est ce qui permet aux civilisations de se perpétuer et de se régénérer.

Les poèmes de Goethe et de Milton, les épopées du *Mahâbhârata* et du roi Arthur, les toiles de Van Gogh et de Botticelli, la musique de Mozart, les pyramides d'Égypte, le Taj Mahal et des milliers d'autres fleurons de la créativité humaine nous ont intensément nourris. Comment ne pas éprouver de la gratitude envers les auteurs de ces œuvres ? Nous devrions faire de chaque instant une action de grâce envers les créateurs des siècles passés. L'art et la culture, voilà notre véritable héritage – le seul qui importe vraiment ! Pourtant, nous ne pouvons pas vivre indéfiniment sur ce capital. Si nous ne le reconstituons pas, il se tarira, lui aussi. Il est bon de chérir les fruits de notre héritage, mais il est absolument impératif de participer à son renouvellement.

Écrire un poème, peindre un tableau, construire une belle maison, cultiver des fleurs ou préparer un repas sont autant de dons à la société. Toutes ces activités, aussi modestes soient-elles, nourrissent la société dès lors qu'elles sont accomplies comme des actes sacrés. Chaque fois que nous agissons de manière désintéressée, sans nous préoccuper de notre image, de notre gloire ou de notre fortune, chaque fois que nos actes témoignent de la pureté de nos intentions, nous pratiquons le *dâna*. En revanche, chaque fois que nous agissons de manière intéressée ou égoïste, notre œuvre, aussi réussie soit-elle, se détourne du *dâna* : elle échoue à nourrir la société.

Ceux qui travaillent sans penser au fruit de leur travail ne sont jamais stressés. Au contraire : leur activité devient un acte moral (dharma), une source de joie et de plaisir.

Prendre soin de la terre et de la société ne suffit pas : nous devons également nourrir notre âme. L'un ne va pas sans l'autre : la négliger, c'est négliger la terre et la société. Or l'âme est sujette aux blessures, elle aussi : elle est meurtrie par la colère et la cupidité ; abîmée par la peur et l'anxiété ; empoisonnée par la jalousie et le ressentiment ; fragmentée par les rejets et les refus qu'on lui oppose ; corrompue par l'ambition et la tentation du pouvoir. Il nous appartient donc de soigner notre âme, de la guérir de ses maux, afin d'atteindre l'unité et la réalisation de soi. C'est par le biais du *tapas* que nous parviendrons à nous soigner et à nous purifier.

Si nous sommes en sueur et si nous sentons mauvais, nous nous lavons. Si nos vêtements sont sales, nous les nettoyons. Si nos chambres sont pleines de poussière, nous les balayons. Ces gestes simples nous aident à purifier notre extérieur. Mais qu'en est-il de notre intérieur ? Nous devrions veiller à purifier notre âme comme nous purifions notre corps ou notre maison. Notre esprit n'est-il pas soumis à une pollution constante ? Chaque jour, nous sommes assaillis d'informations inutiles et nocives. La télévision et les journaux nous plongent dans une vaine agitation. L'orgueil, l'angoisse et le désir accaparent notre conscience. Pour toutes ces raisons, nous devons prendre soin de notre âme, nous purifier et nous reconstituer. C'est tout le sens du *tapas*.

La solitude est la première forme de *tapas*. Il nous arrive fréquemment d'être bouleversés par les problèmes du monde extérieur, qu'ils soient politiques, économiques ou familiaux. La vie de tous les jours nous impose un contact permanent, éreintant pour l'esprit, avec une grande quantité d'individus, d'opinions et d'institutions. Effectuer une retraite spirituelle ou partir en pèlerinage nous permet de nous recentrer sur nous-mêmes et de recouvrer notre sérénité. Ces moments de solitude me paraissent d'autant plus nécessaires aujourd'hui, à l'aube du XXIe siècle, que nous courons sans cesse après le temps : nous sommes pressés, débordés et assaillis par les soucis du quotidien. Méditer, s'abstenir de réfléchir et de parler, cesser de bouger, rester calme, se mettre au repos, s'abstraire des complications et des contradictions du monde extérieur sont autant de moyens de pratiquer le *tapas*.

Le jeûne est aussi une forme de *tapas*. C'était une évidence pour ma mère, qui jeûna régulièrement toute sa vie. Au soir de son existence, elle ne mangeait plus qu'un jour sur deux. Elle jeûnait donc quinze jours par mois – soit six mois par an. À ces jeûnes « ordinaires » s'ajoutaient ceux qu'elle pratiquait pendant huit jours d'affilée lors de certaines fêtes religieuses.

D'autres jaïns s'astreignent au jeûne de manière progressive : ils mangent d'abord un jour sur deux, puis un jour sur trois, un jour sur quatre, un jour sur cinq, et ainsi de suite, jusqu'à ce que leur période de jeûne s'étale sur quinze jours consécutifs. Puis ils inversent le processus : ils jeûnent pendant quatorze jours, rompent le jeûne, le reprennent pendant treize jours, le rompent, le reprennent pendant douze jours, et ainsi de suite, jusqu'à ce qu'ils n'aient plus qu'un jour de jeûne à observer. Considérée comme une forme suprême d'austérité, cette méthode déclenche un « feu de sagesse » propre à brûler ce qui encombre inutilement notre espace mental.

Manger modérément ou moins que d'ordinaire est une autre forme de *tapas*. Si vous souhaitez la pratiquer, ne prenez qu'une tranche de pain au lieu de deux au petit déjeuner, par exemple. Mangez deux fois par jour au lieu de trois, ne vous resservez pas, ou ne vous alimentez pas au-delà d'une certaine heure, comme les moines bouddhistes qui ne se nourrissent pas après midi, ou les jaïns qui ne mangent plus après le coucher du soleil.

Vous pouvez aussi éviter toute consommation excessive : en réduisant le nombre de vêtements, de bijoux, de chaussures dont vous disposez, en limitant vos possessions au strict nécessaire, en voyageant moins, vous soignerez votre âme tout en œuvrant pour les générations futures. L'austérité est bonne pour la postérité. Si nous consommons moins, nous léguerons davantage de ressources à nos enfants. Plus notre mode de vie est simple, plus il est sain.

Il ne faut pourtant pas confondre austérité avec répression, oppression ou contrôle. Le *tapas* est un concept positif : il est issu d'une prise de conscience – celle de nos propres limites – qui nous conduit tout naturellement vers le jeûne, la solitude et la modération. Le plaisir et la contrainte vont de pair. Celui qui cède à tous ses caprices ne profite pas de la vie. Celui qui pratique le *tapas*, en revanche, tire une profonde satisfaction de la connaissance de ses besoins et de ses limites. Il sait faire la différence entre le nécessaire et le superflu, entre ce qui est suffisant et ce qui est excessif. Et cette connaissance le libère du joug de la consommation obsessionnelle.

Outre les diverses formes de *tapas* citées plus haut, il existe quatre moyens de reconstituer et de nourrir son âme : pratiquer l'humilité, rendre service à autrui, étudier et dormir.

L'humilité (*vinaya*) nous décharge du poids de notre propre importance.

Le service (*séva*) nous lave de nos obsessions et de nos préoccupations personnelles. Ce n'est ni de la philanthropie ni de l'altruisme : c'est une manière de nous régénérer.

Étudier les grands textes sacrés et s'interroger sur leur signification profonde (*svadhyaya*) est une excellente façon de nourrir son âme. Vous pouvez aussi réciter des mantras, chanter ou écouter de la grande musique : tout ce qui participe à l'éducation du moi relève du *svadhyaya*. Cette forme de *tapas* consiste autant à étudier le soi qu'à étudier par soi-même. Celui qui le pratique ne lit pas pour s'informer, pour apprendre, pour se distraire ou pour passer le temps. Il ne considère pas non plus l'étude comme un simple exercice intellectuel, mais comme un moyen de transformer sa vie en profondeur. L'étude de soi revêt une importance particulière : elle ne doit donc pas être négligée. Il s'agit de percer l'esprit du texte, de l'utiliser pour réfléchir sur soi-même et découvrir sa vraie nature. Vous êtes votre propre texte. Connaissez-vous vous-mêmes ! Vous êtes le microcosme d'un macrocosme : se connaître, c'est connaître l'univers. L'étude des grands textes est un excellent moyen de développer la conscience de soi. Dans cette perspective, la maîtrise des textes eux-mêmes ne constitue pas une fin en soi. Il en va de même pour l'immersion ou le retrait dans la nature, la peinture, la contemplation d'œuvres sacrées et, d'une manière générale, toute activité qui relève de la contemplation ou de la réflexion sur soi. Ces différents modes d'étude spirituelle, de *svadhyaya*, nous aident à nourrir notre âme.

Le sommeil (*nidra*) nous y aide aussi.

« Quelle est la meilleure chose que je puisse faire pour reconstituer et régénérer mon âme ? demanda un jour l'empereur de Perse à son maître soufi.

— Dormez tout votre soûl, monseigneur.

— Comment cela ? Je ne peux pas négliger les affaires de l'empire ! Je dois rendre la justice, recevoir des ambassadeurs, fixer les impôts… C'est un travail considérable. Je n'ai pas le temps de dormir !

— Pourtant, monseigneur, plus vous dormirez, moins vous opprimerez ! » répliqua vertement le maître soufi.

À l'état de veille, il nous arrive fréquemment de nuire à autrui ou à la nature, nous aussi. Cette forme d'oppression abîme notre âme. Le sommeil est donc une excellente forme de *tapas*.

Il y a dans le *Râmâyana*, la grande épopée indienne, un géant hyperactif nommé Khumbhakarna. Enfant, il était si agité que sa mère, à bout de forces, pria Shiva de lui venir en aide. « Mon fils est trop énergique ! se plaignit-elle. Il finit toujours son travail avant les autres, mais, au lieu de se reposer, il continue à s'agiter. Il devient destructeur. Il casse tout ce qui lui tombe sous la main. Faites quelque chose, seigneur Shiva, je vous en prie ! »

Entendant sa prière, Shiva lui répondit : « À partir de maintenant, ton fils ne sera éveillé que six mois par an. Le reste du temps, il dormira d'un sommeil profond. »

Aujourd'hui, le secteur industriel ressemble à ce géant. En moins d'un siècle, le temps de production a été divisé par deux grâce aux progrès technologiques. Au lieu d'en rester là, les industriels continuent de faire tourner les chaînes de production, inondant le marché de biens de consommation totalement superflus qui nuisent à l'environnement, à ceux qui les fabriquent et à ceux qui les consomment. Réduire le temps de travail des ouvriers à quatre heures par jour serait une excellente forme de *tapas*. Les ouvriers pourraient consacrer le reste de leur journée à méditer, à lire, à se cultiver – ou même à dormir !

Nous ne dormons pas assez. Nous regardons la télévision jusqu'à des heures tardives au lieu d'aller dormir, puis nous nous levons à l'aube pour nous rendre sur notre lieu de travail. Ce mode de vie absurde nous rend déprimés, épuisés et stressés. Nous dormons mal, nous mangeons mal et nous travaillons trop. La société se porterait nettement mieux si elle acceptait de considérer le sommeil comme une pratique spirituelle. Dormir, c'est rendre nos rêves possibles. Et c'est en rêvant que notre âme se régénère.

Voilà pourquoi notre époque se doit de nourrir la terre, la société et l'âme. C'est la tâche la plus importante qu'elle ait à accomplir. En outre, elle doit veiller à nourrir ces trois entités de manière conjointe, sans les diviser ni les séparer, car elles se complètent l'une l'autre. C'est ensemble qu'elles forment un tout, une trinité essentielle et indissociable.

12

À l'école du soleil

Quand j'ai rencontré Vinobâ, il marchait depuis de longs mois à travers tout le pays. Il avait déjà couvert des milliers de kilomètres, et il allait en couvrir plusieurs milliers d'autres durant de longues années. Au total, il marcha pendant vingt ans et parcourut plus de cent soixante mille kilomètres, soit quatre fois le tour de la Terre. Le Mahatma Gandhi avait aidé l'Inde à conquérir sa liberté politique sans jamais recourir à la violence ; Vinobâ poursuivit son œuvre en s'efforçant de propager, tout aussi pacifiquement, la liberté économique, sociale et spirituelle jusque dans les zones les plus reculées du pays. Il allait de village en village demander à ceux qui possédaient des terres arables d'en offrir un sixième aux paysans sans terre de leur communauté. Il invoquait pour les convaincre la pratique ancestrale du *danâ*, le sacrifice rituel, qui faisait donc partie intégrante de sa politique de réforme agraire.

« Marcher est le moyen le plus simple, le plus pur et le plus naturel de voyager, disait-il. Vos jambes peuvent aller là où les routes ne vont pas. En marchant, vous restez au plus près de la nature, des hommes et du monde. C'est une activité spirituelle et purificatrice – une forme de *tapas.* »

Nous fûmes nombreux à le rejoindre en signe de soutien ou de solidarité à sa cause. Certains disciples étaient en quête d'inspiration ou de connaissance : ils suivaient Vinobâ pendant quelques jours, parfois quelques semaines. Un petit groupe de cinq ou six personnes l'accompagnait en permanence. D'autres le quittaient pour propager ses idées dans le reste du pays et tenter de mettre en place la réforme agraire qu'il avait conçue.

Je me souviens très bien de ce que Vinobâ nous confia un matin, alors que nous longions la mer d'Oman, au nord de Calicut[1]. Je m'étais joint à son mouvement peu de temps auparavant. Levés avant l'aube, nous avions cheminé un moment dans l'obscurité avant que les premiers rayons du soleil ne viennent danser dans les branches des palmiers qui bordaient la route. Au bout d'une heure de marche, nous atteignîmes un grand bosquet de cocotiers, où nous décidâmes de faire une halte. On donna un bol de yaourt au miel à Vinobâ, qui n'avait pas encore déjeuné. Tout était calme, immobile et silencieux. Vinobâ se restaura, puis il s'essuya la bouche et s'adressa d'une voix claire à notre petit groupe.

« Quand je marche, des vers de la *Bhagavad-Gîtâ* me viennent à l'esprit, nous dit-il. J'ai deux mères : celle qui m'a donné la vie et la *Gîtâ.* Ma mère m'a mis au monde, la *Gîtâ* m'a délivré du monde. Ma mère m'a nourri quand j'étais petit, puis la *Gîtâ* a pris le relais. C'est la chanson la plus douce que je connaisse. »

---

1. Aussi appelé Kozhikode.

Il leva les yeux et s'inclina face au soleil, les paumes jointes, avant de reprendre :

« On raconte que les grands principes de la *Gîtâ* furent enseignés au soleil avant d'être transmis au prince Arjuna par Krishna. Le soleil a tiré profit de cet enseignement : il nous offre en permanence l'exemple parfait d'une action menée sans désir. Quand il se lève, pensez-vous qu'il se dise : "Je vais bannir les ténèbres, réveiller les hommes et pousser les oiseaux à prendre leur envol" ? Bien sûr que non ! Il agit sans intention. Il est parfaitement immobile, et son immobilité fait tourner le monde autour de lui. Si nous décidions de le remercier en disant : "Tu nous aides infiniment, toi qui as dissipé tant d'obscurité !", ce serait absurde, n'est-ce pas ? Le soleil pourrait nous répondre : "De quoi parlez-vous ? L'obscurité existe donc ? Montrez-m'en un peu, pour que je sache si je l'ai dissipée ! Alors j'accepterai de penser que je crée la lumière."

» Le soleil est totalement neutre, poursuivit-il. Il ne cherche ni à contrôler ni à régenter quoi que ce soit. Il se contente d'exister. À la lumière du jour, on peut lire un ouvrage intelligent ou une histoire triviale ; on peut aider son voisin ou commettre un meurtre. Le soleil n'est pas responsable du caractère bénéfique ou maléfique de nos actes. Par conséquent, il n'accumule pas de matière karmique. S'il parlait, il pourrait dire : "La lumière est ma nature. Pour moi, être, c'est éclairer." Lorsqu'il fait nuit ici, le soleil continue de luire de l'autre côté du globe. Il brille sans cesse – et pourtant, personne ne remarque qu'il travaille ! Il met le monde en action. Il fait brouter les vaches et chanter les oiseaux ; il incite les commerçants à ouvrir boutique et les paysans à labourer leur champ, mais si l'un d'eux souhaite rester au lit, rideaux tirés, il ne le forcera pas à se lever. Il se suffit à lui-même. Il est dans l'*être* plus que dans le *faire*. Il ne possède pas la lumière : il est la lumière. Il ne fait pas le bien : il est bon.

» Tout cela, Arjuna l'apprend dans la *Gîtâ*. Krishna l'invite à prendre exemple sur le soleil. À être comme le soleil, c'est-à-dire à être en accord avec lui-même et à accomplir son propre dharma. L'auteur de la *Gîtâ* emploie le mot *svadharma* pour désigner ce dharma bien précis, celui qui est propre à chacun. Nous avons tous des qualités spécifiques. Si nous les laissons parler en nous, si nous vivons en accord avec nous-mêmes, le cœur pur et sans attachement, nos actions n'entraîneront pas de conséquences négatives. Nous n'accumulerons pas de karma. »

Vinobâ se tut et s'inclina de nouveau face au soleil. Nous demeurâmes un moment silencieux, puis je pris la parole :

« Il me semble pourtant que l'homme est naturellement enclin à agir dans un but précis ou en vue d'un résultat – qui peut être altruiste et bénéfique, d'ailleurs !

— C'est exact, acquiesça Vinobâ. Nous agissons presque toujours dans un but précis, que nous espérons obtenir rapidement. Mais la plupart de nos objectifs ont si peu d'ampleur, ils sont si triviaux, si insignifiants, que la *Gîtâ* nous invite à nous en passer. "Cesse de désirer le fruit de ton action, nous dit-elle. En renonçant à ta satisfaction personnelle, tu participeras à la satisfaction générale." Paradoxalement, c'est donc en renonçant au fruit que nous l'obtiendrons !

» Que les hommes agissent dans leur intérêt personnel ou dans celui de leur pays, le résultat est le même : c'est au nom de la protection de cet intérêt que des individus en viennent à en exploiter d'autres, que des pays se déclarent la guerre et que des négociants cherchent à ruiner leurs concurrents. Tous s'imaginent que leurs intérêts s'opposent à ceux de la partie adverse, et tous se trompent : il n'y a pas d'opposition réelle entre mes intérêts et les vôtres, entre ceux de mon pays et ceux du pays voisin. Nous avons tous intérêt à vivre heureux, en paix et dans la prospérité. Ce sont là nos intérêts communs, le fruit collectif de nos actes. Celui que nous obtiendrons si nous renonçons à nos objectifs personnels. Lorsque les hommes ne cherchent qu'à satisfaire leurs propres intérêts, l'intérêt collectif en pâtit. Et s'il n'y a plus d'intérêt collectif, que devient l'intérêt personnel ?

» Accomplie avec amour, l'action comprend sa propre gratification. Chaque fois que nous agissons sans objectif précis, de manière joyeuse et spontanée, nous sommes pleinement présents à nous-mêmes. Nous ne rusons pas, nous ne calculons pas, nous ne spéculons pas. Nous n'envisageons ni le passé ni l'avenir. Rien ne nous inquiète ni ne nous pèse. Nos actes s'accomplissent d'eux-mêmes, sans angoisse, sans efforts ni tension. »

Aussi exaltants soient-ils, les propos de Vinobâ ne versaient-ils pas dans l'utopie ? Troublé, je le priai de nous donner quelques exemples concrets qui me permettraient de mieux saisir son point de vue.

« Imaginez un cuisinier, répondit Vinobâ. S'il cuisine pour le seul plaisir de cuisiner, en étant parfaitement attentif et présent à ce qu'il fait, sa préparation n'en sera que meilleure ! Il obtiendra tout naturellement un bon résultat. De même, ceux qui jardinent pour le seul plaisir de jardiner, sans impatience ni anxiété, verront surgir du sol fruits, légumes et fleurs. Les vrais passionnés de cuisine ou de jardinage dédaignent les repas tout prêts ou les légumes préemballés. Même s'ils constituent un gain de temps, ces articles les priveraient d'une activité qu'ils pratiquent avec joie, en y mettant la part la plus créative d'eux-mêmes.

» Le jardinier qui jardine avec amour s'identifie au règne végétal. Son activité lui permet de ne faire qu'un avec la nature. Lorsqu'il est pratiqué ainsi, le jardinage devient un acte noble et spirituel, une prière et un jeu. La vie entière est un jeu, d'ailleurs. Nous avons tous notre rôle à jouer dans ce grand théâtre divin ! Les enfants jouent pour le plaisir de jouer ; nous agissons pour le plaisir d'agir. L'action devrait nous être aussi naturelle que le chant pour l'oiseau. Pourquoi en attendre une quelconque gratification ? Le jardinier sème ou sarcle la terre aussi facilement qu'il mange, dort ou boit. Il jardine sans se poser de questions et n'en tire aucun orgueil.

— Pourquoi agir s'il n'y a rien à accomplir ? demandai-je.

— Parce que nous ne pouvons pas renoncer à l'action elle-même. Elle est devant nous et derrière nous. Tout est action – même en restant assis sans bouger (ce qui, à la longue, devient inconfortable !) nous continuons d'agir. Ce n'est pas à l'action que nous devons échapper, mais à la quête de son résultat.

» Le travail est une manifestation du dharma. Nous nous exprimons à travers lui. Il nous permet de déployer notre imagination, de nouer des relations avec autrui et d'entrer en contact avec le monde matériel. Le travail est donc un bienfait. Ce sont le désir de reconnaissance, la quête de gloire et de fortune qui l'enlaidissent. Or il n'est pas nécessaire de désirer le fruit d'une action pour l'obtenir : le plus beau fruit du travail est le travail lui-même. Le bénéfice du travail et le gain que nous pouvons en tirer ne sont que des produits dérivés. »

Le discours de Vinobâ lui-même était libre de tout désir. Il parlait avec son cœur, sans chercher à nous convaincre. Et nous buvions ses paroles, médusés par sa simplicité presque enfantine, son enthousiasme et sa clarté d'esprit.

« Peut-on réellement pratiquer cette philosophie dans la vie de tous les jours ? demandai-je.

— Bien sûr ! affirma Vinobâ. Nous sommes immergés dans le quotidien. Pourquoi faudrait-il nous détourner des questions pratiques ? Les détails de la vie matérielle ont leur importance, eux aussi. Nous devons les prendre en compte. Et c'est ce que nous faisons, d'ailleurs ! Nous nous disons chaque matin : "Aujourd'hui, nous essaierons d'atteindre tel village avant midi. Nous nous lèverons tôt pour parcourir les quinze ou vingt kilomètres qui nous en séparent. Lorsque nous arriverons à destination, nous irons expliquer l'importance du don et du partage aux habitants du village, et nous persuaderons les plus riches de donner un sixième de leurs terres aux plus pauvres." Cette planification est nécessaire à notre action. Rien ne nous oblige à y renoncer. Ce qui l'entrave, c'est le désir de réussite – et c'est de ce joug-là qu'il faut la libérer. La *Gîtâ* distingue nettement le désir de l'intention. Cette dernière induit une forme de gratitude qui ne pèse pas sur nos actes. »

Quelle belle matinée ! Elle résonna longtemps en moi, et j'y puisai une source durable d'inspiration. Le soleil était déjà haut dans le ciel. Nous nous remîmes en marche vers notre destination du jour.

Vinobâ était un grand sage. D'un côté, il prônait une forme d'action dénuée de désirs ; de l'autre, il cherchait à révolutionner les structures économiques et sociales indiennes qui condamnaient les pauvres à une misère absolue et vouaient les riches à la prison dorée d'un luxe tout aussi absolu. Il parcourut l'Inde à pied pendant de longues années et reçut au total près de deux millions d'hectares de terres, qu'il redistribua aux paysans les plus démunis.

Le Mahatma Gandhi ne menait pas un combat intéressé en luttant pour l'indépendance de l'Inde. Vinobâ ne cherchait pas la gloire en traversant les campagnes à pied pour promouvoir son projet de réforme agraire. En mettant leur spiritualité en pratique dans la sphère individuelle et dans la sphère politique, ils ont dissipé l'apparente dualité qui sépare le monde extérieur du monde intérieur. C'est en servant les autres que l'on parviendra à la réalisation de soi. Ni Gandhi ni Vinobâ ne divisaient la société en groupes distincts – les ascètes d'un côté, les laïcs de l'autre. La *Gîtâ* s'adresse à tous. Son enseignement nous concerne tous. La spiritualité n'est pas réservée à une poignée de moines. Servir la société, prendre soin de la nature et nourrir notre esprit ne sont qu'une seule et même chose.

13

La vérité est un pays sans chemins

Ma rencontre avec Jiddu Krishnamurti fut tout aussi déterminante. Il prônait une approche de l'existence radicalement différente de celle de Gandhi et de Vinobâ. Ces derniers considéraient le service et le don de soi comme le meilleur moyen de conférer un sens à notre vie. Krishnamurti, quant à lui, accordait une importance fondamentale à la quête de liberté intérieure. Il insistait sur la nécessité d'être libre de toute peur, de tout conditionnement mental, pour pouvoir rendre efficacement service à autrui. D'après lui, la liberté intérieure commande la liberté sociale et politique.

Je l'ai rencontré en 1960, alors que je séjournais à Vârânasî. Un de mes amis, Achyut Patvardhan, vint m'annoncer qu'il était en ville. « Tu dois absolument le rencontrer ! s'exclama-t-il. Ton histoire l'intéressera beaucoup. Tu sais qu'il a rompu avec son ordre monastique, lui aussi ? »

J'avais entendu parler de Krishnamurti. Plusieurs de mes amis l'adulaient : ils avaient lu et relu tous ses livres et assisté à ses conférences. Mais j'ignorais qu'il avait appartenu à une communauté religieuse – et, plus encore, qu'il l'avait quittée. Achyut s'empressa de dissiper mon ignorance.

« Krishnamurti est né en 1895 à Madanapalle, dans le sud de l'Inde. Son père était brahmane. Il travaillait pour le gouvernement tout en soutenant activement la Société théosophique. Lorsqu'il prit sa retraite, il partit s'installer avec toute sa famille à Chennai [1], où il se mit au service du centre théosophique que dirigeait Mme Annie Besant. Cette femme énergique, très charismatique, fut immédiatement frappée par l'aura de Krishnamurti. Ses yeux noirs et pénétrants vous regardaient avec une intensité rare chez un enfant de son âge. Mme Besant acquit la certitude d'avoir rencontré le messie, l'"Instructeur mondial" qu'elle et ses amis théosophes attendaient depuis si longtemps. Elle était totalement fascinée par la simplicité, la spiritualité et la pureté qui émanaient du jeune garçon. »

Achyut s'interrompit pour boire une gorgée de thé. Je repensai à ma rencontre avec Tulsi. J'avais neuf ans alors. Krishnamurti avait rencontré Annie Besant à l'âge de quatorze ans.

« Et ensuite ? dis-je. Que s'est-il passé ?

— Mme Besant s'est montrée très efficace. Elle a fondé l'Ordre international de l'étoile d'Orient et installé Krishnamurti à sa tête deux ans plus tard. Entre-temps, elle était devenue son tuteur légal et l'avait accompagné en Angleterre afin qu'il termine ses études. Proclamé Instructeur mondial en 1912, il a parfaitement rempli ses fonctions jusqu'en 1929 : sous sa direction, l'Ordre de l'étoile a connu un succès croissant, attirant un grand nombre d'adeptes à travers le monde. Mais Krishnamurti était de moins en moins convaincu de sa légitimité : après de longues nuits

1. Aussi appelé Madras.

d'angoisse et de réflexion, il a décidé de renoncer à son titre et de dissoudre l'Ordre de l'étoile. Depuis lors, il n'a cessé de promouvoir l'indépendance d'esprit – la sienne et celle d'autrui. Ses idées m'ont beaucoup inspiré. Elles me guident, et guident des milliers d'hommes et de femmes sur le chemin de la vérité et de la liberté. »

Achyut s'interrompit de nouveau pour prendre un biscuit.

« Quelle histoire ! m'écriai-je. J'aimerais beaucoup le rencontrer... Crois-tu qu'il aura le temps de me recevoir ? Il doit être très demandé !

— Je vais lui poser la question, assura mon ami. Je te tiens au courant. »

L'histoire de Krishnamurti m'occupa l'esprit toute la journée. Quand le téléphone sonna en début de soirée, je décrochai en espérant que ce serait Achyut. C'était lui.

« C'est arrangé, Satish ! Krishnamurti nous propose de marcher avec lui demain matin. Peux-tu venir à 5 h 30 ?

— Bien sûr. Je m'en fais une joie ! Merci d'avoir tout organisé, Achyut. »

Je commandai aussitôt un *tonga*, une calèche à cheval, pour le lendemain matin. Puis j'essayai de dormir, mais j'étais si exalté que je ne fermai quasiment pas l'œil de la nuit. Levé à 4 h 30, je me lavai avant d'enfiler ma plus belle *kurta*. Le conducteur du *tonga* arriva à l'heure dite et nous traversâmes rapidement les rues encore désertes de Vârânasî. Il me déposa quelques minutes plus tard à Rajghat, devant l'École Besant où vivait Achyut. Krishnamurti était un habitué des lieux : il y séjournait chaque fois qu'il venait en ville.

Achyut m'attendait sur le seuil de son bungalow.

« Bonjour, me dit-il en souriant. Et bravo : tu es pile à l'heure !

— Je n'aurais manqué ce rendez-vous pour rien au monde ! »

Nous nous dirigeâmes vers le pavillon des invités. Achyut toqua doucement à la porte. Krishnamurti vint ouvrir. Il était prêt et nous attendait.

« Je vous présente Satish, l'ancien moine jaïn dont je vous ai parlé, dit mon ami.

— Bonjour, monsieur, répondit poliment Krishnamurti. Enchanté. »

Sa courtoisie me laissa sans voix. Je n'étais qu'un jeune inconnu de vingt-quatre ans, peu habitué aux usages du monde : personne ne m'avait jamais appelé « monsieur » !

Achyut s'engagea sur le sentier, et nous le suivîmes en silence. Le jour se levait quand nous atteignîmes les berges du Gange, quelques minutes plus tard. Une lumière encore pâle éclaira le visage de Krishnamurti. Je l'observai avec curiosité. J'avais tant entendu parler de lui ! Il marchait rapidement, avec une vitalité qui démentait ses soixante-cinq ans. Ni très grand ni très costaud, il ne s'imposait pas par la taille, mais par la douceur, l'extrême bienveillance de ses gestes. Il cheminait en regardant attentivement la ligne d'horizon qui enflammait le paysage à notre droite, de l'autre côté du Gange.

Une famille de pèlerins se baignait en contrebas, sans un regard pour les détritus et les excréments qui flottaient à la surface. « Les hindous ont toujours considéré le Gange comme un fleuve sacré. Pourtant ils laissent les égouts se déverser dans ses eaux ! commenta Krishnamurti. Ce lieu n'a plus de sacré que le nom. Les gens viennent se baigner ici pour se conformer à un rituel, rien de plus. »

Une profonde tristesse se lisait sur son visage. Nous poursuivîmes notre route sous les manguiers et les margousiers. Tout était calme. Seuls quelques chants d'oiseaux venaient troubler le silence matinal. L'école était déjà loin derrière nous quand je me décidai à prendre la parole.

« Hier, Achyut m'a raconté comment vous avez dissous l'Ordre de l'étoile. Vous en avez certainement parlé bien des fois… mais j'aimerais beaucoup en savoir plus !

— C'est une très vieille histoire, vous savez. Ça s'est passé il y a si longtemps !

— Bien sûr… Mais, sur le moment, ce devait être bouleversant !

— C'est vrai. Je l'ai vécu avec beaucoup d'intensité… J'avais acquis la conviction que la vérité est un pays sans chemins, comme je l'ai dit dans mon discours de dissolution. Elle ne répond à aucun programme. Les religions ne nous guident pas vers la liberté ou la spiritualité : elles nous asservissent, au contraire ! Elles nous emprisonnent tout en nous faisant adorer les barreaux de notre cage. Pour en sortir, il faut renoncer aux béquilles qu'elles nous offrent. Une religion n'est rien d'autre que l'expression d'un système de croyances organisées, dont l'objectif est de séparer et de diviser les hommes. Ces croyances reposent essentiellement sur la peur. Le jour où je l'ai compris, la lumière s'est faite dans mon esprit. Et j'ai décidé de rompre avec l'ordre religieux que je dirigeais. Pour pouvoir dissoudre l'Ordre de l'étoile, je devais d'abord anéantir mes propres peurs. Ce fut le plus difficile. Le reste me sembla nettement plus simple ! Je me contentai d'annoncer que l'Ordre était une organisation superflue qui nous empêchait d'atteindre la vérité. Il était de mon devoir de la dissoudre, ce que je fis.

— Il vous a certainement fallu beaucoup de courage pour y parvenir », commentai-je.

J'étais détendu à présent. Ma nervosité s'était dissipée. La marche est si propice à la discussion !

« Comment vos disciples ont-ils réagi à cette annonce ?

— Les réactions furent nombreuses, évidemment. En y repensant aujourd'hui, trente ans après les faits, je mesure à quel point ce fut un choc pour les membres de l'organisation. Même ceux qui semblaient avoir accepté calmement la dissolution demeurèrent en quête d'un idéal ou d'une idéologie auxquels ils pourraient se raccrocher. Lorsqu'ils comprirent que j'avais l'intention de les quitter sans leur donner la moindre indication, le moindre conseil spirituel, ils furent extrêmement déçus. Ils me réclamaient des certitudes. Je ne leur réservais que des surprises !

— Des surprises ? Que leur proposiez-vous, puisque vous refusiez de leur indiquer une voie à suivre ? demandai-je.

— Je leur offrais mon amitié afin que nous explorions ensemble la vraie nature de la réalité, par la seule vertu de la conversation et du dialogue. La vérité n'est pas un artefact : aucun gurû, aucune religion n'en possède le secret de fabrication. La vérité doit être découverte. La vie elle-même nous entraîne de découverte en découverte ! La certitude se déploie dans un cadre fixe, régi par des lois immuables. Or la réalité est constamment en mouvement. Elle se transforme à chaque instant. Dès que nous adhérons à une croyance ou à un enseignement donnés, nous devenons incapables de faire face à ces changements permanents. Il faut avoir l'esprit vif et le cœur souple pour s'immerger dans une réalité aussi mouvante. Sans cette souplesse intellectuelle et émotionnelle, nous ne parvenons pas à répondre au dynamisme de l'existence. J'ai refusé à l'époque, et je refuse encore maintenant, d'offrir davantage à mes auditeurs qu'une simple conversation. N'est-ce pas le meilleur moyen de partager le fruit de nos recherches respectives et de nous exprimer librement, sans faire référence à un idéal quelconque ?

— Êtes-vous en train de dire que les grands textes sacrés comme la *Bhagavad-Gîtâ* ou la Bible n'ont aucune valeur spirituelle ?

— Ces textes sont intéressants d'un point de vue littéraire ou historique. Ils ont le mérite de nous faire connaître les idées de leurs auteurs. Mais la vérité n'est pas dans les livres. Elle ne l'a jamais été. Si elle s'y trouvait, il n'y aurait pas de différence entre la Bible et le Coran, entre la *Gîtâ* et les sutras bouddhistes. Les religions ne s'opposeraient pas les unes aux autres. Il n'y a de différence, voire de conflit, qu'entre le faux et le faux. Le vrai et le vrai, le vrai et le faux ne peuvent pas entrer en conflit. Pourquoi deux pacifistes se disputeraient-ils ? Pourquoi un non-violent s'en prendrait-il à un va-t-en-guerre ? C'est quand deux bellicistes s'affrontent que les problèmes commencent ! Il n'y a pas de vérité dans une guerre religieuse : chaque camp est dans l'erreur. Les religions ne sont plus que des vecteurs de propagande, et la propagande est le contraire de la vérité. »

Nous marchions à pas lents vers la Varuna, la rivière qui coule au nord de Vârânasî. L'Asi traverse la ville au sud. Toutes deux mêlent leurs eaux dans le Gange, qui parcourt les quartiers est.

« D'après vous, les religions sont donc plus un problème qu'une solution ! dis-je en m'engageant sur le pont qui enjambait la Varuna.

— Merci, monsieur Kumar, répondit Krishnamurti. Vous m'avez écouté avec beaucoup d'attention. Et vous m'avez parfaitement compris : j'affirme que la vérité ne réside dans aucun principe, aucun dogme, aucune théorie philosophique, aucune technique psychologique, aucune idéologie, aucun rituel et aucun système théologique. Elle surgit par moments dans la grande toile des relations humaines.

— Qu'est-ce que cette "toile", au juste ?

— Savez-vous que vous êtes le monde et que le monde est en vous ? Ni vous ni moi ne sommes coupés du monde : il nous occupe en permanence. Nous sommes tous enchevêtrés dans le vaste réseau des relations humaines. Un fil solide nous relie de l'un à l'autre. Nous ne sommes distincts qu'en apparence : il y a entre nous des différences de sexe, de couleur de peau, de culture, de nationalité, de religion, de convictions politiques. Mais, si vous regardez avec attention ceux qui vous entourent, vous constaterez bientôt qu'ils ne sont pas fondamentalement différents de vous-même. Nous appartenons tous à la grande tapisserie de la vie. Si nous en étions tous conscients, les conflits entre pays, entre religions et entre systèmes politiques n'auraient plus lieu d'être. L'ignorance est la mère des conflits. C'est par ignorance de notre interdépendance que nous cherchons à contrôler autrui. Tant que nous n'aurons pas compris que les relations humaines constituent la base de l'existence, nos sociétés seront vouées à la ruine. Les relations sont les fondations sur lesquelles nous nous appuyons tous.

— Je crois qu'il est temps de rentrer », déclara Achyut après un bref silence.

Krishnamurti souhaitait déjeuner et se reposer avant sa conférence, prévue à 10 heures. Il était temps de rentrer, en effet. Nous fîmes demi-tour. Achyut, qui m'avait présenté au « vieux rebelle » comme un « jeune rebelle », semblait heureux de nous écouter : il ne prononça quasiment plus un mot jusqu'à notre arrivée.

« Vous dites que les religions, la politique et les idéologies ont blessé l'humanité. Pouvons-nous soigner ces blessures ? demandai-je à Krishnamurti. Comment faire pour reconstituer le sentiment d'interdépendance dont vous parliez ?

— Le problème ne se limite pas aux religions ou à la politique : il trouve sa source au plus profond de nous-mêmes. Nous sommes victimes d'un conditionnement massif et permanent. Il prend naissance dans notre esprit, se propage dans nos habitudes et notre vie quotidienne. Nous en sommes à la fois les victimes et les initiateurs, puisqu'il nous arrive de participer au conditionnement que nous subissons. Chaque fois que nous émettons un jugement, que nous diffusons des idées reçues, que nous exprimons un goût ou un dégoût, nous aggravons le problème. Nous avons été amenés à penser que l'observateur est distinct de l'observé ; que le penseur est distinct de la pensée. Ce dualisme et ce cloisonnement sont à l'origine de tous les conflits et de toutes les souffrances des hommes. Me comprenez-vous, monsieur ? C'est très important ! »

Manifestement ému, Krishnamurti ferma les yeux et hocha la tête pour accentuer son propos.

« Je l'espère, en tout cas, assurai-je. Le dualisme que vous mettez en cause est-il irréversible ? Y a-t-il un moyen de rétablir l'unité que nous avons perdue ?

— Pour en retrouver le chemin, nous devons délaisser les théories, les formules, les réponses toutes prêtes. Accepter de nous taire et de faire attention à ce qui se passe autour de nous. Le silence et l'attention constituent les fondements de la méditation. Et la méditation nous permet d'enclencher le processus de guérison : c'est en méditant que nous mettons fin aux divisions et au cloisonnement dont nous souffrons. Nous parvenons alors à nous sentir étroitement liés, unis au monde. Lorsque nous méditons, nous ne percevons plus de différences entre "nous" et "les autres", entre ce qui est "bon" et ce qui est "mal" : tout est réunifié. Dans ces moments-là, lorsque l'ego, l'orgueil, la peur, la solitude, le manque de confiance en soi et l'ignorance passent au second plan, nos blessures se referment. Et l'unité peut refleurir. »

Le seul fait de marcher parmi les arbres, de longer le fleuve, de sentir le soleil sur nos têtes et la terre sous nos pieds nous invitait à la méditation. Krishnamurti s'arrêta un moment sur les berges du Gange. Il faisait chaud, à présent. Le paysage alentour était d'une grande beauté. Les pèlerins, plus nombreux qu'à notre arrivée, s'immergeaient dans les eaux du fleuve en entonnant des mantras. Ils semblaient aussi aveugles aux détritus qui flottaient à la surface que sourds au rire explosif de Krishnamurti, qui les observait depuis la rive.

Nous nous remîmes en route.

« Qu'en pensez-vous, monsieur ? s'enquit Krishnamurti en se tournant vers moi. Voyez-vous un sens à tout cela ?

— Il me semble que oui. En tout cas, je comprends ce que vous voulez dire. Mais ces baigneurs, qu'en penseraient-ils ? Vos idées paraissent si éloignées de ce qu'ils ressentent ! Il y a un tel gouffre entre votre vie et la leur ! Croyez-vous qu'ils vous comprendraient ? Qu'avez-vous à leur apporter ?

— Rien, sans doute. Absolument rien. Pourtant, si nous ne changeons pas radicalement notre vision du monde, nous risquons d'anéantir non seulement la race humaine, mais le monde lui-même. Avez-vous déjà songé à la bombe atomique et à tout ce qu'elle implique ? Nous devons impérativement modifier notre rapport au monde. Vivre dans l'unité, la droiture et la clarté est le seul moyen d'assurer notre survie. Croyez-moi, monsieur, je vous en prie : ce n'est pas une utopie. C'est une nécessité absolue ! »

Nous nous tournâmes une dernière fois vers le fleuve, avant de nous engager sur le chemin qui nous ramènerait à l'École Besant. Krishnamurti contempla un moment les eaux sales et tristes du Gange avant de conclure d'un air mélancolique :

« Je ne crois pas faire preuve de sentimentalisme ou de romantisme en appelant à l'unité entre les hommes et la nature. Notre existence, l'essence même de ce que nous sommes est inextricablement liée à tout ce qui vit, bouge et respire sur la Terre. Ce fleuve, ces arbres, ces animaux, ces oiseaux, ces pèlerins, ces grenouilles qui sautent d'une pierre à l'autre sont tous en relation avec nous. Si nous l'acceptons, si nous comprenons que nous faisons partie intégrante de l'univers, nous cesserons de nous emballer pour un rien, de nous disputer, de nous faire la guerre. Nous vivrons enfin en parfaite intelligence avec la nature. Nous ne tuerons plus d'animaux pour satisfaire notre appétit, ni d'hommes pour accroître notre pouvoir. »

Nous raccompagnâmes Krishnamurti jusqu'à son bungalow et nous inclinâmes pour prendre congé. Il s'inclina à son tour. Une même émotion nous unissait, un même désir de croire en l'avènement d'un nouvel horizon pour l'humanité.

Nous nous dirigeâmes ensuite vers la maison d'Achyut, où mon ami m'invita à entrer. « Que dirais-tu d'un bon petit déjeuner ? suggéra-t-il. J'ai du thé, des toasts, des goyaves et des papayes… Reste avec moi si tu as le temps ! »

J'acceptai avec plaisir. Nous déjeunâmes en évoquant notre conversation avec Krishnamurti.

« Son regard est si intense ! dis-je. Il est sincère et radical… Mais, franchement, crois-tu que l'homme se libérera un jour des temples, des églises, des mosquées, des prières, des prêtres, des partis politiques et, d'une manière générale, de tout ce qui nous divise et nous sépare ? Krishnamurti ne commet-il pas l'erreur de jeter le bébé avec l'eau du bain ?

— Tout dépend de ce que tu appelles le bébé et l'eau du bain, répondit sagement Achyut en versant le thé brûlant dans ma tasse. Il y a une différence fondamentale entre la religion et "les religions". S'il était ici, notre cher Krishnamurti admettrait certainement que le sentiment religieux est nécessaire à l'homme. Ce qui ne l'est pas, en revanche, ce sont les institutions religieuses. Faut-il garder les eaux sales des dogmes et des rituels sous prétexte que nous avons besoin du bébé de l'esprit ?

— Krishnamurti refuse les idéaux, dis-je. Mais ne fait-il pas de l'absence d'idéaux un idéal ?

— Qu'est-ce qu'un idéal ? C'est un but lointain, un rêve auquel nous aspirons et pour lequel nous luttons âprement. Si nous ne l'obtenons pas aujourd'hui, nous l'espérons pour demain. Et s'il se fait attendre dans cette vie-ci, nous l'appelons dans la suivante. Or la vie doit être vécue dans le présent, tu ne crois pas ? La vie, c'est ici et maintenant ! Elle est partout : dans notre amitié, dans ce repas que nous partageons, dans la terre que nous retournons pour semer nos plates-bandes, dans notre manière d'être attentifs à ce que nous accomplissons. Ce n'est pas un idéal, encore moins une idéologie : c'est un mode de vie.

— Il y a quelque chose que je ne comprends pas, Achyut, dis-je avec émotion. Tu as consacré la plus grande partie de ta vie à la politique. Tu as accédé aux plus hautes fonctions au sein du Parti socialiste indien. Tu luttais âprement pour transformer ce pays, toi aussi ! Et maintenant, tu vis ici, dans ce petit bungalow entouré d'arbres. Tu mènes une vie tranquille et isolée, alors que des millions d'Indiens continuent de souffrir ! Que s'est-il passé ?

— Veux-tu encore un peu de thé ? » s'enquit-il distraitement.

Il me servit sans un mot, l'air pensif. Puis il répondit :

« La politique m'a déçu, Satish. Elle n'a pas répondu à mes attentes. Ni à celles de l'Inde, d'ailleurs. Quand les politiciens nous promettent de "servir le peuple", ils n'en pensent rien. Ce slogan n'est qu'un écran de fumée, un prétexte pour arriver au pouvoir. Et lorsqu'ils y sont, leur seul objectif est d'y rester – coûte que coûte. Je ne te mens pas : j'en ai été le premier témoin. L'histoire politique est émaillée de déceptions, de corruption et d'illusions. J'ai compris que je perdais mon temps, et j'ai décidé de tout abandonner. C'est aussi simple que ça ! Désormais, la politique, tout comme la religion, est plus un problème qu'une solution. Elle consiste à diviser pour mieux régner. Les Britanniques appliquaient déjà ce principe ; le parti du Congrès ne fait rien de mieux aujourd'hui. La lutte pour l'Indépendance était un combat désintéressé ; aujourd'hui, on lutte pour obtenir du pouvoir, des privilèges ou de l'argent.

— Où est la solution, alors ?

— La solution, c'est l'éducation. Nous devons cesser de conditionner et de corrompre nos enfants. C'est dans ce but que Krishnamurti et ses amis ont fondé cette école, celle de Rishi Valley, dans le sud du pays, celle de Brockwood Parks, en Angleterre, et celle d'Ojai, en Californie. On n'y dispense aucun dogme. Les élèves y apprennent à voir les choses telles qu'elles sont, à respecter l'intégrité d'autrui et de la nature, et à vivre en harmonie avec le monde. Crois-moi : je suis bien plus heureux ici avec les enfants que je ne l'étais dans l'arène politique ! »

Il était presque 10 heures. Achyut se leva pour aller assister à la conférence. Avant de le quitter, je le remerciai encore une fois d'avoir organisé cette rencontre avec Krishnamurti.

Vinobâ m'avait permis d'élargir ma vision de la spiritualité : rendre service à la société et à la nature m'apparaissait désormais comme une pratique spirituelle essentielle. La quête de Krishnamurti, sa soif de liberté et son refus des dogmes m'incitaient à présent à remettre en cause les fondements mêmes des traditions religieuses.

14

Ni naissance ni mort

Vinobâ et Krishnamurti m'avaient tous deux parlé de la menace de prolifération des armes nucléaires. Mais ce fut l'arrestation de Bertrand Russell en Angleterre, en 1961, qui nous incita, mon ami E. P. Menon et moi, à parcourir le monde pour dénoncer les dangers de l'arme atomique. Russell avait été arrêté parce qu'il menait campagne contre la nucléarisation. S'il était prêt à aller en prison, à quatre-vingt-dix ans, pour défendre la paix dans le monde, qu'attendais-je pour le soutenir ? N'était-il pas normal que je lutte à son côté de toute la force de mes vingt-cinq ans ? Seuls quatre pays détenaient la bombe, à l'époque. Nous décidâmes de marcher jusqu'à Moscou, Paris, Londres et Washington, les quatre capitales du nucléaire, en signe de solidarité avec Russell. Nous présentâmes notre projet à Vinobâ, qui nous accorda sa bénédiction et nous conseilla de partir sans argent. Nous nous rendîmes à son point de vue après de longues heures de discussion, et ce fut donc sans un sou, comme des moines mendiants, que nous nous lançâmes dans l'inconnu. En sachant que notre survie dépendrait de la nature et des hommes.

Trois ans durant, nous connûmes la faim, la fatigue et le froid ; nous traversâmes des tempêtes de sable en Perse et des tempêtes de neige en Russie ; nous fûmes emprisonnés à Paris et menacés d'un revolver aux États-Unis, mais, surtout, nous savourâmes l'hospitalité, l'humour, le soutien, les encouragements, la générosité et les bons repas qui nous furent spontanément offerts d'un bout à l'autre de notre périple. Marcher me rapprocha de ma vérité intérieure, de mon *svadharma*. En marchant pour la seule joie de marcher, je pus mettre en pratique ce que j'avais appris de Vinobâ. Marcher devint ma seconde nature. Je marchais en méditant sur le sens du mot « paix » (*shanti*), que je répétais comme un mantra. Je ne marchais pas *pour* la paix : j'*étais* la paix. Elle irradiait de toute ma personne.

Notre décision provoqua cependant une vive inquiétude chez nos amis et nos parents, qui se firent un sang d'encre à l'approche de notre départ. La scène est restée gravée dans ma mémoire : nous étions sur le point de franchir la frontière entre l'Inde et le Pakistan quand un de mes amis s'exclama :

« Avez-vous vraiment l'intention d'aller au Pakistan sans argent ? C'est de la folie pure et simple ! Vous allez vous jeter dans la gueule du loup ! Satish, tu sais bien que c'est un pays ennemi ! Trois guerres en vingt ans, et vous y allez sans escorte ? Ce sont des musulmans. Ils vont vous tuer !

— Je comprends ton inquiétude, répondis-je. Je suis plein d'appréhension, moi aussi. Et j'ai tout à fait conscience du danger : je sais que la mort m'attend peut-être au bout du chemin. Mais je m'y suis préparé. Si je ne reviens pas vivant, eh bien, tant pis ! J'en ai pris mon parti. »

Mon ami était en larmes. Moi aussi. Je n'avais jamais envisagé ma propre mort avec autant d'acuité. Je repensai brusquement à mon enfance. J'étais entré dans l'ordre jaïn pour me libérer de la mort. À présent, j'acceptais qu'elle fasse partie de ma vie. Car la vie et la mort sont inextricablement liées.

Quand la paix règne entre les hommes, la peur d'autrui se dissipe. Il n'y a plus lieu de redouter les cultures, les traditions, les religions différentes des nôtres, puisque la paix fait disparaître le sentiment d'altérité. Ce sont nos étiquettes, nos identités, nos modes de conditionnement qui nous séparent d'autrui.

Les violents conflits qui divisent hindouistes et musulmans ont douloureusement entaché l'histoire de l'Inde et du Pakistan. Pourtant, lorsqu'on se plonge dans les plus anciens textes religieux ou littéraires de l'histoire mondiale, on n'y trouve nulle mention du mot « hindou ». Le concept d'hindouisme est extrêmement récent : il a quelques siècles, tout au plus. Lorsque des groupes d'envahisseurs perses, arabes ou européens, qui vivaient tous au nord-ouest de l'Indus, franchirent le fleuve pour accéder à ses rives sud-est, ils découvrirent un vaste pays d'une extraordinaire richesse culturelle. La variété des cultes, des croyances, des mythologies et des systèmes philosophiques les enchanta, mais ils furent déroutés de ne pas y trouver un Dieu unique, de saintes écritures, un pape reconnu par tous. Pour les chrétiens et les musulmans qui croyaient en un seul Dieu et en une seule parole, cette diversité était incompréhensible.

Pour des raisons de commodité et à défaut de trouver un terme plus approprié, ils employèrent d'abord l'expression « du sud-est de l'Indus » pour désigner les habitants ou les pratiques culturelles de ce nouveau pays. L'expression fut ensuite abrégée en « Indus », puis en « Hindous ». On commença à parler de l'Inde ou de l'Hindoustan ; de l'indi ou hindi, pour la langue qui y était parlée.

Cette théorie est cependant sujette à controverse : des spécialistes italiens m'ont un jour expliqué l'origine du mot « hindou » de manière différente. D'après eux, lorsque les premiers explorateurs occidentaux arrivèrent dans cette partie du monde, ils furent frappés par la gentillesse, la générosité, l'hospitalité, l'obligeance et l'extrême piété des habitants. Ils employèrent l'expression latine *in Deo* pour les décrire. L'expression s'agrégea et se modifia avec le temps, devenant d'abord « indeo », puis « india », puis « indiens ». Par la suite, lorsque Christophe Colomb arriva sur l'île de la Tortue, ainsi que l'appelaient dans leur langue les Amérindiens, il les trouva si peu possessifs, égoïstes et orgueilleux qu'il crut avoir affaire aux « indeo », ceux qui vivent en Dieu. Il les appela donc « Indiens », eux aussi.

Certains historiens soulignent qu'au XIVe et au XVe siècle les Britanniques divisaient les peuples du monde en deux catégories : les Européens et les Indiens. Cette distinction expliquerait notamment l'apparition de termes tels que *West Indians* pour désigner les habitants des « Indes occidentales » (soit le Nouveau Monde), *East Indians* pour qualifier ceux des « Indes orientales » (soit l'Asie du Sud et l'Asie du Sud-Est) et *Red Indians* pour ceux que les Français appelaient les Peaux-Rouges.

Quelle que soit la véracité de ces explications, toutes confirment le fait que le terme « hindou » n'était pas employé à l'origine pour désigner une religion particulière : il servait à décrire un peuple.

Quand les musulmans et les chrétiens se sont finalement emparés des terres qui s'étendaient au sud-est de l'Indus, ils ont jugé plus simple de qualifier d'« hindous » tous ceux qui n'étaient ni chrétiens ni musulmans, afin de se différencier clairement de ces peuples et de ces traditions locales. L'usage répété de ce terme au cours des siècles suivants fut si prégnant que les prétendus « Hindous » finirent eux-mêmes par accepter cette étiquette – en partie parce qu'elle commençait à refléter le sentiment croissant d'unité et de similitude qu'ils éprouvaient face aux monothéistes qui dirigeaient leur pays.

Le mot « hindou » désigne donc *tous* les peuples qui vivent au sud-est de l'Indus. Politiquement et géographiquement, il n'y a ni bouddhistes, ni jaïns, ni chrétiens, ni musulmans, ni hindouistes : il n'y a que des Indiens. Le peuple hindou n'est pas un bloc monolithique : il est au contraire extrêmement diversifié. J'ai souvent constaté à quel point les hindous peuvent être antagonistes, alors qu'ils sont pourtant censés adhérer à des valeurs et à des traditions identiques d'un bout à l'autre du pays. Dans une même ville du Kerala, j'ai rencontré des adorateurs de Vishnu et des adorateurs de Shiva qui ne partagent pas les mêmes temples et refusent de s'adresser la parole. Ils se considèrent comme des ennemis. Qu'en est-il alors de la fameuse « unité hindoue » ? Dans d'autres régions du pays, j'ai vu des musulmans chiites et des musulmans sunnites s'opposer violemment les uns aux autres. Leur animosité n'était pas moins vive que celle qu'ils manifestaient à l'égard des hindouistes. On observe les mêmes divisions internes au sein de la chrétienté : en Irlande du Nord, les affrontements entre catholiques et protestants ont fait des milliers de victimes.

Krishnamurti estimait avec raison que les dissensions religieuses suscitaient autant de conflits, de guerres et de violence que les frontières politiques ou géographiques. Même s'il n'y avait qu'une seule religion et un seul gouvernement sur terre, les luttes entre factions adverses continueraient d'ensanglanter les relations humaines.

Bouddha n'était pas bouddhiste et Mahâvîra n'était pas jaïn. Ils ont tous deux cherché la libération, et l'ont trouvée. La vie de Bouddha m'inspire autant que celle de Mahâvîra. D'ailleurs, ils ne sont peut-être qu'une seule et même personne : cette hypothèse, avancée par de nombreux chercheurs, est tout à fait probable. « Ils sont tous deux issus d'une famille royale ; plusieurs de leurs connaissances ou de leurs disciples portaient le même nom ; ils sont nés et morts dans la même région [au Bihar], à la même époque », affirmait déjà le grand indianiste Auguste Barth à la fin du XIXe siècle[1].

Jaïns et bouddhistes partagent de nombreux lieux saints ; leur enseignement et leur mode de vie sont très similaires. Il est possible qu'ils soient issus d'un même mouvement religieux et que ce dernier se soit scindé après plusieurs années d'existence, provoquant l'apparition de deux branches parallèles : celle des bouddhistes se reconnaissait en Bouddha, l'Éveillé, celle des jaïns se réclamait de Jina, le Victorieux, de sorte que Bouddha et Jina, qui ne formaient peut-être qu'un seul homme au départ, acquirent vite deux personnalités distinctes. Les divisions s'amplifièrent par la suite,

1. *In Les Religions de l'Inde*, Sandoz et Fischbacher, Paris, 1879.

aboutissant au bouddhisme et au jaïnisme tels que nous les connaissons aujourd'hui.

Le jour où nous franchîmes la frontière entre l'Inde et le Pakistan, je pris réellement conscience de l'infinie variété de la vie sur terre. Notre planète m'apparut comme un merveilleux jardin d'Éden embelli par une multitude de créatures, de religions, de cultures, de traditions, de costumes et de couleurs. Entreprendre ce long voyage, c'était rendre hommage à cette fabuleuse diversité et réaffirmer la complémentarité de chacun avec l'ensemble du monde vivant. Pourquoi nous affronter ? Nous avons tous notre raison d'être. Parce que la terre est notre maison commune, nous sommes tous reliés par la force indéfinissable de l'esprit humain, et tous traversés par l'esprit de la nature.

Je ne ferai pas ici le récit de mon périple, des événements qui ont failli me coûter la vie à ceux qui m'ont amené à éprouver la compassion la plus profonde. J'ai raconté tout cela dans mon autobiographie, *No Destination*[1]. Je tiens seulement à dire que ce voyage à pied autour du monde m'a affranchi des conditionnements culturels et religieux qui m'entravaient encore. Dégagé de toute contrainte, j'ai acquis la conviction que nous ne sommes pas séparés, mais reliés les uns aux autres. Cette certitude m'a donné un sentiment de liberté qui ne m'a plus quitté.

Nous vivons désormais dans un monde post-religieux. L'époque nous invite à être un bon humain plutôt qu'un musulman, un hindou, un bouddhiste, un jaïn ou un chrétien. Nul besoin d'être un héros ou un ascète pour nous lancer dans une quête spirituelle :

1. Paru chez Green Books en 1992, cet ouvrage n'est pas traduit en français.

chacun de nous peut relever le défi et atteindre le Saint-Graal. Mais pour y parvenir, comme le répétait Krishnamurti, « nous devrons renoncer aux dogmes religieux et nourrir notre esprit ».

15

Rationalisme et non-violence

Il n'est pas souhaitable de croire une proposition lorsqu'il n'existe aucun élément nous permettant de supposer qu'elle soit vraie.

Bertrand RUSSELL

Ce fut lors de mon voyage autour du monde que je rencontrai pour la première fois un penseur occidental. Il s'agissait de Bertrand Russell. J'admirais le courage avec lequel il défendait ses convictions, la clarté de sa pensée et la fermeté avec laquelle il militait contre toute forme de violence. Son combat pour la paix nous ayant incités à parcourir la planète à pied, d'Inde en Grande-Bretagne, nous eûmes le sentiment d'effectuer un véritable pèlerinage en allant lui rendre visite.

Mon ami E. P. Menon l'ayant informé par courrier de notre arrivée en Angleterre, Russell demanda à Pat Pottle, son secrétaire particulier, de venir nous chercher à Londres et de nous conduire à Penrhyn, au nord du pays de Galles, où il passait ses vieux jours.

Nous partîmes en voiture par un bel après-midi d'octobre. « Nous en avons pour cinq heures de route, sans compter les embouteillages ! » annonça Pat en s'installant au volant. Il avait pris soin d'emporter un panier plein de victuailles – pain, boissons, fromage, fruits, noix et raisins –, dans lequel il nous invita à nous servir. L'heure de pointe touchait à sa fin, mais la circulation restait dense, et nous roulâmes au pas pendant plusieurs dizaines de kilomètres avant de quitter l'agglomération londonienne.

« Il y aura peut-être encore des bouchons à Birmingham, dit Pat, mais après, on ne devrait plus avoir de problèmes. Ça tournera un peu, bien sûr : il y a tellement de collines au pays de Galles !

— Ne vous inquiétez pas, répondis-je. Nous ne sommes pas pressés… Et puis ça nous laissera le temps de bavarder ! »

Je laissai passer un silence avant de reprendre :

« Pourquoi Russell s'est-il installé au pays de Galles ?

— C'est là qu'il est né, et il a gardé une profonde affection pour cette région, qui demeure l'une des plus calmes et des mieux préservées de Grande-Bretagne. Il n'y a pas de bruit, pas de pollution… La vie est beaucoup plus agréable là-bas qu'en ville ! Et puis Russell adore la campagne. Il y est très heureux.

— Et à part la campagne, qu'adore-t-il ? demandai-je.

— Excellente question, commenta Pat avec un large sourire. Laissez-moi réfléchir… Il adore la logique, la paix… et les femmes, bien sûr ! »

Il ponctua cette confidence d'un grand éclat de rire.

« Son épouse actuelle est la quatrième ou la cinquième femme de sa vie. Je ne crois donc pas me tromper en plaçant son amour du beau sexe au sommet de la liste !

— C'est la marque d'un tempérament passionné, dis-je. L'amour mêlé à la passion est un moteur puissant. Mais la passion elle-même n'est jamais très logique... Comment parvient-il à équilibrer ces deux principes contradictoires ?

— C'est toute la question du fameux "Paradoxe de Russell". Il a élaboré sa théorie des paradoxes lorsqu'il travaillait à son ouvrage majeur, *Principia Mathematica*, écrit en collaboration avec Alfred North Whitehead.

— Ce livre l'a fait connaître dans le monde entier, n'est-ce pas ?

— Et comment ! Il lui a même valu le prix Nobel !

— Je dois avouer que j'ai du mal à le lire. Sa logique me paraît un peu froide, presque sèche. C'est la même chose avec ses ouvrages de philosophie analytique, d'ailleurs.

— Vous n'êtes pas le seul dans ce cas, admit Pat. Russell lui-même a qualifié sa pensée de "froide". D'après lui, "les mathématiques possèdent non seulement la vérité, mais la beauté suprême – une beauté froide et austère, comme celle d'une sculpture". Votre impression est donc parfaitement justifiée.

— Il y a autre chose qui me trouble, confiai-je. Son amour des mathématiques l'a amené à déclarer que les théories philosophiques, les idées et même les lois morales peuvent s'expliquer par le biais des mathématiques. Il est persuadé que toutes les découvertes humaines peuvent se réduire à des formules algébriques. Croyez-vous vraiment que ce soit possible ?

— La question est sujette à controverse. Ludwig Wittgenstein, notamment, s'opposait vivement à Russell sur ce point. D'après lui, il existe des zones de la pensée qui ne peuvent être formulées en termes mathématiques – ni même en mots, d'ailleurs. C'est ce qu'il appelle la "sphère du silence". En cela, Wittgenstein se rapproche des philosophies orientales, et du bouddhisme en particulier. Pour en revenir à Russell, j'ai toujours été amusé par le fait que sa vie et sa pensée semblent en parfait désaccord : autant sa logique et sa philosophie paraissent froides, autant sa vie, son engagement politique et ses actes sont passionnés.

— On pourrait presque parler de double personnalité ! » m'exclamai-je.

Pat ne se formalisa pas de ce qui aurait pu passer pour une critique de Russell : il évoquait lui-même son patron avec une franchise qui frisait l'irrévérence.

« Vous avez peut-être raison, admit-il. Il paraît souvent en contradiction avec lui-même… Son engagement pour la paix en témoigne, d'ailleurs. Lors du déclenchement de la Première Guerre mondiale, il s'est déclaré objecteur de conscience, ce qui lui a valu un séjour en prison. Il a même été renvoyé de l'université de Cambridge à cause de ses opinions pacifistes. Lors de la Seconde Guerre mondiale, en revanche, il s'est prononcé en faveur de l'entrée en guerre de la Grande-Bretagne, parce qu'il considérait Hitler comme le mal absolu. Gandhi a adopté la position inverse : il a continué de militer pour la paix, envers et contre tout. Pour Russell, la guerre et la violence ne sont pas nécessairement une erreur : elles se justifient dans certaines circonstances.

— Son attitude peut sembler incohérente, en effet. Est-ce à dire que Russell ne milite pas pour la paix en vertu d'un principe éthique ou moral, mais sur la foi de considérations pragmatiques, voire de calculs mathématiques ?

— Franchement, je n'en sais rien. J'ai beau travailler en étroite collaboration avec lui, il demeure une énigme – pour moi et pour beaucoup d'autres, d'ailleurs ! Mais le mouvement pacifiste n'aurait jamais pris une telle ampleur s'il n'avait pas publiquement pris fait et cause contre le nucléaire... Nous sommes ravis d'avoir un homme de son calibre avec nous. C'est lui qui a convaincu Einstein de signer le manifeste pour la paix, vous savez ! Et c'est ce manifeste qui a provoqué l'organisation de la première conférence annuelle du mouvement Pugwash.

— Où est Pugwash, exactement ? demandai-je.

— C'est en Nouvelle-Écosse, au Canada. La première conférence s'est tenue là-bas, en 1957. Maintenant, elles ont lieu chaque année dans un endroit différent. »

La nuit était tombée, à présent. Nous mangions du fromage et des noix tout en devisant avec animation. Mon ami E. P. Menon, qui se qualifiait lui-même de rationaliste, se déclara satisfait de l'attitude de Russell :

« L'essentiel, c'est qu'il milite pour la paix, le désarmement et la justice, vous ne croyez pas ? Je me fiche de ses motivations. Qu'il fonde son combat sur des principes moraux ou sur des lois mathématiques, peu importe : la seule chose qui compte, c'est le résultat de ses actes !

— Russell serait d'accord avec vous, renchérit Pat. La campagne pour le désarmement l'a amené à travailler avec des gens si éloignés de ses propres convictions ! Des chrétiens, des socialistes, des conservateurs... Ils ne s'entendent que sur une chose : la nécessité de lutter contre la fabrication et la possession de l'arme atomique. »

Nous poursuivîmes nos échanges avec tant d'enthousiasme que nous ne vîmes pas le temps passer. Le panier de Pat nous ayant tenu lieu de dîner, nous montâmes nous coucher sitôt arrivés à Penrhyn. Il était très tard, et nous tenions à être frais et dispos pour rencontrer Bertrand Russell le lendemain après-midi.

Il habitait au bord de la mer, dans un ravissant cottage balayé par les vents. Nous fûmes reçus au salon, où nous discutâmes en buvant du thé. Je me souviens d'avoir contemplé avec une intense curiosité les tableaux qui couvraient les murs. C'était mon premier séjour en Angleterre, et je ne connaissais presque rien à l'art occidental, mais les portraits d'aristocrates britanniques, de scientifiques et de philosophes qui décoraient le salon de Russell m'en dirent long sur sa culture, ses centres d'intérêt et son origine sociale.

Mince, plutôt petit, il avait les cheveux gris et broussailleux. Vêtu d'un pantalon ordinaire et d'une chemise parfaitement repassée, agrémentée d'une cravate rouge, d'un gilet de laine et d'une veste en tweed, il offrait l'image d'un gentleman-farmer doublé d'un intellectuel raffiné, parfaitement à l'aise dans sa campagne natale.

Ses quatre-vingt-onze ans n'entamaient nullement sa vivacité d'esprit ni la vigueur avec laquelle il luttait pour la paix dans le monde. Mais, comme je m'y attendais, les motivations qui sous-tendaient son combat étaient très différentes des miennes. « Je crains que le monde ne coure à sa perte… Si nous ne nous débarrassons pas de ces armes immondes, elles se débarrasseront de nous ! » déclara-t-il avec véhémence. Il croyait au pouvoir de la pensée : la raison, d'après lui, pouvait triompher des pires difficultés. Et le monde se porterait bien mieux s'il était géré de manière logique et rationnelle.

« Si les hommes politiques s'en remettaient à la raison pour gouverner, la paix et la justice l'emporteraient sur la violence et les préjugés. » Il se montrait extrêmement convaincant. Mais, pour lui – et c'est là que nous différions, lui et moi –, la paix était une question politique : c'était un but à atteindre, pas un mode de vie.

« L'adoption de politiques pacifistes est la seule manière de mettre fin à la course aux armements, affirma Russell. Les hommes politiques, et le monde en général, se trouvent face à un véritable dilemme : soit nous renonçons aux armes nucléaires, soit nous acceptons qu'elles mettent fin à l'espèce humaine.

— Le changement de politique n'est pas forcément suffisant, remarquai-je. Ne pensez-vous pas qu'il faudrait aussi susciter un changement de mentalité au sein même de la population ? La vie politique et la vie personnelle doivent changer ensemble pour que la paix s'installe durablement dans le monde. Elle ne triomphera pas uniquement sur des bases politiques : l'amour de la nature et le respect de toutes les formes de vie sont essentiels à son avènement.

— Pour l'heure, nous devons contraindre nos gouvernements à abandonner l'arme nucléaire. Ils s'y résoudront peut-être sous la pression de la raison ou de l'opinion publique, mais nous ne pouvons pas attendre que la population tout entière change de mentalité, comme vous dites ! Le temps nous est compté. Le moindre incident nucléaire peut causer une catastrophe... Nous devons mettre un terme à cette aberration le plus vite possible ! assena-t-il d'un ton catégorique. Continuer à fabriquer des armes nucléaires, c'est condamner l'humanité à sa propre destruction. »

J'acquiesçai, touché par sa détermination. Mais il me semblait important d'inscrire le combat pacifiste dans une perspective plus large, comme Gandhi l'avait fait en Inde. « Si les hommes étaient en paix avec eux-mêmes, s'ils acceptaient de vivre plus simplement, sans surexploiter les ressources naturelles, ils n'auraient plus de raisons de se battre ni de fabriquer des bombes. S'ils ne s'engageaient pas dans les forces armées, s'ils gagnaient leur vie de manière juste et droite, personne n'aurait besoin de travailler dans les usines d'armement. La paix ne pourra émerger sur le plan politique que si elle s'accompagne d'une paix économique et d'une véritable culture de la paix entre les hommes. »

Cette rencontre avait lieu au plus fort de la campagne pour le désarmement nucléaire que menait Bertrand Russell depuis la signature du manifeste pour la paix en 1955. Largement relayés par l'opinion publique, qui se déclarait plutôt hostile à la bombe, Russell et ses amis concentraient leurs efforts sur la réduction ou la disparition de l'arsenal nucléaire mondial. Engagé dans une lutte concrète, il ne pouvait adhérer à mon désir d'instaurer une « culture de la paix » : c'était un objectif trop vague, trop idéaliste ou trop peu réaliste à ses yeux.

« Ce type de généralités risque d'affaiblir, de diluer ou d'émousser notre propos, déclara-t-il. Il s'agit d'arrêter le plus vite possible la course au nucléaire : c'est le seul combat qui m'importe à l'heure actuelle. »

Il laissa passer un bref silence, avant de reprendre : « J'ai évoqué très clairement cette question avec M. Nehru, votre Premier ministre, lors de notre entretien. Je l'ai exhorté à former un groupe de pression avec d'autres pays neutres afin de convaincre les puissances nucléaires de renoncer à la bombe atomique. »

Je hochai la tête. L'efficacité et la nécessité de son mouvement ne faisaient pas de doute, mais sa vision de la paix me paraissait trop réductrice. « Les armes nucléaires ne sont pas sorties du néant, dis-je. Elles résultent d'une culture économique et sociale précise. Supprimer la bombe sans remettre en question cette culture ni le dualisme qui l'accompagne, c'est laisser le champ libre à l'apparition d'un autre type de violence, tout aussi néfaste. »

Quoiqu'un peu frustrante, notre brève conversation avec Russell fut extrêmement stimulante. Nous la poursuivîmes, mon ami Menon et moi, jusque tard dans la nuit avec le secrétaire particulier de Russell, qui nous hébergeait pendant notre court séjour.

Après avoir marché de New Delhi à Moscou, Paris et Londres, rencontré des centaines d'anonymes et de leaders politiques, j'avais acquis la conviction qu'il était quasiment impossible de stopper la fabrication des bombes atomiques. Les puissances nucléaires défendaient des systèmes sociaux injustes, fondés sur l'exploitation des plus faibles. Ils n'avaient nullement l'intention de renoncer à leur arsenal puisqu'ils craignaient de ne pouvoir maintenir leur pouvoir et leurs privilèges en son absence. Les armes nucléaires faisaient partie intégrante du mode de fonctionnement de ces sociétés et de ces gouvernements.

Nous ne parviendrons à faire vivre la paix dans le monde que si nous créons une culture de la non-violence. Dans une société fondée sur le culte de la violence, la fin justifie les moyens. Qu'il s'agisse d'une violence d'État, d'une violence institutionnelle, d'une violence économique ou d'une violence terroriste, le recours à la force se justifie toujours par le fait qu'elle permet de rétablir ou de préserver l'ordre établi.

La violence, tout comme la non-violence, est un état d'esprit autant qu'un mode de vie. En décrétant que certaines formes de violence se justifient plus que d'autres, on sape les bases sur lesquelles la non-violence sociale, raciale, religieuse, économique et politique pourrait s'ériger. Ceux qui souhaitent instaurer une culture de la non-violence doivent commencer par le commencement, en reconnaissant l'unité et la valeur intrinsèque de toute forme de vie. Ceux qui se montrent agressifs envers la nature ou les animaux sont susceptibles de l'être tout autant envers des représentants de l'espèce humaine, qu'ils appartiennent ou non à leur pays, à leur classe sociale, à leur groupe ethnique ou à leur religion.

J'ai assisté en Inde aux démonstrations de violence de certains groupes dits terroristes, qui prenaient les armes contre le gouvernement pour réclamer l'indépendance de leur région ou l'instauration d'un ordre économique plus équitable.

L'État qui se permet de recourir à une violence « légale » autorise tacitement les terroristes à faire usage de la violence dans leur quête de justice. Le « terroriste » des uns est parfois le « combattant de la liberté » des autres. Naturellement, lorsqu'une guerre s'engage entre deux parties, chacune d'elles se sent autorisée à employer la violence. Tous les pays du monde prétendent financer leur armée à des fins « purement défensives ». Mais ils sont également persuadés que l'attaque est la meilleure forme de défense, et qu'il faut parfois mener une guerre pour faire la paix.

Je n'ai jamais considéré que la pratique de la non-violence se limitait à la vie sociale et politique. Pour moi, la culture de la non-violence dépasse le cadre humaniste et rationnel qui est le sien en Occident. En m'installant en Angleterre, j'ai pu constater que les mouvements les plus progressistes sont conscients de la nécessité de lutter contre la violence qui résulte du nationalisme, du racisme, du sexisme et de l'intolérance religieuse. Mais ces mêmes groupes demeurent foncièrement anthropocentriques : pour eux, l'espèce humaine est supérieure à toute autre. Aussi ne s'émeuvent-ils guère de la violence que subissent les espèces animales et végétales : celle-ci demeure largement inaperçue à l'Ouest, alors qu'elle constitue une lourde menace pour l'environnement et la vie sauvage. Cette manière de placer l'homme au centre du monde, de le croire supérieur aux autres espèces, offre à la culture de la violence une assise solide. La pensée dualiste qui s'exprime dans la volonté de contrôler la nature rejoint le désir de contrôler les hommes. Ceux qui adoptent cette vision du monde sont dominés par l'esprit de conquête : ils cherchent à contrôler des marchés entiers, puis à fabriquer des armes pour protéger les marchés conquis. Si nous voulons inciter nos gouvernements à renoncer à l'arme nucléaire, nous devons commencer par le commencement : admettre que toutes les formes de vie sont unies les unes aux autres. Nous pourrons dès lors révérer la vie qui nous unit et mener une existence plus frugale afin que d'autres suivent notre exemple.

Être rationaliste, c'est admettre que tout peut être expliqué de manière rationnelle. L'Europe a porté le rationalisme aux nues. Pourtant, son histoire est marquée par le colonialisme, les guerres et les conflits – autant d'événements apparemment irrationnels qu'elle s'est chargée de rationaliser. Tous les grands projets européens dérivent, d'une manière ou d'une autre, de l'assujettissement de l'homme ou de la nature. Le rationalisme lui-même est utilisé comme une arme pour détruire la nature et exploiter l'espèce humaine aux quatre coins de la planète.

Les grandes puissances européennes ont été contraintes de mettre un terme au colonialisme politique qu'elles pratiquaient dans les pays du Sud, mais elles se livrent désormais à une nouvelle forme d'exploitation : le colonialisme économique. Les moyens scientifiques, technologiques et industriels dont disposent les pays occidentaux sont le fruit du rationalisme européen. Ils leur ont permis de concentrer le pouvoir entre leurs mains afin de s'arroger un contrôle économique presque absolu sur le monde.

J'ai toujours considéré le rationalisme comme une forme de violence intellectuelle. Violence d'autant plus brutale qu'elle est inscrite dans sa nature même : dès qu'il est à l'œuvre, le rationalisme tranche, sépare, divise, isole. La rationalité a sa place dans notre vie, bien sûr, mais la société ne doit pas la mettre sur un piédestal. Comme le yin et le yang des taoïstes, le cœur et la raison doivent s'équilibrer, non s'affronter. S'il est tempéré par nos sentiments et nos intuitions, le rationalisme peut contribuer à l'émergence d'une culture fondée sur la non-violence, l'interdépendance et la compassion. S'il règne en maître, en revanche, il mène droit à la violence. En militant contre l'arme atomique, Bertrand Russell s'attaquait aux symptômes du mal, pas à ses racines. La question qui se pose à nous est la suivante : comment la société – *notre* société – en est-elle arrivée à imaginer la bombe à neutrons ? Comment a-t-elle pu seulement concevoir un tel projet ? La bombe n'est qu'un symptôme, le produit dérivé de la foi aveugle et absolue que nous avons nourrie pour la science. C'est parce que nous avons acquis la conviction que tous nos problèmes pourraient être résolus de manière scientifique et que le monde n'est que le résultat d'une interaction constante entre des milliards de particules que certains gouvernements ont élaboré des armes de destruction massive. Russell lui-même estimait que l'amour et la peur ne sont rien d'autre que « le produit d'un regroupement accidentel d'atomes ». Peut-on répandre la paix dans le monde avec de tels arguments ? J'en doute fort, hélas.

Tant que nous n'aurons pas comblé le fossé qui sépare la science de la spiritualité et adopté une vision holistique du monde, la paix mondiale ne sera qu'une chimère. La science se consacre à ce qui est quantifiable ou dénombrable ; la spiritualité se penche sur l'indénombrable. Pourtant, ces deux dimensions sont présentes dans tout ce que nous connaissons. Pourquoi les opposer ? Pourquoi les traiter séparément ? L'univers extérieur, celui de la matière, est quantifiable ; l'univers intérieur, celui du sens, est inquantifiable. Ensemble, ils donnent forme à l'existence et au monde réel.

Ceux qui s'élèvent contre la bombe sans remettre en question le rationalisme scientifique, le dualisme, l'individualisme, le consumérisme et le matérialisme ne verront jamais l'aboutissement de leur combat.

Car c'est bien sur la seule foi de nos connaissances et de nos méthodes scientifiques que nous avons séparé le moi du monde, le sujet de l'objet, l'esprit de la matière, et l'observateur de l'observé. Lorsque la science et la technologie modernes, issues d'un mode de pensée dualiste, s'allient à la peur, à l'appétit de conquête et à la soif de pouvoir, il est logique qu'elles accouchent de la guerre et de la bombe atomique. Seule une approche non dualiste du monde, fondée sur la célébration de toutes les formes de vie et sur leur interdépendance, peut nous libérer de la bombe. Cette philosophie relationnelle, qui admet en son sein l'explication rationnelle du monde, est essentielle à l'avènement de la paix.

16

La justice avant l'ordre

Aucune partie du monde ne peut être conçue en dehors de sa relation aux autres.

Métropolite JEAN DE PERGAME

Si Bertrand Russell fondait sa vision de la paix sur le rationalisme scientifique, Martin Luther King, lui, puisait dans son approche non violente, holistique et spirituelle du monde la source même du mouvement pour les droits civiques qu'il menait aux États-Unis depuis le milieu des années 1950.

Lorsque nous arrivâmes à Washington DC, dernière étape de notre marche pour la paix, Menon et moi décidâmes d'écrire à Martin Luther King pour lui demander de nous accorder un bref entretien. La réponse nous parvint peu après : elle était positive. Nous fûmes transportés de joie.

Nous partîmes pour le sud des États-Unis, conscients des difficultés que nous risquions d'y rencontrer. Pratiquée officieusement dans tout le pays, la ségrégation raciale était encore la règle dans les États du Sud. Inquiets, plusieurs de nos amis nous incitèrent à la prudence.

Nous quittâmes Washington à bord d'un bus de la compagnie Greyhound et voyageâmes confortablement jusqu'en Virginie, puis en Caroline du Nord. Le paysage, constitué d'une succession de montagnes et d'épaisses forêts, semblait s'étendre à l'infini. Nous fîmes étape pour la nuit à Charlotte, avant de repartir tôt le lendemain matin pour la Caroline du Sud puis la Géorgie.

En chemin, le long des routes de campagne ou dans les villes que nous traversâmes, nous eûmes tout le loisir de constater à quel point la misère était le lot commun des Noirs de ce pays. Les habitations, les rues, les boutiques et les écoles des quartiers noirs n'étaient manifestement pas entretenues par les pouvoirs publics. En arrivant à Atlanta, nous descendîmes du bus et entrâmes dans un café du quartier noir pour déjeuner. C'était un endroit gai et chaleureux. Certains clients jouaient aux cartes ; d'autres conversaient à bâtons rompus. Un groupe d'hommes et de femmes, assis dans un coin de la salle, riaient à gorge déployée. L'atmosphère à la fois digne et détendue qui régnait dans ce café ne parvint pourtant pas à me faire oublier l'autre visage de l'Amérique, celui que nous avions vu lorsque nous avions marché de New York à Washington – celui d'une Amérique blanche, prospère et satisfaite.

Nous nous installâmes près d'un homme qui portait une cravate rouge. Âgé d'une cinquantaine d'années, il était plongé dans la lecture d'un journal. J'engageai la conversation en lui demandant de nous indiquer le centre-ville. Lorsqu'il comprit que nous étions Indiens et que nous venions à Atlanta pour rencontrer Martin

Luther King, il posa son journal et commença à nous parler de la détresse des Noirs américains.

« Nous souffrons du chômage, de l'absence de bons boulots et des salaires de misère que les Blancs nous octroient. Mais ce n'est qu'un des aspects du problème, dit-il.

— Quels sont les autres ?

— L'humiliation, l'injustice et le manque de respect que nous devons endurer au quotidien. La discrimination est partout – dans les faits et dans la loi. Certains Blancs ont du mal à accepter que les Noirs sont des êtres humains, eux aussi ! »

Nous comprîmes, à sa réponse lapidaire, qu'il avait une connaissance approfondie de la question raciale.

« Êtes-vous impliqué dans la lutte pour les droits civiques ? demandai-je avec curiosité. Connaissez-vous Martin Luther King ?

— Évidemment ! répondit-il. Je défile, je manifeste et je milite avec lui depuis de nombreuses années. C'est mon héros, mon chef et mon mentor. Alors je le connais, bien sûr. Tout le monde le connaît ici ! Mais lui ne me connaît peut-être pas.

— Parlez-nous de lui, je vous prie !

— Avec plaisir. Que voulez-vous savoir ?

— Tout ce que vous voudrez bien nous dire, répondit E. P. Menon. Nous aimerions en savoir plus sur lui avant de le rencontrer.

— Vous devriez lire les ouvrages et les articles qui sont parus sur lui ! Ils sont nombreux, vous savez… King est un véritable héros à Atlanta. Nous l'aimons d'abord parce qu'il est né ici, en 1929, et qu'il a grandi parmi nous. Son père et son grand-père étaient pasteurs dans une église baptiste. Il faut croire que la vocation se transmet de père en fils dans sa famille, parce que King est devenu pasteur, lui aussi. Son métier lui a appris à prendre la parole en public, mais, même sans cela, il serait sans doute parvenu à captiver n'importe quel auditoire. C'est un orateur-né. Vous auriez dû l'entendre l'année dernière, quand il a prononcé son fameux discours à Washington ! C'était le 28 août 1963, après la marche pour l'emploi et la liberté. J'y étais, et je m'en souviendrai toute ma vie. King semblait littéralement possédé par la foi. Il était d'une éloquence électrisante. Deux cent cinquante mille personnes s'étaient massées devant le Lincoln Memorial pour l'écouter. C'était une foule considérable, mais le silence s'est fait dès qu'il a pris la parole. Quand il a dit : “J'ai fait un rêve”, on aurait pu entendre une mouche voler. Nous étions tous médusés par son charisme. Il a réussi à nous rassurer et à nous inspirer en même temps. Son discours était profondément radical, passionné, sans concessions, et pourtant si plein de sagesse que personne n'y trouva rien à redire. Nous étions transportés de joie, d'amour et de fierté. Oui, ce jour-là, tous les Noirs des États-Unis étaient fiers de lui ! La foule l'acclamait, l'adulait. Ce discours et cette marche sur Washington ont marqué un tournant dans la lutte pour les droits civiques. Nous sommes en route pour la victoire, à présent. »

L'homme s'était animé. Son enthousiasme et la sincérité de son engagement pour l'égalité raciale ne faisaient aucun doute.

« Comment King en est-il venu à s'impliquer dans le mouvement pour les droits civiques ? demandai-je.

— Vous n'avez pas entendu parler du boycott des bus de Montgomery ? » s'exclama notre interlocuteur.

Il semblait choqué que nous en sachions si peu sur King alors que nous devions le rencontrer quelques heures plus tard.

« Ce n'est pas sérieux. Vous auriez pu vous préparer, tout de même ! ajouta-t-il d'un ton exaspéré.

— En fait, nous avons lu toute l'histoire dans les journaux, assurai-je d'un air contrit. Mais nous serions heureux de l'entendre une fois de plus. Ça nous rafraîchirait la mémoire, surtout si c'est vous, un militant noir, qui nous la racontez ! Alors… vous voulez bien nous en parler ?

— D'accord, dit-il gentiment. Je ne peux pas rester longtemps avec vous car je suis attendu à une réunion du mouvement pour les droits civiques, justement – nous sommes en train de planifier notre prochaine campagne –, mais je veux bien vous faire un résumé. Tout a commencé en décembre 1955, dans la ville de Montgomery, en Alabama, quand une femme nommée Rosa Parks a refusé de céder sa place à un voyageur blanc dans le bus. Il faut savoir que les bus de la ville étaient divisés en deux parties : les Blancs s'asseyaient à l'avant, les Noirs à l'arrière. Quand Rosa est montée dans ce bus, elle a vu une place libre dans la partie réservée aux Noirs, et elle s'y est assise. Mais le système de ségrégation raciale en vigueur dans cette ville stipulait que, si tous les sièges de la section réservée aux Blancs étaient occupés et qu'un Blanc montait dans le bus, il pouvait exiger qu'un des voyageurs noirs lui cède sa place. C'est incroyable, n'est-ce pas ? s'écria notre homme, visiblement bouleversé. Pouvez-vous imaginer un système plus inique ?

— Que s'est-il passé ensuite ? demandai-je.

— Un voyageur blanc est monté dans le bus. Comme tous les sièges étaient occupés, le chauffeur, qui était blanc, lui aussi, a ordonné à Rosa de se lever et de donner sa place au Blanc.

— Et Rosa n'a pas obtempéré ? dis-je.

— Bien sûr que non ! Elle a répondu qu'elle était fatiguée et qu'elle ne voulait pas se lever. Les autres voyageurs noirs n'en croyaient pas leurs oreilles. Mais le courage de Rosa les a incités à réagir : quand le chauffeur l'a forcée à descendre du bus, ils sont tous descendus, eux aussi. Le chauffeur en est resté sans voix : il ne s'attendait pas à ce qu'ils cautionnent tous une telle provocation ! »

L'homme devait partir, à présent. Mais nous brûlions d'entendre la suite… Nous fîmes de notre mieux pour le retenir en lui posant quelques questions supplémentaires.

« Est-ce ainsi que le fameux boycott a commencé ? s'enquit E. P. Menon.

— Oui, répondit-il. Lorsque le bus est reparti en laissant tous les passagers noirs sur le trottoir, Rosa Parks s'est exclamée : "Trop, c'est trop ! Il faut mettre un terme à ces humiliations. Cessons de prendre le bus jusqu'à ce que la compagnie change le règlement ! Pourquoi accepter de payer nos tickets au même prix que les Blancs, alors que nous n'avons pas les mêmes droits qu'eux ? Si nous continuons à nous taire, rien ne changera. Mais si dès aujourd'hui, dès ce soir, tous les Noirs de cette ville refusent de prendre le bus, alors nous pourrons les contraindre à changer de système. En tout cas, moi, je ne paierai plus pour ce mode de transport abject et discriminatoire !"

— Quelle a été la réaction des voyageurs noirs ? demandai-je. Étaient-ils d'accord avec elle ?

— Oui, tout le monde était d'accord pour boycotter la compagnie de bus. Le mot d'ordre s'est répandu dans les quartiers afro-américains comme une traînée de poudre. Ce soir-là, toute la communauté noire de Montgomery s'est dit : "Trop, c'est trop ! Nous préférons marcher."

— Et Martin Luther King ? dis-je. Pourquoi s'en est-il mêlé ?

— Il était normal qu'il intervienne, puisqu'il était pasteur d'une des églises baptistes du quartier noir. Il a tout de suite apporté son soutien au mouvement. Il s'est impliqué dans l'organisation de services de ramassage collectif, il a levé des fonds pour payer les taxis que les gens étaient parfois contraints d'emprunter, et il a pris la tête de la campagne de protestation contre la ségrégation raciale dans les bus. Rosa Parks et lui sont très vite devenus les figures de proue du mouvement.

— Combien de temps a duré ce boycott ?

— Trois cent quatre-vingt-un jours. Pendant toute l'année, des milliers de Noirs se sont rendus à pied à leur travail, à l'église, à l'école, à l'hôpital – ils ont tout fait à pied. La révolution était en marche ! On les voyait partout, sur les routes, sur les trottoirs. Ils chantaient des hymnes révolutionnaires ou religieux tout en marchant d'un bon pas. La plupart des bus de la ville ont dû rester au dépôt, puisque les Noirs représentaient l'essentiel de leur clientèle. C'était le mouvement le plus joyeux, le mieux organisé et le moins violent que l'Amérique ait jamais connu. Les autorités, les médias et l'opinion publique ont été pris de court. Ils n'arrivaient pas à croire que les Noirs étaient capables de mener une telle campagne avec autant de détermination !

— Quelle histoire ! commentai-je. Comment s'est-elle terminée ?

— Rosa Parks a d'abord été condamnée à une amende par une cour locale. Elle a fait appel de ce jugement et, après un an de procédure, la Cour suprême des États-Unis a déclaré que la ségrégation dans les bus était inconstitutionnelle. Les Noirs ont donc gagné la bataille juridique. Ils ont aussi remporté celle de l'opinion publique. Quand la Cour suprême a rendu son arrêt, le chauffeur qui avait porté plainte contre Rosa l'a accueillie dans son bus “désectorisé”. Cette réconciliation était une victoire supplémentaire pour Martin Luther King, qui prône la non-violence et la résolution pacifique des conflits.

— C'est une belle victoire, en effet… Pourtant, la discrimination continue, remarquai-je.

— Hélas, oui. Les préjugés raciaux dont nous souffrons depuis des siècles ne se dissiperont pas du jour au lendemain. Mais cette victoire nous a remplis d'espoir et de confiance en l'avenir. Les événements de Montgomery ont radicalisé notre mouvement. Martin Luther King et de nombreux autres militants ont été envoyés en prison à plusieurs reprises. Croyez-moi : notre lutte continue ! affirma calmement notre interlocuteur.

— Beaucoup de jeunes militants estiment pourtant qu'une justice repoussée est une justice refusée, dis-je. Pour eux, le choix de la non-violence n'est pas assez efficace : certains voyages en bus organisés pendant la campagne des *Freedom Rides* ont donné lieu à des explosions de violence de la part d'étudiants révolutionnaires. Malcolm X, Stokely Carmichael et la plupart des leaders du Black Power se démarquent clairement de la position adoptée par King. Et vous, monsieur, qu'en pensez-vous ?

— Ils n'ont pas complètement tort, convint-il avec un large sourire. Posez donc la question à M. King : il vous répondra bien mieux que moi. Je dois vous quitter, à présent. Je suis déjà en retard ! »

L'heure tournait pour nous aussi. Nous quittâmes le café quelques minutes plus tard et nous rendîmes sans encombre au siège social de la *Southern Christian*

Leadership Conference, que présidait M. King. Une jeune femme vint nous accueillir dans le hall. Vêtue avec décontraction, elle arborait une coiffure d'une grande élégance : ses cheveux nattés avec soin attirèrent mon attention tandis qu'elle nous précédait jusqu'au bureau de Martin Luther King. Les lieux étaient sobrement meublés. King se leva pour nous saluer, un sourire chaleureux aux lèvres. En costume-cravate bleu et chemise blanche, il dégageait un charisme impressionnant. Il venait de remporter le prix Nobel de la paix, et le *Time Magazine* l'avait élu homme de l'année. Comment n'aurais-je pas été intimidé ? Je le fus – l'espace de quelques secondes seulement. Car King engagea la conversation avec tant de simplicité et de courtoisie que nous oubliâmes vite notre gêne initiale.

« Je suis fasciné par votre exploit ! nous confia-t-il. Êtes-vous vraiment venus d'Inde à pied, sans le moindre sou en poche ? Comment avez-vous fait ? Avez-vous mendié pour manger et dormir à l'abri ?

— Nous avons conçu ce voyage comme un pèlerinage pour la paix. En tant que pèlerins, nous avons appris à faire preuve de patience. Nous attendons que quelqu'un nous offre de l'aide, le gîte ou le couvert. Et nous prenons toujours moins que ce qui nous est offert.

— Vraiment ? Comment y parvenez-vous ?

— Chaque fois que nous arrivons quelque part, nous cherchons d'abord à nouer contact avec les habitants et, plutôt que de leur demander quoi que ce soit, nous leur offrons ce que nous pouvons leur offrir : nous leur donnons du temps et de la présence ; nous partageons avec eux nos histoires et nos chansons, et nous nous intéressons sincèrement à eux. Ils commencent alors à nous poser des questions, à nous demander qui nous sommes, d'où nous venons, pourquoi nous voyageons à pied et sans argent. Dans la plupart des cas, nos explications suffisent à susciter leur générosité : ils se sentent en confiance et nous offrent leur aide. Après avoir marché pendant deux ans et traversé une dizaine de pays, nous sommes parvenus à la conclusion que les hommes sont les mêmes d'un bout à l'autre de la planète. Ils se montrent naturellement secourables, quels que soient leur pays, leur culture et leur religion. L'hospitalité est la règle ; l'hostilité est l'exception.

— Avez-vous employé des méthodes particulières pour venir à bout de la méfiance que peuvent susciter les étrangers ? s'enquit Martin Luther King avec curiosité.

— Non, dis-je. Il n'y a pas de méthodes précises : le pèlerinage est un processus de création permanent. Chaque jour apporte son lot de surprises... La confiance est l'élément clé. C'est peut-être la seule "méthode" à suivre, d'ailleurs ! Nous n'avons jamais laissé le doute s'immiscer dans nos cœurs. Nous pensions toujours que quelqu'un finirait par nous venir en aide.

— Il y a certainement eu des jours où personne ne vous a aidés, répliqua King. Qu'avez-vous fait, alors ?

— C'est arrivé, en effet. Mais nous n'avons pas considéré ces jours-là comme de mauvais jours : nous y avons vu une occasion de jeûner ou de dormir à la belle étoile. Les pèlerins considèrent les difficultés comme un cadeau, au même titre que les événements heureux qui peuvent égayer ou faciliter leur voyage. Rien n'est permanent. Tout passe : le bonheur comme le malheur », dis-je en guise de conclusion.

Je laissai passer un silence, avant de reprendre :

« Nous sommes venus pour vous poser des questions et vous demander conseil. Nous aimerions connaître votre opinion sur la paix dans le monde et le meilleur moyen de la promouvoir.

— La course aux armements est le fait de quelques États puissants et solides qui se livrent une guerre technologique sans merci, répondit Martin Luther King. Ils inventent, fabriquent et achètent sans cesse de nouveaux modèles d'armes – plus rapides, plus mortelles que les précédentes – dans l'espoir de surpasser définitivement leurs rivaux. Une telle course ne peut que nous mener à la catastrophe. "Œil pour œil finira par rendre le monde aveugle", poursuivit-il en citant Gandhi, dont le portrait était accroché au mur. C'est pourquoi j'invite nos gouvernements à remplacer la course aux armements par une course pour la paix. Que toutes les nations du monde se mettent au défi d'inventer des moyens plus rapides et plus perfectionnés de faire la paix !

— Comment passerons-nous d'un mode de pensée belliciste à une compétition pacifique ? s'enquit E. P. Menon.

— En révisant nos priorités, expliqua King. Les États-Unis étant le pays le plus riche et le plus puissant du monde, il leur incombe de montrer l'exemple et d'expliquer aux autres nations que la poursuite de la paix doit l'emporter sur la poursuite de la guerre. Inutile d'avoir fait de longues études pour comprendre que la paix est la clé de la sécurité entre les nations. Nous ne résoudrons pas nos différences en nous battant, en nous lançant des bombes incendiaires ni en remplissant nos maisons de veuves et d'orphelins. Nous avons des missiles guidés, certes, mais nos hommes politiques, eux, se trompent sérieusement de guides ! »

Ses arguments me parurent convaincants. Il s'exprimait clairement, de manière simple et directe. Je renchéris sur sa dernière phrase en disant :

« Tous les hommes politiques que nous avons rencontrés pendant notre voyage nous ont affirmé qu'ils étaient pour la paix. À les entendre, les conflits sont toujours la faute des autres !

— Ils ne gagneront rien à ce petit jeu. Leur attitude est d'autant plus irresponsable que l'avenir de la planète en dépend : la menace qui pèse sur l'humanité depuis l'avènement de la bombe est telle qu'il nous faut désormais choisir entre non-violence et non-existence. Soit nous apprenons à vivre les uns avec les autres, soit nous périrons tous comme des idiots.

— Vous venez de mentionner la non-violence. Se confond-elle, dans votre esprit, avec la paix, ou recouvre-t-elle une idée plus large ? demandai-je.

— La paix telle que je la conçois ne se limite pas à l'absence de guerre. Elle englobe la justice, l'équité et l'instauration d'un ordre social non violent. Je considère la non-violence comme une force morale capable de transformer les individus et les sociétés, et de promouvoir la paix. En ce sens, la paix et la non-violence sont des concepts extrêmement proches – de vrais jumeaux, en fait.

— Quelles sont, d'après vous, les caractéristiques les plus remarquables de la non-violence ?

— Elle ne vise jamais à humilier ou à anéantir l'opposant, l'oppresseur ou le prétendu "ennemi", mais, au contraire, à gagner son amitié, à faire progresser la compréhension mutuelle afin de parvenir à la réconciliation. Il n'y a pas de perdant : les deux parties sont gagnantes. La non-violence cherche autant à libérer l'opprimé que l'oppresseur.

— Certains militants de la cause noire considèrent la non-violence comme une forme de faiblesse, remarquai-je.

— Ils se trompent, répliqua-t-il fermement. Si je vous frappe et si vous me frappez en retour, je vous frapperai encore, vous ferez de même, et ainsi de suite. Cela peut durer des années ! Il faut être fort et courageux pour briser la chaîne de la haine. L'amour et la non-violence requièrent une force morale, une discipline et une dignité extraordinaires. Je suis non violent, certes ! Mais je ne suis ni passif ni pleutre. Je ne me soumets pas à l'injustice. Les méthodes non violentes me paraissent plus efficaces que d'autres pour transformer la société en profondeur parce qu'elles n'ont pas d'effets négatifs. J'ai donc toujours tenu à ce que nous luttions de manière non violente pour l'obtention de nos droits civiques.

— Quel est aujourd'hui le principal obstacle à la réussite de votre mouvement ?

— Contrairement à ce que l'on pourrait penser, nous ne craignons pas tant l'opposition frontale de groupes racistes comme le Ku Klux Klan que l'opposition insidieuse des Blancs modérés qui préfèrent l'ordre à la justice. Ces derniers préfèrent avoir la paix – une forme désolante de paix – en se voilant la face, en faisant comme si les tensions n'existaient pas, plutôt qu'en affrontant la réalité des faits. Ils ne veulent pas entendre parler des exactions qui sont commises à l'encontre des Noirs de ce pays ! Pourtant une injustice est une injustice, ici comme ailleurs. Les opprimés n'ont que trop attendu leur libération. Le discours des Blancs modérés qui nous incitent à la paix, mais surtout à l'ordre et à l'harmonie, masque une réalité sordide : celle du racisme ordinaire, solidement ancré dans les mentalités. Aussi progressistes soient-ils, ces

Blancs font toujours passer l'ordre social avant la justice, comme si le premier entraînait automatiquement l'apparition de la seconde. Or nous savons que la justice ne sera pas pour demain si nous ne l'instaurons pas aujourd'hui. C'est elle qui permet de rétablir l'ordre, pas l'inverse. »

King laissa passer un bref silence, avant d'ajouter d'un ton facétieux :

« Nous voulons être les frères des Blancs, pas leurs beaux-frères !

— Les modérés misent sur un changement en douceur, commentai-je.

— Je suis d'accord avec eux sur ce point : l'évolution doit se faire "en douceur" ; à condition qu'elle se fasse réellement ! Nous voulons que les choses changent rapidement et concrètement. Si l'Amérique continue de juger certains de ses enfants non sur leurs talents ou leur force de caractère, mais sur la couleur de leur peau, ces enfants finiront par réagir. Ils troubleront l'ordre public et enfreindront les lois. Les rassemblements tourneront à l'émeute. Qu'est-ce qu'une émeute, d'ailleurs, sinon le cri de ceux qui ne sont pas entendus ? Les opprimés finissent toujours par se soulever ; parce qu'ils n'en peuvent plus, tout simplement. Nous qui affrontons l'injustice au quotidien, nous savons que le silence et la soumission sont une forme de trahison : en obéissant aux lois iniques de ce pays, nous trahissons l'amour. La non-violence n'appelle pas au silence. Mieux vaut mourir pour la justice que de se soumettre à un ordre injuste. »

Soucieux de dissiper tout malentendu, King poursuivit :

« Je suis partisan d'une rébellion non violente. Je veille à ce que personne, pas même les groupuscules les plus racistes, ne nous pousse à la haine. Ce serait tomber bien bas, vous ne croyez pas ? Nous devons apprendre à aimer nos adversaires tout en réclamant la fin des injustices qu'ils nous font subir. L'équilibre est fragile, mais il faut le trouver. Les Saintes Écritures nous y invitent. Et le Mahatma Gandhi a prouvé au monde entier que cet équilibre n'était pas une chimère : il a mené l'Inde à l'indépendance sans effusion de sang. Notre démarche est la même. Nous sommes en train de prouver qu'il est possible de conquérir la justice sans violence, avec l'amour pour seule arme. »

La porte s'ouvrit brusquement derrière nous. La jeune femme qui nous avait accueillis un moment plus tôt – celle dont j'avais admiré la coiffure – rappela à Martin Luther King qu'il devait se rendre à une réunion. Nous dûmes mettre fin à notre entretien, mais nous le quittâmes heureux, profondément émus d'avoir pu bénéficier de la sagesse de cet homme extraordinaire.

17

Progrès et pauvreté

Même lorsque j'étais enfant, j'étais frappé de terreur quand j'entendais quelqu'un dire que pour mener une vie agréable il fallait être riche.

Bertolt BRECHT

J'ai rencontré Ernst Friedrich Schumacher en 1968. Ses idées étaient tout aussi opposées à celles de Bertrand Russell que l'étaient celles de Martin Luther King. En lisant son essai sur l'économie bouddhiste, j'avais aussitôt pensé : enfin quelqu'un qui parle en même temps la voix de la sagesse et celle de la raison ! Cet ouvrage m'avait permis de comprendre que la vision holistique du monde n'était pas réservée aux philosophies orientales, et que le rationalisme n'était pas le seul fait des Occidentaux. J'éprouvais en compagnie de Fritz Schumacher des émotions semblables à celles que j'avais connues en lisant Gandhi ou en accompagnant Vinobâ dans sa longue marche. Pourtant, Schumacher n'avait rien d'un gurû indien : il était profondément ancré dans la tradition intellectuelle occidentale.

Très vite, il m'a semblé intéressant de le comparer à M. Nehru, le premier chef de gouvernement de l'Inde indépendante, qui cherchait, lui, à « occidentaliser » le mode de vie indien. Il m'est alors clairement apparu que Nehru était, d'un point de vue idéologique, bien plus proche de Bertrand Russell que de Fritz Schumacher. Dans un premier temps, Nehru avait accepté de s'allier avec Gandhi car sa popularité et le succès croissant de ses campagnes servaient leur but commun : l'indépendance de l'Inde. Mais la non-violence n'était rien de plus pour lui qu'une tactique destinée à renverser le pouvoir britannique. Dès son arrivée au pouvoir, Nehru s'est conformé au modèle économique occidental en prônant une industrialisation et une militarisation rapides de l'Inde. Délaissant les idéaux de Gandhi, qui avait tant appelé à la paix, à la simplicité et à l'instauration d'un ordre social non violent, Nehru s'est mis à considérer les villageois indiens, les fermiers et les artisans comme les représentants les plus frustes d'une classe arriérée, tandis que le modèle occidental devenait à ses yeux le symbole ultime du développement.

Nehru voulait « civiliser » l'Inde. C'était son grand projet. Parce qu'il était naturellement enclin à une vision rationaliste et technologique du monde moderne, il confondait civilisation et occidentalisation. Ces deux termes lui paraissaient synonymes. Selon lui, le seul avenir possible pour l'Inde résidait dans sa modernisation : il fallait mettre l'économie aux normes occidentales dans tous les domaines. Un pays sans voitures, sans avions, sans aciéries et sans barrages hydrauliques était un pays « sous-développé ». Il décréta que l'industrie lourde et les grands barrages, symboles de progrès, seraient les « nouveaux temples » de l'Inde. En conséquence, les temples hindous devinrent les symboles du retard culturel et de la superstition qui régnaient dans les campagnes.

La culture, la littérature et l'architecture traditionnelles, vieilles de plusieurs millénaires, furent balayées. Balayées aussi la mythologie, la philosophie et la musique ! Balayés l'artisanat et les techniques ancestrales d'agriculture ! Ces joyaux du patrimoine indien furent déclarés obsolètes, tandis qu'on exaltait l'air conditionné, les réfrigérateurs, les télécommunications et la production massive de biens de consommation. Gandhi encouragea Nehru à favoriser la production *par* les masses, plutôt que la production de masse. « L'Inde est le pays des masses, affirmait-il. L'industrialisation, la mécanisation et l'automatisation mettront des millions d'artisans, de cultivateurs et d'ouvriers au chômage. Pourquoi recourir au pétrole quand on peut recourir à l'énergie humaine ? Pourquoi préconiser la puissance électrique au détriment de la puissance musculaire ? » Nehru resta sourd à ses arguments. Le 15 août 1947, l'Inde accéda à l'indépendance. Gandhi fut assassiné cinq mois plus tard. Nommé à la tête du pays, Nehru l'engagea rapidement sur la voie de l'occidentalisation.

La notion de sous-développement fit son apparition après la Seconde Guerre mondiale. Le président Truman l'employa pour la première fois lors d'un discours à l'ONU, séparant clairement le monde en deux zones distinctes : les pays développés et les pays sous-développés. Or ceux qu'il définissait comme « développés » étaient pour la plupart peuplés d'hommes blancs, tandis que ceux qu'il qualifiait de « sous-développés » étaient presque tous peuplés d'hommes de couleur. Un nouveau concept était né, et le mot « développement » prit un sens complètement différent de celui qu'on lui connaissait jusqu'alors.

À partir de cette date, il ne fut plus employé que pour décrire l'avancement économique et industriel d'un pays, d'une région ou d'un secteur. On décida que tout ce qui était produit par l'homme devait être industrialisé : nourriture, vêtements, logement, etc. Les méthodes et le mode de vie des artisans, des paysans et des petits commerçants furent taxés de rétrogrades et d'inefficaces. On les railla. On les accusa d'être peu rentables et générateurs de pauvreté. La croissance économique remplaça les anciens dieux ; les économies d'échelle se muèrent en religion ; et les agences pour le développement se firent les missionnaires du matérialisme triomphant.

Les chantres du développement économique se chargèrent d'en vanter les bienfaits : outre l'éradication de la pauvreté, il s'accompagnerait nécessairement d'une hausse du niveau de vie, d'un confort accru, de l'accès de tous à l'électricité et à l'eau courante, d'une réduction du temps de travail au profit d'une augmentation des loisirs, d'une mobilité permanente, de distractions constantes et variées. Telles étaient les carottes. La menace d'être distancé par d'autres et exclu de la table des négociations qu'occupaient les leaders des pays occidentaux était le bâton. Nehru, comme la plupart des chefs de gouvernement et des capitaines d'industrie des pays « sous-développés », ne résista pas à l'appel. Les promesses étaient trop alléchantes et les menaces trop convaincantes pour qu'il s'y dérobe.

Bien qu'occidental, l'économiste Fritz Schumacher s'opposait fermement à cette conception du développement. Adepte du *Small is beautiful*, il préconisait l'instauration d'une économie holistique et décentralisée, et dénonçait vigoureusement l'incapacité des modèles de développement occidentaux à tenir leurs promesses dans les pays du Sud. Dès la fin des années 1960, il lui avait semblé évident que les projets de développement lancés quelques décennies plus tôt bénéficiaient principalement aux pays occidentaux – et, dans une moindre mesure, aux classes dirigeantes de ceux qu'on appelait les « pays sous-développés ». Fondé sur le développement accéléré du secteur industriel, le modèle économique qui leur était proposé se révélait onéreux, dispendieux en énergie et en ressources naturelles, polluant, et totalement inapte à réduire la pauvreté. Le « développement » tant vanté par les Nations unies mettait en péril le métier et le mode de vie de la majeure partie des habitants de l'hémisphère Sud.

En Occident aussi, l'industrialisation avait d'abord servi la bourgeoisie et les classes dirigeantes : les riches s'étaient enrichis, tandis que les pauvres enduraient une vie misérable ; les usines avaient donné naissance à la classe ouvrière, et de nombreux petits paysans avaient perdu leur gagne-pain. Le niveau de vie des catégories sociales les plus défavorisées ne s'était accru que lorsque l'Occident avait commencé à recourir à la main-d'œuvre abondante et sous-payée du « tiers-monde », et à importer de ces mêmes pays des matières premières, des denrées et des biens de consommation courante à bas prix. Après la Seconde Guerre mondiale, les grandes puissances avaient également trouvé dans l'hémisphère Sud de nouveaux débouchés pour leurs produits : ils avaient commencé à y vendre des vêtements, des voitures, des tracteurs, des postes de télévision, du tabac, du Coca-Cola, des pesticides, des engrais chimiques et, moins ouvertement, des armes. L'échange de richesses a toujours été en défaveur du Sud. La fin du colonialisme n'y a rien changé.

Je suis même certain que l'avènement de l'économie de marché n'a fait qu'intensifier ce déséquilibre en générant une nouvelle forme de domination : le colonialisme économique.

Le succès planétaire de *Small is beautiful*[1], paru en 1973, a permis à Fritz Schumacher de révéler ces faits au grand public. Et de souligner le caractère extrêmement néfaste de l'économie de marché, qui appauvrit encore les pays pauvres et réduit la qualité de vie de la population mondiale tout en sapant les bases de la spiritualité occidentale. Car le libre-échange, qui consiste surtout à faire main basse sur les pays pauvres, amoindrit aussi l'intégrité des auteurs de la razzia.

Dès 1966, conscient qu'une économie dénuée d'éthique, de morale et de valeurs spirituelles s'apparente « au sexe sans amour », Schumacher prônait à la mise en place de ce qu'il appelait l'économie bouddhiste. La quête de l'argent pour l'argent n'est qu'une forme déguisée de prostitution. L'obsession du confort et du bien-être pousse les sociétés occidentales à la faillite morale, tout en détruisant l'environnement et les pratiques culturelles traditionnelles.

Schumacher s'est également interrogé sur la manière dont les mots « richesse » et « pauvreté » ont été détournés de leur sens par les partisans de la croissance économique. D'après lui, la « fortune » se limite désormais à la possession d'argent et de biens matériels. Tout ce qui peut réellement enrichir notre vie – le temps passé en famille ou en société, les heures consacrées à l'amitié, à la contemplation et à la célébration des beautés de la nature – est maintenant

1. Traduit en français par Danielle Day, William Day et Marie-Claude Florentin sous le titre *Small is beautiful : une société à la mesure de l'homme*, Le Seuil, Paris, 1978.

sacrifié au nom du profit financier. « Une société qui se croit riche alors qu'elle souffre de pauvreté spirituelle vit dans l'illusion la plus complète », affirmait-il.

Le mot « pauvreté » a été détourné de son sens, lui aussi : il n'est pas synonyme de misère ou de famine, comme son acception contemporaine nous incite à le penser. Loin d'être subie, la pauvreté résultait initialement d'un choix volontaire : était « pauvre » celui qui renonçait à tout bien superflu et acceptait de mener une vie simple. Cette conception apparaît aussi dans la tradition chrétienne : en faisant vœu de pauvreté, les membres du clergé s'astreignent à une simplicité absolue. Rappelons également que la première béatitude évoquée par le Christ lors du Sermon sur la montagne concerne la pauvreté : « Heureux les pauvres de cœur : le royaume des cieux est à eux. » Plus tard, après avoir rencontré un jeune homme riche, Jésus affirme à ses disciples qu'il est « plus facile à un chameau de passer par le trou d'une aiguille qu'à un riche d'entrer dans le royaume de Dieu ». Fils d'un marchand prospère, saint François d'Assise rompt avec sa famille et se défait de tous ses biens pour épouser « Dame Pauvreté ». Bouddha, qui était fils de roi, troque son palais, ses chevaux, ses éléphants, ses domestiques et son titre contre un bol à aumônes et un bâton de pèlerin. Mahâvîra renonce lui aussi à sa couronne pour aller chercher l'Éveil.

Au XIXe siècle, les shakers associaient volontiers simplicité et liberté. « C'est un don d'être simple, c'est un don d'être libre ! » chantaient-ils. Leurs traditions et leur mode de vie, d'une élégante simplicité, sont porteurs de liberté pour l'esprit et témoignent d'une véritable démarche esthétique.

Plus récemment, le Mahatma Gandhi a abandonné son costume d'avocat pour s'enrouler dans un simple pagne de coton. Lorsqu'il vint à Londres pour y rencontrer le roi d'Angleterre, un journaliste lui demanda s'il n'avait pas l'intention de s'habiller plus convenablement avant de se rendre à Buckingham Palace. Ce à quoi il répondit : « Ne vous inquiétez pas : le roi sera assez vêtu pour nous deux ! » Churchill eut beau le dénigrer en le qualifiant de « fakir à moitié nu », Gandhi faisait l'admiration de millions d'hommes et de femmes à travers le monde.

Les rationalistes occidentaux ont un goût très prononcé pour la classification. Ils ont divisé les peuples et les pays du monde en catégories bien distinctes : développés ou sous-développés, riches ou pauvres, civilisés ou primitifs, éduqués ou illettrés, et ainsi de suite. Ces catégories seraient peut-être acceptables si elles servaient à mieux comprendre le monde, mais elles sont surtout employées pour le hiérarchiser : en toute logique, mieux vaut être riche que pauvre, développé que sous-développé. Forts de cette certitude, les pays riches et développés s'arrogent le droit d'imposer leur exemple – leur monoculture, suis-je tenté de dire – au reste du monde, en générant chez les pauvres un terrible complexe d'infériorité.

Pourtant, des peuples entiers ont vécu pendant des siècles dans la plus grande simplicité sans jamais se considérer comme « pauvres », « sous-développés » ou « primitifs ». J'ai moi-même grandi au sein d'une famille qui se passait fort bien du confort généralement associé au « développement » économique : nous n'avions pas l'eau courante, certes, mais nous ne pensions pas que nous étions pauvres ! Ce que nous *étions* nous importait plus que ce que nous *avions*.

De nombreuses sociétés tribales et paysannes ont vécu et vivent encore à l'abri des guerres, de la corruption, de la pollution, des armes nucléaires, des explosions démographiques, de la lutte des classes et de la toxicomanie. Nous estimons pourtant qu'elles sont déshéritées et sous-développées. L'idéologie matérialiste répandue par les puissances occidentales apprend à ces gens qu'ils sont « pauvres » et qu'ils doivent se considérer comme tels. Elle les incite à se battre pour être riches. Les pays prétendument développés inondent le monde de publicités et d'images qui donnent aux habitants du Sud l'impression d'être inférieurs, médiocres et privés de tout. J'ai souvent le sentiment d'assister à une véritable conspiration destinée à saper les cultures traditionnelles – locales, simples et agraires – et leur modèle économique.

L'idéologie dominante selon laquelle « il faut être riche pour être heureux » est martelée sans relâche d'un bout à l'autre de la planète. Le niveau de développement d'un pays dépend de l'augmentation du revenu disponible de ses habitants. Nos gouvernements se livrent à une compétition féroce pour tenter d'augmenter le revenu moyen de leurs administrés. L'accroissement de la masse monétaire est devenu l'horizon unique de tous les projets de développement.

Schumacher distingue nettement ce qu'il appelle la « richesse éphémère » de la richesse permanente ou éternelle : la première, explique-t-il, ne concerne que le *niveau* de vie ; la seconde s'attache à la *qualité* de la vie : « Si la fortune éphémère s'accompagne toujours d'une surabondance de biens matériels, elle se traduit souvent par une véritable disette de biens immatériels, les "riches" se vautrant dans un excès de nourriture, de boissons et de distractions offertes dans des lieux sordides, malsains et repoussants ; à l'inverse, la fortune permanente se caractérise par une frugalité matérielle et une abondance de biens immatériels, les "pauvres" consommant des produits simples et sains dans un cadre modeste, mais digne. […] Les sociétés industrielles modernes mettent l'accent sur les biens éphémères et le plaisir le plus immédiat tout en négligeant cruellement les biens permanents. […] De nombreuses sociétés préindustrielles nous ont pourtant légué une culture de premier plan en agissant de façon inverse.

» De nos jours, les pays les plus riches puisent de manière si éhontée dans les ressources mondiales, créent des menaces écologiques d'une telle ampleur et génèrent tant de névroses au sein de leur population qu'ils ne peuvent nullement servir de modèles à ceux qu'ils qualifient de "pays sous-développés" ou de "pays en voie de développement", dont les habitants représentent les deux tiers ou les trois quarts de la population mondiale. L'échec de la société de consommation actuelle – échec patent, bien qu'il soit farouchement nié par les tenants du matérialisme pur et dur – ne doit pas être attribué à la consommation en tant que telle, mais à une erreur de jugement consistant à surévaluer l'éphémère et à sous-évaluer l'éternel. Pourtant, et ce n'est pas surprenant, l'excès de biens éphémères ne pourra jamais compenser l'absence de biens éternels [1]. »

Schumacher a compris que les besoins réels de l'homme – ce dont il a vraiment besoin pour vivre – sont peu nombreux. C'est en se fondant sur cette certitude qu'il s'est fait l'avocat de la simplicité. D'après lui, les besoins de l'espèce humaine, qui sont limités, doivent et peuvent être satisfaits. En revanche, leurs désirs, qui sont illimités, ne peuvent être comblés. À l'heure actuelle, les riches courent après leurs désirs

---

1. Extraits de « Conscious Culture of Poverty » tirés de *This I Believe*, paru chez Green Books en 1997. *(Note de l'auteur.)*

pendant que les pauvres s'efforcent de satisfaire leurs besoins.

Si nous parvenions à redéfinir nos priorités, la pauvreté ne serait plus un problème, mais une *solution* aux problèmes que pose la surconsommation : le véritable problème, insiste Schumacher, n'est pas la pauvreté, mais l'injustice sociale, l'exploitation de l'homme par l'homme, la consommation effrénée et le pillage des ressources naturelles – autant de fléaux que perpétuent les riches, non les pauvres. Peut-être en serions-nous conscients si les plus fortunés d'entre nous ne détournaient pas notre attention en évoquant les « démunis » et les « déshérités » avec tant d'insistance que nous en venons, nous aussi, à les considérer comme un problème. Les pays riches financent l'aide internationale comme on jette des miettes aux moineaux : pour apaiser leur conscience, pour se donner l'impression d'avoir « fait ce qu'il fallait ». Et pour prévenir toute tentative de révolte de la part des pays pauvres, alors qu'ils continuent d'amasser toujours plus d'argent et d'accumuler toujours plus de pouvoir. Il est urgent de changer de méthode. Au lieu d'aider les pays pauvres, au lieu de faire semblant de « donner » aux plus démunis, les riches devraient cesser de les piller. Ils devraient laisser aux pauvres l'usage de leurs terres, de leurs outils, de leurs modèles économiques, de leurs traditions, de leurs forêts et de leurs zones de pêche.

Il faut que nous changions d'attitude envers les pauvres. Dès que nous commencerons à nous comporter autrement, les relations que nous entretenons avec eux, et même la façon dont nous parlons d'eux, s'en trouveront modifiées. Et *tout* pourra changer.

Tant que nous accorderons une importance excessive à l'argent et à l'accumulation de biens matériels, tant que nous penserons que la fortune définit le statut social, l'argent corrompra nos vies et le sens de nos actes. Mais, si nous mettons l'accent sur la créativité, sur les relations humaines, sur la beauté et le plaisir esthétique, sur les arts et la culture, sur la vie sociale et spirituelle, l'argent passera automatiquement au second plan.

Les pauvres sont durs à la tâche. Ils ont les compétences nécessaires pour cultiver un lopin de terre, bâtir une maison, tisser des vêtements, se faire des chaussures et fabriquer leurs outils, mais les riches et les puissants se sont emparés de toutes leurs ressources. Ils détiennent la terre. Ils possèdent les forêts et contrôlent les zones de pêche. Au lieu d'aider les pauvres, les riches devraient cesser de leur interdire l'accès à leurs moyens de subsistance. Au lieu de leur imposer une technologie complexe, onéreuse et sophistiquée, ils devraient respecter les outils simples et efficaces que les pauvres utilisent depuis des siècles.

Schumacher parle à leur propos de technologies intermédiaires ou appropriées.

L'élite internationale élabore sans cesse de nouvelles « solutions high-tech » qu'elle vend aux populations du Sud. Ceux qui n'ont pas les moyens de se les procurer s'exposent au mépris que suscitent leurs vieux outils. Les techniques ancestrales dont dépendait leur gagne-pain sont jugées dépassées. Tout ce qui est fait à la main devient un luxe ou tombe en désuétude.

« Comment susciter le changement dont tu parles ? demandai-je un jour à Fritz Schumacher. Par où faut-il commencer ?

— Il faut d'abord que les gens changent d'avis et de comportement. Notre époque fait passer l'économie et la richesse matérielle avant tout. Les valeurs durables et les biens immatériels sont relégués au second plan. Nous devons inverser nos priorités ! » conclut-il.

Il marqua une courte pause, avant d'illustrer son propos de la manière suivante :

« Il était une fois deux moines. Fumeurs invétérés, ils se demandaient comment concilier les exigences de leur vie religieuse avec leur amour du tabac. Pouvaient-ils méditer et fumer en même temps ? Aucun d'eux ne parvenant à trancher, ils décidèrent de s'en remettre à l'abbé. Le premier moine alla le trouver, lui posa la question et ressortit de la chambre. Le second fit de même. Ils se retrouvèrent peu après pour confronter les réponses obtenues. "Alors, que t'a dit l'abbé ?" demanda le second moine au premier. "Il m'a répondu : Non, non, jamais. Ne fais jamais ça". "Ah bon ? Comme c'est bizarre !" "Pourquoi ? Que t'a-t-il dit, à toi ?" "Il m'a répondu : Bien sûr. C'est très bien. Continue comme ça." Le premier moine haussa les sourcils. "C'est bizarre, en effet. Comment peut-il y avoir deux réponses différentes à une même question ?" Le second moine réfléchit un instant, puis il reprit : "Quelle question lui as-tu posée, exactement ?" "Je lui ai demandé si je pouvais fumer tout en priant ou en méditant. Et il m'a répondu : Non, non, jamais. Ne fais jamais ça. Et toi, que lui as-tu demandé ?" "Moi, je lui ai demandé si je pouvais méditer et prier tout en fumant. Il m'a répondu : Bien sûr. C'est très bien. Continue comme ça !"

» Dans cette histoire, m'expliqua Fritz, les valeurs durables sont représentées par la prière et la méditation. Lorsque nous nous laissons distraire par les biens matériels, nous ressemblons au premier moine, dont la prière est troublée par la cigarette. Dans ce cas, le fait de fumer relègue la prière au second plan. En revanche, lorsque nous cherchons un sens spirituel à notre activité tout en gagnant notre vie, nous ressemblons au second moine, puisque, dans son cas, la méditation l'emporte sur la cigarette. Comme lui, nous parvenons alors à transcender l'éphémère pour atteindre l'éternel. »

En 1975, après quatre années passées en Angleterre, je décidai de rentrer en Inde. Mon pays et mes racines me manquaient. La saveur sucrée des mangues, la douceur des papayes, les hivers presque chauds et la fraîcheur des pluies d'été, les sommets himalayens et les grandes plaines fertiles m'appelaient.

Lorsque je confiai mon projet à Fritz, il fut consterné. Nous étions devenus très proches, lui et moi. Je lui rendais fréquemment visite chez lui, à Caterham, où je l'aidais à moudre sa ration hebdomadaire de farine – il utilisait pour cela un moulin manuel Samap fixé sur son plan de travail. Notre tâche accomplie, nous nous lancions dans d'interminables conversations tandis que le pain levait ou qu'il brunissait dans le four. S'il faisait beau, nous passions l'après-midi à arracher les mauvaises herbes du jardin, à faire du compost ou à planter de jeunes pousses. Parfois, nous allions simplement nous promener dans la campagne environnante. Tout en marchant, nous confrontions nos idées et nos points de vue sur l'écologie, la spiritualité, l'agriculture biologique ou la philosophie holistique.

« Écoute, Satish, me dit-il lorsque je lui annonçai mon départ, il y a beaucoup de gandhiens en Inde, mais très peu en Angleterre. Tu ferais mieux de rester ici. Là-bas, tu ne manqueras à personne, alors qu'ici tout le monde te regrettera ! »

De toute évidence, ma décision de rentrer en Inde, qui m'obligeait à quitter mon poste au sein du magazine *Resurgence*, qu'il avait fondé, ne lui plaisait pas.

« En plus, tu insuffles un esprit très particulier à *Resurgence* – un mélange d'Orient et d'Occident qui le rend unique en son genre. Si la rédaction était dirigée par un Anglais, le magazine risquerait de se banaliser. Alors… es-tu vraiment sûr de vouloir partir ? »

Quelques semaines plus tard, Indira Gandhi déclarait l'état d'urgence en Inde. De nombreux opposants, dont mes amis J. P. Narayan et Siddharaj Dhadda, furent arrêtés et jetés en prison. Mon nom étant associé aux leurs par le gouvernement, je risquais de subir le même sort sitôt arrivé chez moi. Inquiets, mes amis indiens me suggérèrent de rester en Angleterre, d'où je pourrais mener activement campagne pour le rétablissement de la démocratie en Inde.

Je pesai longuement le pour et le contre, et finis par me ranger à l'avis de Fritz. J'ai donc renoncé à rentrer en Inde, mais j'y séjourne de temps en temps pour me nourrir l'esprit, militer pour les causes auxquelles je crois et glaner de nouvelles idées en matière d'écologie. J'évoquerai certains de ces voyages, sources d'inspiration ou de déception, dans la troisième partie de cet ouvrage.

TROISIÈME PARTIE

Voyages en Inde

Des langues dans les arbres […], des sermons dans les pierres et le bien dans chaque chose.

William SHAKESPEARE

And the time will come when you see we're all one
And life flows on within you and without you.

George HARRISON [1]

1. Paroles de la chanson « Within You, Without You » composée en 1967 par George Harrison pour l'album *Sgt Pepper's Lonely Hearts Club Band* des Beatles.

18

L'islam, une religion de paix

« Quelle est, d'après vous, l'essence de l'islam ? demandai-je au grand érudit islamique indien Wahiduddin Khan lors d'un séjour à New Delhi.

— Permettez-moi de répondre à votre question par un épisode de la vie du Prophète. Un jour, un inconnu l'aborda en ces termes : "Je suis un homme simple. Je ne comprends rien à la théologie ni à la philosophie, mais j'aimerais suivre votre enseignement. Pourriez-vous me donner un seul principe qui me permettrait de régir tous les aspects de ma vie ?

— Quoi qu'il arrive, ne te mets jamais en colère", répondit le Prophète.

» C'est aussi la réponse que je ferai à votre question, reprit le Maulana Wahiduddin à mon intention. L'essence de l'islam ne se trouve pas dans des traités théoriques ou philosophiques, mais dans notre vie de tous les jours. En évitant de nous mettre en colère, nous servons Dieu et les hommes tout en cultivant notre paix intérieure. Mais il ne suffit pas de garder son calme lorsque les circonstances s'y prêtent : le Prophète nous invite à éviter tout mouvement de colère "quoi qu'il arrive". Autrement dit, nous ne devons céder à la violence en aucun cas, même si notre interlocuteur nous provoque et, nous insulte, même s'il est en désaccord avec nous et commet un acte que nous jugeons répréhensible. »

Le Maulana Wahiduddin habite près de l'impressionnant mausolée qui abrite la tombe d'un des plus grands saints du soufisme indien, Hazrat Nizamuddin, mort en 1325. Une brigade de police protège sa maison depuis que certains de ses coreligionnaires, opposés à son interprétation de l'islam, ont proféré contre lui des menaces de mort. Troublé par ce déferlement de haine, je l'interrogeai à propos de la controverse qu'il suscitait au sein même de la communauté musulmane indienne.

« Effectivement, acquiesça-t-il. De nombreux musulmans désapprouvent ma façon de voir, et c'est parfaitement normal ! Les hommes ont toujours développé différents points de vue. C'est dans leur nature. Ils ont différentes perspectives sur la vie, différentes idées, différentes croyances, différentes religions… et toutes ces différences doivent être respectées. J'en suis profondément convaincu. Et si, malgré tout, elles suscitent des conflits – qu'il s'agisse de conflits familiaux, religieux, nationaux ou internationaux –, on doit toujours privilégier le dialogue pour les résoudre. Le mot islam signifie "en paix". Pour nous, la paix est primordiale. Pour saluer quelqu'un, nous ne disons pas : "Bonjour", mais : "Que la paix soit avec toi." Voilà pourquoi la paix est l'essence de l'islam.

— Comment expliquez-vous le concept de djihad, alors ? Comment la paix et la guerre sainte peuvent-elles coexister au sein de l'islam ? »

Wahiduddin Khan marqua une pause. Levant les yeux vers moi, il caressa distraitement sa longue barbe, avant de répondre avec calme :

« Le sens premier du djihad est enseveli sous de très mauvaises interprétations. Je ne comprends pas pourquoi les musulmans eux-mêmes détournent le sens de ce mot. De nombreuses personnes, pourtant instruites et intelligentes, se méprennent sur ce terme. Comme je viens de vous le dire, le mot "paix" est contenu dans le nom même de l'islam. Comment pourrions-nous ne serait-ce qu'envisager la guerre, dans ces conditions ? Comment pourrions-nous inculquer la paix et la guerre dans une même phrase ?

» Vous êtes jaïn, Satish. Vous savez donc pertinemment que jaïn signifie "victorieux". Le fondateur de la religion jaïne s'appelait Mahâvîra, qui peut se traduire par "grand guerrier" en sanskrit. De toutes les religions, le jaïnisme est celle qui accorde le plus d'importance à la paix et à la non-violence. Pourtant, les jaïns utilisent le langage de la guerre et de la victoire pour se nommer. Comment l'expliquez-vous ? À votre avis, de quelle victoire s'agit-il ? Et sur qui ? Pour le comprendre, comme pour comprendre le djihad, nous devons nous demander qui sont nos ennemis. D'après moi, la convoitise, l'avidité et l'égoïsme sont nos pires ennemis. La victoire que revendiquent les jaïns est celle qu'ils remportent sur ces ennemis intérieurs. Quant au mot djihad, il ne signifie pas "guerre", mais "lutte". Contre quoi luttons-nous ? Avant tout, contre notre ego et notre orgueil. Nous devons vaincre les forces de la colère. C'est le sens du djihad. Nous devons aussi lutter contre l'injustice et l'exploitation des faibles par les forts, mais cette lutte, comme toutes les luttes, doit être non violente. Il n'y a pas de place pour la violence dans l'islam.

— Pourtant, le Prophète était un guerrier au sens premier du terme : il a pris la tête de plusieurs armées, commentai-je.

— C'est vrai. Mais, en ce temps-là, les hommes se battaient avec des arcs et des flèches, pas avec des armes de destruction massive. Aujourd'hui, nous vivons dans un contexte très différent : celui de l'arme atomique. Les soldats ne livrent plus de batailles rangées : ils pilotent des avions qui lâchent des bombes, faisant d'innombrables victimes parmi les civils, tandis que les militaires, eux, sont relativement épargnés. Nous ne pouvons donc pas revenir à l'époque du Prophète. En revanche, nous pouvons faire venir le Prophète jusqu'à nous, et tenter d'imaginer ce qu'Il nous dirait. Je crois qu'Il nous encouragerait à lutter sans violence contre nos ennemis. Aujourd'hui, les gouvernements peuvent être faits et défaits par le peuple : nous sommes en mesure de changer les choses de manière démocratique.

— Pourtant, les musulmans semblent accorder de moins en moins d'importance à la non-violence, observai-je.

— Vous avez raison. Mais ne jugez pas l'islam d'après les musulmans : jugez plutôt les musulmans d'après l'islam ! On dénombre actuellement cinquante-sept pays islamiques dans le monde – du moins est-ce ainsi qu'ils se qualifient –, mais, d'après moi, aucun d'eux ne pratique réellement l'islam. C'est une véritable tragédie... Mais ne pourrions-nous pas en dire autant des pays chrétiens ? La liste des guerres qu'ils ont menées en Europe et des violences auxquelles ils se sont livrés sur les autres continents constitue un triste record. Que faut-il en penser ? Je ne vois qu'une interprétation possible : ces guerres et ces exactions nous prouvent que les chrétiens ne pratiquent pas l'enseignement du Christ. Jésus leur a dit : "Aime ton prochain comme toi-même." Croyez-vous que cette parole soit respectée ? Et quand il leur dit : "Aime ton ennemi et tends-lui l'autre joue", croyez-vous qu'il soit écouté ? Combien de pays chrétiens se conforment à ces principes ? Les États-Unis, qui sont pourtant censés être peuplés de chrétiens, dépensent des sommes folles et une quantité invraisemblable de matières premières pour équiper leur armée de matériel dernier cri. S'ils utilisaient mieux ces ressources, ils pourraient éradiquer la faim, la maladie et la misère dans le monde entier. Mais ils préfèrent se payer des armes de destruction massive plutôt que se préoccuper du bien-être de l'humanité ! Faut-il en blâmer le christianisme pour autant ?

— C'est difficile à dire : les religions, quelles qu'elles soient, sont si souvent cause de violence !

— Je ne peux pas le nier, hélas. La violence qui caractérise notre époque m'attriste infiniment. Les hommes politiques exploitent trop souvent les différences religieuses à leur avantage, sans se soucier des conséquences d'une telle stratégie : ces prétendus avantages ne font qu'amplifier les problèmes au lieu de les résoudre. Je n'ai jamais compris pourquoi la classe politique est persuadée qu'il faut diviser pour régner. Cela dépasse mon entendement ! Ne serait-il pas plus judicieux de rassembler pour régner, au contraire ? Surtout en Inde, où les hindous et les musulmans s'affrontent par méconnaissance de ce qui les unit. Nous avons deux religions dans ce pays, certes, mais nous ne formons qu'un seul et même peuple ! Nous avons bien plus en commun que nous ne l'imaginons. Ce qui nous unit est plus important que ce qui nous divise. Nous avons le même destin et nous sommes condamnés à partager la même terre. Quoi qu'il arrive, nous serons toujours voisins.

— Que dites-vous aux musulmans indiens, alors ?

— Réjouissons-nous que l'Inde ait opté pour une constitution laïque : voilà ce que je leur dis ! Pour moi, laïc ne signifie pas “non croyant”, mais plutôt “ouvert à toutes les croyances". Puissent un millier de fleurs s'épanouir sous le soleil de l'Inde ! Cessons de nous battre contre les hindous : ce sont nos frères et nos sœurs. Nous avons besoin d'eux. Il faut que nous cheminions ensemble. Nous devons nous identifier à l'Inde : c'est notre patrie, notre terre natale. Il est grand temps que nous jouions pleinement le rôle qui est le nôtre dans les affaires de ce pays !

— Les indépendantistes musulmans du Cachemire réclament une partition : ils veulent que leur région accède à l'indépendance ou qu'elle soit intégrée au Pakistan. Qu'en pensez-vous ? demandai-je.

— Cette question n'a rien à voir avec l'islam : c'est un débat purement laïc. Ceux qui veulent y mêler la religion le font dans un but politique. Ils détournent la religion et la spiritualité de leur sens. La politique divise les hommes ; la spiritualité les unit. Mais, même sur le plan politique, la question du Cachemire me paraît déplacée. Si cent quarante millions de musulmans vivent heureux dans le reste du pays, pourquoi les musulmans du Cachemire ne le sont-ils pas ? Ils prétendent qu'ils ne peuvent pas vivre en Inde, ce qui, du point de vue des hindous, pose la question des autres musulmans indiens : pourquoi continueraient-ils à faire partie de ce pays, se demandent-ils, si ceux du Cachemire veulent s'en aller ? En réclamant leur indépendance, les séparatistes affaiblissent le statut de l'ensemble de la communauté musulmane en Inde. Je suis donc convaincu qu'il ne faut pas cantonner la question du Cachemire à un problème entre les hindous et les musulmans.

» Si les habitants du Cachemire veulent plus d'autonomie et plus de pouvoir au niveau local, qu'ils l'obtiennent ! Ce ne devrait pas être un problème. Mais ce débat devrait rester strictement politique : la religion n'y a pas sa place. La vraie question à se poser est la suivante : ne devrait-on pas accorder plus d'autonomie à *tous* les États de l'Union indienne – et à ceux du Pakistan, d'ailleurs ? C'était le souhait du Mahatma Gandhi : il était favorable à l'instauration d'un état décentralisé. Ce principe avait du bon, vous ne croyez pas ? Militons pour redonner du pouvoir aux institutions locales, mais laissons l'islam et l'hindouisme en dehors de tout ça ! La religion sert à renforcer la collectivité et le sens de l'unité entre les hommes. Elle nous aide à comprendre qui nous sommes. Une religion qui ne nous apprend pas à chercher la paix au plus profond de nous-mêmes n'est pas une religion. Inutile d'aller chercher la paix dans la politique, le matérialisme ou le sectarisme : nous ne trouverions que lassitude et frustration.

» Permettez-moi de vous raconter l'histoire d'un chevrotain porte-musc : comme tous les cervidés de son espèce, il possédait sous l'abdomen une glande qui sécrétait du musc. Émerveillé par l'odeur qui parvenait à ses narines, le chevrotain chercha à comprendre d'où elle provenait. Il galopa vers l'est, mais n'y trouva rien. Il se rendit ensuite à l'ouest, au sud et au nord – sans plus de succès. Il courut tant qu'il finit par s'effondrer. À bout de forces, il se recroquevilla sur lui-même en gémissant. Son nez vint alors toucher son ventre… et le parfum du musc lui emplit les narines. Il soupira d'aise et de soulagement en comprenant enfin que le parfum provenait de son propre corps.

» Cette histoire nous montre qu'il ne sert à rien de courir le monde pour trouver la paix, la dignité et la liberté : elles se trouvent en chacun de nous. La paix est un état d'esprit, une manière d'être profondément enracinée en nous. Les musulmans ne devraient donc pas compter sur les appareils politiques pour l'instaurer, mais sur eux-mêmes. »

Le Maulana Wahiduddin est soufi. Comme les celtes chez les chrétiens, les kabbalistes chez les juifs et les bhaktas chez les hindous, les soufis sont les mystiques de l'Islam. Qu'ils soient originaires d'Inde, de Perse, de Turquie ou d'ailleurs, les saints soufis ont enrichi depuis des siècles la culture musulmane de milliers de chants et de poèmes issus de la dévotion passionnée que leur inspire l'Être suprême. Le sacré, le divin, le saint, l'éternel sont présents partout et de tout temps. Les soufis adorent l'Être suprême. Ils cherchent et trouvent leur Bien-aimé à chaque instant de leur vie. Ils boivent le vin de l'amour. Ils sont littéralement ivres d'amour. Ils vivent en extase permanente. Ils voient l'Être suprême dans chaque fleur, chaque fleuve, chaque feuille qui tombe, chaque étoile qui brille au firmament : ce sont pour eux les visages de l'Aimé. On ne s'étonnera plus, dès lors, que le Maulana n'ait pas de problèmes avec les hindous. Ni qu'il se refuse à comprendre l'antagonisme de certains musulmans.

Le soufisme a toujours été une force de cohésion. En Inde et au Pakistan, les saints soufis ont toujours été vénérés, et ils le sont encore par les hindous comme par les musulmans. Aussi le Maulana est-il blessé au plus profond de son âme par la violence qui caractérise les rapports entre hindous et musulmans indiens. Il a pour héros Rumi, le grand poète et maître soufi né en Afghanistan et élevé en Turquie au XIIIe siècle.

Voici l'un des quatrains de Rumi :

> Le soufi tend la main vers l'univers
> et vous offre chaque instant en cadeau.
> Le mendiant vous supplie de l'aider à vivre,
> le derviche, lui, vous supplie d'accepter
> l'offrande de sa vie.

Wahiduddin ouvre son cœur à tous et fait de sa vie un cadeau. Il se reconnaît dans ce vers de Rumi : « Celui que j'aime est partout. » Pour lui, aimer Dieu, c'est aimer toutes les créatures terrestres, même les plus insignifiantes. Il aime pareillement les hindous et les musulmans. Sur cette question, citons Rumi une fois de plus :

> Quand sonnera l'heure du Grand Mystère,
> nous ne posséderons plus rien.
> D'où vient alors cet esprit de compétition
> qui nous oppose avant de passer un à un
> de l'autre côté ?

Après avoir quitté le Maulana, je repensai aux propos de Mahomet sur la colère. Bouddha avait dispensé le même enseignement à ses disciples.

Un jour, l'un d'eux vint le trouver et lui demanda de le bénir afin qu'il puisse toucher les foules et faire germer la paix dans le cœur des hommes. Bouddha lui accorda volontiers sa bénédiction, puis il lui dit : « Tu rencontreras certainement des gens qui ne seront pas d'accord avec toi et qui rejetteront ton offre de paix. S'ils t'insultent et te parlent méchamment, ne te mets pas en colère. Réjouis-toi, au contraire, qu'ils ne t'aient pas agressé physiquement ! S'ils t'agressent, ne te fâche pas non plus, mais réjouis-toi qu'ils ne t'aient pas blessé. S'ils te blessent, reste calme, là encore. Et réjouis-toi qu'ils ne t'aient pas tué. Et si tu rencontres des gens assez cruels pour vouloir te tuer – ce qui arrive très rarement –, ne leur voue pas de haine, car, en te prenant la vie, ils te libéreront de ton corps. Le corps humain n'est qu'une enveloppe provisoire et passagère. Ne t'attache pas plus à lui qu'au "je" ou au "moi" qui semblent te définir. Si tu parviens à libérer ton âme de la colère et de la conscience de soi, alors va, mon cher disciple ! Sois tolérant et déterminé. Et, avec ma bénédiction, fais germer la paix dans le cœur et l'esprit de tous ceux qui croiseront ta route. »

La colère ronge les cœurs, corrompt les esprits, blesse les âmes et agite les corps. Aussi Bouddha, comme Mahomet, veillait-il à garder son calme en toutes circonstances.

Il ne s'est pas contenté d'inviter ses disciples à se libérer de la colère : il s'en est libéré lui-même, comme nous le montre sa rencontre avec le bandit Angulimala.

Voici les faits. Un jour, après avoir parlé de la compassion aux habitants de Rajgir, Bouddha se mit en route pour Nalanda, la ville voisine. Un homme le mit en garde :

« Méfie-toi : un terrible bandit vit sur cette route ! Il prend plaisir à tuer ceux qui passent et porte autour du cou un collier de doigts coupés.

— J'enseigne la compassion à tous, même aux plus cruels d'entre nous, répondit Bouddha. Si je me bornais à enseigner la compassion à ceux qui sont compatissants, je ne ferais que prêcher des convertis ! »

Il prit donc la route de Nalanda, et rencontra bientôt le bandit dont on lui avait parlé. Armé d'un poignard effilé, il jaugea Bouddha d'un air mauvais. Ses lèvres frémissaient de colère. Et il portait effectivement un collier de doigts autour du cou ! Aucun doute : c'était bien Angulimala.

Bouddha s'arrêta et lui sourit avec un calme désarmant. Le bandit se figea à son tour, manifestement surpris que Bouddha ne s'enfuie pas en courant. Personne ne s'était jamais arrêté devant lui. Et, surtout, personne ne lui avait jamais souri.

« Pourquoi restes-tu là ? Ne sais-tu pas qui je suis ? Je suis Angulimala le terrible ! J'aime faire couler le sang, ajouta-t-il fièrement. Je déteste les hommes, mais j'adore leurs doigts. »

Personne ne l'avait jamais écouté auparavant. C'était réellement la première fois que quelqu'un se tenait face à lui en souriant.

« Je sais qui tu es, répliqua Bouddha. Ta réputation te précède. Partout, les gens tremblent à la seule mention de ton nom ! Je sais aussi que tu veux me tuer. Et je te remercie de me laisser bavarder un peu avec toi, car j'ai quelque chose d'important à te dire : chaque fois que tu commets un crime, tu te fais du mal à toi-même. Chaque fois que tu ôtes la vie à quelqu'un, tu déprécies la tienne. Pourtant, rien ne t'oblige à tuer : tu peux mettre fin à tes crimes. Tu peux te libérer de ta colère ! Cesse donc de ruminer ta haine, Angulimala. Et viens nager avec moi dans l'océan de la compassion ! Tu es capable de compassion, toi aussi. Je veux que tu t'en rendes compte, c'est tout. Maintenant, si tu souhaites toujours me tuer, c'est ton droit le plus strict, conclut-il en souriant de nouveau.

— Es-tu en train de me dire que rien ne m'oblige à tuer pour vivre ? Quelles autres possibilités s'offrent à moi ? »

Ainsi commença une longue discussion, au terme de laquelle Angulimala jeta son poignard et devint un disciple de Bouddha. Cette histoire nous montre que Bouddha ne se contentait pas de surmonter sa propre colère : il parvenait aussi à apaiser celle d'autrui, même lorsqu'il s'agissait d'hommes aussi notoirement cruels qu'Angulimala.

Sur ce point aussi, l'enseignement du Christ est similaire à celui de Bouddha et de Mahomet. « Aime ton ennemi, répétait-il à ses disciples. À qui te frappe sur une joue, présente-lui aussi l'autre. » Il disait aussi

« Heureux les doux : ils auront la terre en partage. » Aimer les gens aimables et bienveillants, aimer nos parents, nos enfants et nos amis nous semble aussi normal que naturel. Tous, nous aimons aimer et être aimés de notre famille et de nos proches. Mais nous pouvons aller plus loin : nos grands maîtres spirituels nous ont montré qu'il est possible d'étendre notre amour à tous, même à ceux qui nous font du mal. Jésus n'a-t-il pas prié pour les soldats qui l'humiliaient et le torturaient sur la croix ? « Père, pardonne-leur car ils ne savent pas ce qu'ils font », disait-il.

Plus près de nous, le Mahatma Gandhi s'abstint lui aussi de toute parole haineuse à l'encontre de celui qui lui ôta la vie : « *Hey Ram* » – « Gloire à Dieu » –, murmura-t-il en s'effondrant, mortellement blessé.

Voilà pourquoi le Maulana Wahiduddin aime à dire : « Pour être de bons musulmans, nous ne devons pas seulement aimer les autres musulmans, mais aussi les hindous, les chrétiens, les juifs et tous les croyants. C'est une tâche difficile, certes. Mais sans elle la religion n'a strictement aucun sens. »

19

Un pays de contrastes

Ce qui semble solide a fait son temps. L'avenir réside dans ce qui s'affirme par en dessous.

Seamus HEANEY

Je suis retourné sur ma terre natale en l'an 2000, accompagné de June, mon épouse, et de ma fille Maya. J'attendais ce voyage depuis si longtemps que je brûlais d'impatience et d'excitation.

L'Inde d'aujourd'hui connaît à la fois le pire et le meilleur : elle acquiert une formidable confiance en elle pour la reperdre aussitôt ; elle oscille sans cesse entre le renouveau et le déclin spirituels ; elle semble savoir ce qu'elle veut, puis elle se noie dans la confusion ; elle s'entiche de stabilité avant de s'adonner au chaos.

New Delhi n'offre pas le meilleur de l'Inde. C'est une capitale comme tant d'autres : gangrenée par la circulation, les gaz d'échappement, les centres commerciaux, le stress et le culte de la vitesse. L'élite s'abrite derrière les hauts murs des sièges sociaux et s'épanouit dans les bureaux de l'administration, somptueusement logée dans les plus beaux immeubles de la ville. Elle rassemble les grands décideurs, les farouches partisans de la mondialisation et les brillants économistes qui veulent donner à l'Inde entière le visage de New Delhi, où chacun se bat pour obtenir plus d'argent, plus de privilèges ou un meilleur statut social que son voisin.

Pourtant, New Delhi est aussi plus spacieuse et plus verte que d'autres villes indiennes – il nous est même arrivé de croiser quelques vaches en liberté au milieu des rues noires de monde. Les banlieues regorgent de petits ateliers d'artisans, de petites usines, de petits commerces et de petites communautés, qui survivent tant bien que mal à l'abri de la mégapole. Les habitants des beaux quartiers ne les apprécient guère : lorsque nous y avons séjourné, les autorités s'échinaient à déplacer les industries traditionnelles et les petites entreprises au nom de la protection de l'environnement. Elles polluent trop, paraît-il. Ce que la municipalité et les grands chefs d'entreprise se refusent à admettre, c'est que l'essentiel de la pollution émane de leurs camions, de leurs voitures et de leurs climatiseurs. Sous prétexte d'améliorer la qualité de l'air, le gouvernement dépossède les citoyens les plus modestes et les plus vulnérables.

Cinquante ans après l'Indépendance, le gouvernement indien obéit toujours à des règles issues de l'administration coloniale. Le service public, la police, l'éducation nationale et le système juridique sont, dans une large mesure, identiques à ce qu'ils étaient sous la domination britannique. Les valeurs indiennes, prônées au moment de l'Indépendance, semblent avoir disparu. Les rêves et les aspirations du Mahatma Gandhi et de ses disciples, qui se sont battus pour que les masses accèdent au pouvoir, ne sont plus qu'un lointain souvenir.

L'Inde ne manque pas de ressources alimentaires. Des millions de tonnes de céréales s'entassent dans les entrepôts du gouvernement. Le pays ne manque pas non plus de gens talentueux : des milliers d'entre eux assurent le succès de sociétés informatiques ou gèrent des services hospitaliers en Europe ou aux États-Unis. Par conséquent, rien ne justifie que des hommes, des femmes, des enfants, des jeunes et des vieillards, des aveugles et des infirmes vivent dans des bidonvilles ou au bord de la route, soient contraints de mendier ou d'aller se coucher le ventre vide. N'y a-t-il donc plus de solidarité à New Delhi ? Que sont devenus nos rêves d'entraide et de partage ? Je les cherche en vain dans cette ville où la plupart des habitants sont mus par l'appât du gain, l'orgueil et l'ambition personnelle.

La capitale indienne recèle pourtant bien des trésors. Et même une face cachée : nous l'avons découverte en allant boire un thé au musée de l'Artisanat avec notre ami Rukmini Sekhar. Sitôt franchi le portail en bambou de l'établissement, nous avons basculé dans un autre monde.

Cette oasis de verdure, située dans le parc des expositions de Mathura Road, symbolise à mes yeux l'Inde idéale : elle nous montre ce que pourrait être ce pays si le gouvernement acceptait de changer de politique. S'il prenait exemple sur ce lieu, où des tisserands, des potiers, des peintres, des forgerons et des maçons répondent le plus simplement et le plus honnêtement possible aux besoins de l'espèce humaine. Nous avons vite oublié le clinquant de la capitale en nous immergeant dans l'univers simple et élégant de ces artisans marginalisés par l'arrogance de la civilisation urbaine.

En effet, pour bénéficier de la clientèle de la métropole et des milliers de touristes qui s'y rendent chaque année, les artisans sont contraints de quitter leurs villages et de camper au pied de leurs étals pendant plusieurs mois. Cette situation corrompt l'essence même de l'artisanat. Ce n'est pas ainsi que ma mère envisageait la vie d'un artisan ; et ce n'est pas ainsi que l'Inde rurale perpétuera ses traditions. Néanmoins, en finançant ce musée, l'État favorise le maintien d'un savoir-faire millénaire, et permet aux citadins déracinés de découvrir la créativité, la spiritualité, la beauté et l'innocence des artisans indiens, qui offrent un contraste saisissant avec l'univers concurrentiel du système capitaliste.

Nous avons compris le célèbre vers de John Keats, « la beauté, c'est la vérité ; la vérité, c'est la beauté [1] », en voyant ces artisans réaliser de beaux objets qui n'offensent rien et ne nuisent à personne, qui donnent du plaisir à ceux qui les voient et de la joie à ceux qui les utilisent.

Les artisans n'abusent pas de la nature : ils ne gâchent rien, n'exploitent personne, ne créent rien de laid et ne génèrent aucune pollution. L'artisanat participe activement à la culture de la non-violence et à l'économie de la paix. Les produits artisanaux incarnent l'écologie et le développement durable. Ils font obstacle à la société de consommation. Que des millions d'artisans fabriquent encore aujourd'hui des produits de grande qualité et parviennent à en vivre est une véritable chance pour l'Inde. L'artisanat traditionnel offre et offrira longtemps une excellente source de revenus aux Indiens des zones rurales. Mais, si cette tradition venait à disparaître au profit de la mécanisation, l'Inde disparaîtrait à son tour.

1. Extrait de l'*Ode à une urne grecque*, écrite par John Keats en 1819.

Gandhi rêvait de restaurer les bases de l'économie locale – il reprenait en cela les principes du mouvement *svadeshi*, qui accordait la préférence aux produits nationaux – et de redonner toute sa place à l'artisanat. À l'étranger, le Mahatma est surtout connu pour avoir mené l'Inde à l'indépendance et mis fin à la domination britannique sans effusion de sang. Mais ce combat politique ne représentait qu'une partie de son projet. D'après lui, il ne servait à rien de chasser les Britanniques si le système britannique, fondé sur l'oppression économique des faibles par les forts, restait en place après leur départ : dans ce cas de figure, que les oppresseurs soient anglais ou indiens ne changerait rien aux conditions de vie du petit peuple, arguait-il fermement. À quoi bon troquer des *sâhibs* à la peau blanche contre des *sâhibs* à la peau brune ? Pour lui, l'Inde ne serait réellement indépendante que si elle cessait d'exploiter les faibles et de dilapider son capital naturel.

C'est dans les villages qu'a toujours battu le cœur de l'Inde. « L'Inde profonde ne se trouve pas dans ses plus grandes villes, mais dans ses sept cent mille villages, disait Gandhi. Si les villages périssent, l'Inde périra aussi. » Il rêvait d'une confédération de citoyens autonomes et autosuffisants organisés en petites communautés dans des villages ou des villes de taille moyenne, où chacun pourrait travailler à son compte et vivre correctement des produits de la terre, de l'élevage ou de l'artisanat. Les pouvoirs économiques et politiques les plus importants – y compris celui de décider de ce qui serait importé ou exporté hors de la communauté villageoise – resteraient entre les mains des conseils municipaux.

Les Indiens ont entretenu pendant des siècles une relation relativement harmonieuse avec leur environnement :

ils vivaient à la ferme, filaient leurs vêtements à la main, se nourrissaient des produits de leurs champs, et se servaient d'outils qu'ils avaient eux-mêmes fabriqués. Ils veillaient sur leurs animaux, entretenaient leurs forêts et leurs terres. Ils organisaient des banquets pour remercier la nature de ses bienfaits, mettaient en scène les grandes épopées de la littérature indienne et construisaient des temples splendides. Chaque région possédait des traditions et un folklore bien distincts, auxquels contribuaient les conteurs, les pèlerins et les *sâdhus* itinérants.

Le Mahatma Gandhi s'est efforcé de faire revivre ce modèle économique. Il était convaincu que tout ce qui est produit dans un village doit être consommé ou utilisé en priorité par les habitants de ce village. Le commerce vient ensuite, et ne doit concerner que les articles en surplus ou ceux que les villageois ne peuvent produire. Dans cette optique, l'achat et la vente de marchandises entre des villages, des villes, des régions ou des pays différents sont réduits au strict minimum : ils ne concernent que les biens superflus dont la communauté doit pouvoir se passer si nécessaire. L'importation de biens et de services qui ne peuvent être fabriqués localement doit rester une exception.

En répondant aux besoins de la communauté villageoise, l'économie locale lui évite de dépendre de marchés extérieurs qui la rendraient vulnérable. Elle permet aussi de limiter le transport de marchandises – tout transport inutile se révélant coûteux, malsain et nuisible à l'environnement. Gandhi souhaitait que chaque village renforce son économie locale afin de produire sur place l'essentiel des biens et des services nécessaires à la communauté. Pour ce faire, il invitait les villageois à accorder la priorité aux producteurs et aux fournisseurs locaux.

Fonder la vie économique d'un village ou d'une petite ville sur ses ressources locales, qu'elles soient humaines ou naturelles, c'est s'assurer qu'il y ait au moins un charpentier, un cordonnier, un potier, un maçon, un mécanicien, un ingénieur, un fermier, un tisserand, un instituteur, un banquier, un commerçant, un musicien et un artiste dans chaque communauté. Autrement dit, c'est faire de chaque village un microcosme de la société tout entière. Gandhi accordait tant d'importance aux communautés locales qu'il souhaitait les muer en véritables républiques villageoises. Autonomes et autosuffisantes, elles devaient fonctionner comme une famille élargie, et non comme un groupe d'individus en compétition les uns avec les autres.

Les Britanniques avaient favorisé l'instauration de modes de production centralisés, automatisés et industrialisés en Inde. Gandhi prêcha exactement l'inverse. Il rêvait d'une économie décentralisée, fondée sur des produits locaux, fabriqués à la main ou à petite échelle. « Le développement d'un pays ne dépend pas de la production de masse, mais de la production par les masses », disait-il souvent.

Favoriser l'économie locale, c'est aussi redonner de la dignité au travail manuel. Nous l'oublions souvent, mais il possède une valeur intrinsèque : chaque fois que nous fabriquons quelque chose de nos mains, nous laissons s'exprimer la part la plus spirituelle et la plus créative de nous-mêmes. En confiant cette tâche à des machines, nous perdons l'occasion de nous accomplir et de libérer notre créativité.

« Le fait que des millions d'Indiens aient cessé de se servir de leurs mains constitue à mes yeux une véritable tragédie, écrivit Gandhi. Nos mains sont un don de la nature, un don merveilleux. Si le pays continue à se prendre de passion pour les machines, un jour viendra où nous serons si faibles et si maladroits que nous nous maudirons d'avoir oublié d'entretenir et d'utiliser le corps que Dieu nous a donné. Ni l'athlétisme ni le sport en général ne suffiront à maintenir les Indiens en bonne forme physique – et de toute façon, pourquoi devraient-ils troquer une activité productive, utile et saine contre une pratique sportive coûteuse et improductive ? La production de masse ne s'intéresse qu'au produit fini, alors que la production par les masses s'intéresse au produit, au producteur et aux méthodes de production. »

Lorsqu'il est solide, le tissu économique local permet de développer l'esprit communautaire, d'améliorer les relations humaines et la vie de chacun au sein d'une collectivité. Ce type d'économie favorise l'entraide. Les membres de la communauté villageoise prennent soin d'eux-mêmes, de leur famille, de leurs terres et de leurs bêtes, mais aussi de leurs voisins, des forêts et des ressources naturelles du village, avec la certitude d'œuvrer pour eux-mêmes et pour les générations futures.

Le développement de la production de masse a poussé des millions d'Indiens à quitter leurs villages, leurs terres, leurs fermes et leurs échoppes pour aller travailler dans les usines installées à proximité des grandes villes. Debout devant les chaînes de montage, ils ne sont plus que les rouages interchangeables d'un système économique qui songe déjà à les faire disparaître : obsédé par les gains de productivité, le secteur industriel emploie de moins en moins d'ouvriers. Il s'appuie sur des machines toujours plus performantes, toujours plus rapides. Chaque année, des milliers d'hommes et de femmes sont mis au rebut, remplacés par des automates. Ces chômeurs déracinés s'entassent dans les bidonvilles, dépendent de l'aide sociale ou sont contraints de mendier pour survivre.

Mettre l'accent sur l'économie locale, c'est redonner toute sa place à l'ouvrier : lorsqu'on produit à petite échelle, la machine est subordonnée à l'homme, non l'inverse. Une machine ne doit jamais dicter le rythme de l'activité humaine. De même, le marché doit se mettre au service de la collectivité, et non la forcer à se mettre à son service.

La mondialisation est l'antithèse de l'économie locale. Dans une économie mondialisée, chaque pays cherche à développer ses exportations et à réduire ses importations afin de faire pencher la balance commerciale en sa faveur. Une telle compétition ne peut que générer une crise économique permanente et un chômage durable. Pour apaiser le mécontentement qui en résulte, les hommes politiques agitent de vaines promesses – reprise économique et augmentation du pouvoir d'achat sont de tous les programmes électoraux. Mais le bien-être, la satisfaction et l'épanouissement de chacun demeurent un mirage.

« Il nous faut un minimum de bien-être et de confort, affirmait Gandhi, mais passé cette limite, ce qui devrait nous aider devient une source de gêne. Vouloir créer un nombre illimité de besoins pour avoir ensuite à les satisfaire n'est qu'une illusion et un traquenard. Une fois atteint un certain niveau de confort, nous devons cesser de satisfaire nos besoins matériels – sans quoi cette satisfaction risque de tourner à la débauche. L'Europe devra réviser ses priorités si elle veut éviter de sombrer sous le poids des biens dont elle devient l'esclave. »

Pour protéger leurs marchés, leur croissance économique et leurs gisements de matières premières, certains pays sont prêts à entrer en guerre. Les conflits armés plongent leurs racines dans les conflits économiques. Pour assurer la paix dans le monde, il faut donc mettre en place une économie de la paix. « Au lieu de faire des rêves de grandeur, les gens devraient se réjouir d'habiter dans des maisons toutes simples au sein de leur communauté villageoise », assurait Gandhi. Ceux qui se battent pour accéder à un niveau de vie toujours plus élevé – ils sont des millions dans ce cas – ne seront jamais en paix avec le monde qui les entoure. Et nous ne parviendrons pas à établir une paix durable entre les nations si nous continuons à considérer les pays étrangers au nôtre comme des sources de matières premières ou des marchés pour nos produits industriels. Toute expansion économique contient les germes d'une guerre, puisque les partisans du développement et de l'industrialisation sont incapables de s'imposer des limites : ils cherchent toujours à dépasser les objectifs qu'ils se sont fixés, même dans les pays qui atteignent un taux de croissance très élevé. Ceux qui en veulent toujours plus n'en auront jamais assez, quel que soit leur niveau de réussite ou de fortune. En revanche, ceux qui savent bien évaluer ce qui leur suffit savent aussi se satisfaire de ce qu'ils ont déjà.

L'économie locale favorise la paix et, en premier lieu, la paix individuelle : libéré du « toujours plus », l'homme est serein, en paix avec lui-même. Elle favorise aussi la paix sociale, puisque les membres d'une même communauté n'ont pas à se battre pour dominer ou contrôler le marché. Enfin, en protégeant l'air, l'eau et les forêts des ravages de la production de masse, l'économie locale nous permet de faire la paix avec la nature. Voilà pourquoi, en matière de paix, l'économie locale est un impératif.

En incitant les acteurs économiques à accroître leurs performances, leurs résultats et leurs ambitions, la mondialisation produit l'effet inverse. Partout, le stress augmente. Les hommes courent après le sens de leur vie. Ils ont moins de temps à consacrer à leurs loisirs, à leurs amis et à leur famille ; leur espace mental se réduit et leur vie spirituelle en pâtit.

Autrefois, l'économie indienne était profondément ancrée dans la vie locale. Les campagnes et les petites villes regorgeaient d'activités : on y travaillait la terre, bien sûr ; mais l'horticulture, la poterie, la menuiserie, la ferronnerie, la joaillerie et le travail du cuir étaient tout aussi dynamiques. Et, dans bien des cas, l'industrie textile régissait la vie de la communauté villageoise. Chaque bourgade avait ses fileurs, ses cardeurs, ses teinturiers et ses tisserands. Tous jouaient un rôle essentiel dans le bon fonctionnement de l'économie locale. L'équilibre fut brisé net par l'arrivée massive sur les marchés indiens de vêtements manufacturés fabriqués dans les usines anglaises : incapable de concurrencer un tel mastodonte, la production locale déclina rapidement. Gandhi, qui en mesurait toutes les conséquences, fit de l'industrie textile le fer de lance de son combat contre la domination britannique : il lutta farouchement pour redonner vie à l'artisanat local et donna l'exemple en filant lui-même ses vêtements. Le rouet devint le symbole de l'autosuffisance économique et de l'indépendance nationale.

Ses détracteurs, qui limitaient leur conception de l'indépendance à une passation de pouvoirs entre Britanniques et Indiens, le taxèrent de naïveté : comment pouvait-il imaginer conquérir la liberté de son pays à l'aide d'un rouet ? Gandhi demeura sourd à leurs critiques. Il avait acquis la conviction que la déclaration d'Indépendance ne changerait rien si elle ne s'accompagnait pas de changements politiques et économiques. Il rêvait de mettre fin à l'exploitation des plus faibles par les plus forts, des pauvres par les riches.

Sa stratégie finit par porter ses fruits. Plusieurs centaines de milliers d'Indiens, toutes classes sociales confondues, jetèrent au feu leurs vêtements manufacturés en Inde ou en Angleterre. Ils apprirent à filer leur propre coton et à tisser leurs propres vêtements. Bientôt, le fait de filer et de porter des habits tissés main devint le signe distinctif de tous ceux qui œuvraient à l'indépendance du pays.

Le musée de l'Artisanat que nous avons visité à New Delhi nous rappelle l'importance de ce qui est en jeu et de ce que nous risquons de perdre, si nous ne chérissons pas les artisans qui font vivre l'économie locale indienne.

Nous avons quitté New Delhi pour nous rendre à Alwar, au Rajasthan, où nous attendait Rajendra Singh, un jeune ingénieur gandhien. Il nous a fait visiter la réserve de tigres de Sariska en nous expliquant comment la réorganisation de la collecte des eaux de pluie, entreprise dans les années 1980, a permis de redonner vie aux forêts et aux petites exploitations agricoles de la région. Le reboisement s'est accompagné d'un développement de la faune : taureaux bleus, guépards, cerfs axis, sambars, paons sauvages, sangliers, singes et surtout tigres se partagent désormais le territoire. L'eau ne manquant plus, les hommes et les tigres coexistent de manière pacifique sur ces grandes étendues sauvages.

Rajendra nous a raconté que la création de plusieurs centaines de petits points d'eau, construits par des ouvriers locaux à l'aide de matériaux trouvés ou produits sur place, a permis de reconstituer les réserves d'eau qui faisaient cruellement défaut à cette partie du Rajasthan. En Inde, la collecte de l'eau est une question cruciale. L'État et ses fonctionnaires prétendent la résoudre en méprisant les méthodes traditionnelles de collecte à petite échelle au profit d'énormes barrages qui servent surtout à alimenter les grandes villes.

Les économistes et les ingénieurs du gouvernement adorent les gros travaux, les grosses machines et les gros barrages, parce qu'ils sont synonymes de gros budgets. Pourtant, comme le montre clairement la construction de plusieurs barrages géants sur la Narmada, à l'ouest du pays – l'un de leurs projets favoris –, ce type de chantier oblige à déplacer les populations locales, à noyer plusieurs millions d'arbres, à décimer les cultures tribales et à saccager des hectares de paysages naturels, alors que les petites retenues d'eau comme celles de Sariska ne coûtent pratiquement rien, embellissent le paysage et favorisent le retour à la terre de plusieurs milliers d'Indiens.

Rajendra et son équipe ont eu beaucoup de mal à obtenir du gouvernement les autorisations nécessaires pour construire les points d'eau dont ils rêvaient. Ils ont fait preuve de courage et de détermination, et ils ont fini par gagner la partie. Les années ont passé. Les points d'eau artificiels de Sariska ont fait leurs preuves : ils protègent la nature et améliorent la vie locale alors que les grands barrages de la Narmada détruisent le paysage et nuisent à la population.

Rajendra Singh est un héros bienveillant. Il a renoncé à se marier et il a mis de côté ses rêves de gloire, de fortune et de réussite professionnelle pour se consacrer entièrement aux modestes habitants de Sariska. Il connaît chaque colline, chaque vallée, chaque arbre, chaque animal et chaque villageois de la région. Et il les aime tendrement. Rajendra représente le meilleur de l'Inde. Aidé de sa petite équipe, il poursuit courageusement l'œuvre de Gandhi et de Vinobâ. Tant que des jeunes gens comme lui se mettront au service de la nature et des hommes, j'aurai espoir en l'Inde.

Nous sommes arrivés ensuite à Jaipur, la capitale du Rajasthan, célèbre pour ses splendides palais de grès rose. Nous devions y retrouver Siddharaj Dhadda, mon ami et mentor, avec lequel j'avais travaillé à la fin des années 1950. Âgé de quatre-vingt-douze ans, il était toujours aussi actif, mais il venait de perdre Uma, son épouse, décédée la veille de notre arrivée à l'âge de quatre-vingts ans.

Nous avons trouvé Siddharaj chez lui, entouré de sa famille et d'un grand nombre d'amis venus les soutenir et partager leur immense douleur. Nous nous sommes joints à eux après avoir allumé un bâton d'encens devant la photo d'Uma, que décorait une guirlande de coton blanc tissé à la main.

Siddharaj recevait ses visiteurs masculins au rez-de-chaussée de la maison ; les visiteuses étaient accueillies à l'étage par les femmes de la famille. Un beau margousier, l'un des arbres sacrés de l'Inde, étendait ses branches dans la vaste cour intérieure de leur *havelî*, ajoutant encore à l'atmosphère recueillie des lieux.

Ce moment passé en compagnie de Siddharaj m'a nourri le cœur et l'esprit. Il règne sur une extraordinaire maisonnée : quatre générations d'hommes et de femmes cohabitent sous son toit. Fidèle à l'habitude qu'il a prise en rencontrant Gandhi pendant la lutte pour l'Indépendance, il file encore chaque jour le coton dont il a besoin pour tisser ses vêtements.

Après l'Indépendance, Siddharaj a brièvement occupé un poste de ministre au sein du gouvernement du Rajasthan, avant de le quitter pour s'associer au projet de réforme agraire prôné par Vinobâ. Il a lutté toute sa vie pour préserver la démocratie locale. Son mode de vie est un symbole de simplicité, de frugalité et d'élégance.

L'une de ses petites-filles a épousé un jaïn *Dîgambara*. Pour signifier leur renoncement total aux biens terrestres, les moines de cet ordre religieux ne portent aucun vêtement. Nous avons décidé de rendre visite à leur gurû en compagnie de Siddharaj et de ses proches. Nous l'avons trouvé entouré d'un grand nombre de disciples laïcs.

« Quel est le sens de votre démarche ? lui demandai-je. Pourquoi ne possédez-vous rien, pas même un pagne pour vous couvrir ?

— Ma nudité est un symbole de non-violence et de vulnérabilité absolues, répondit-il. Je ne peux ni me défendre ni me protéger. Elle m'aide à surmonter la peur, la honte et la vanité. Renoncer à se vêtir est difficile, mais ma démarche n'aurait aucun sens si je ne m'efforçais pas de renoncer aussi à l'ego, à l'orgueil et à l'autosatisfaction qui encombrent notre espace mental. Nous considérons le renoncement aux biens matériels comme une simple étape vers le renoncement à tout ce qui attache et ligote notre esprit. »

Le mode de vie des *Dîgambara* est d'une austérité absolue. Les moines « vêtus d'espace » ne se contentent pas de vivre nus : ils se passent de matelas et de couvertures pour dormir, même en plein hiver. Un banc de bois leur sert de lit. Ils évitent de se coucher sur le ventre ou sur le dos pour ne pas exposer ni stimuler leurs organes sexuels, et ils ne changent pas de position au cours de la nuit afin de ne pas écraser les insectes ou les créatures microscopiques qui risqueraient de se trouver près d'eux. Leur bras replié est le seul oreiller qu'ils s'autorisent à poser sous leur tête. Ils se lèvent sitôt réveillés pour éviter de se rendormir.

Ils mangent une fois par jour en prenant dans leurs mains jointes la nourriture que leur offrent leurs disciples. Deux fois par an, ils s'épilent le crâne et le menton en arrachant un à un leurs poils et leurs cheveux pour ne plus craindre la douleur. Ils marchent pieds nus hiver comme été. Leur conduite exemplaire nous prouve qu'il est possible de réduire nos besoins physiques au strict minimum. Autrefois nombreux, les moines *Dîgambara* ne sont plus aujourd'hui qu'une cinquantaine dans tout le pays.

« Aujourd'hui, ces pratiques prêtent à sourire, fit remarquer Siddharaj. Beaucoup de gens s'interrogent sur leur pertinence... Elles peuvent sembler vaines, en effet. Mais que dire de la société de consommation ? À quoi nous sert d'accumuler des biens matériels ? Sans aller aussi loin que les moines *Dîgambara*, nous pouvons nous inspirer de leur exemple pour adopter un mode de vie moins consumériste. »

20

Temples de joie

Le Rajasthan est le pays des jaïns, qui veillent à protéger la vie sous toutes ses formes, aussi humbles soient-elles. C'est aussi le pays des Râjputs, une caste de guerriers qui se battent jusqu'à leur dernier souffle pour défendre leur honneur. La non-violence n'a jamais fait partie de leur arsenal.

Le Rajasthan nourrit depuis des siècles ces deux traditions parallèles : l'une active, l'autre passive. Le caractère dynamique et héroïque des guerriers râjputs force l'admiration. Leur sens de l'honneur et leur dévouement sont exemplaires. Mahâvîra était issu de cette caste légendaire. Reprenant à son compte les valeurs râjputs, il en fit un usage particulier : pour lui, le vrai champ de bataille n'était pas à l'extérieur, mais à l'intérieur de nous-mêmes. Dans cette optique, la victoire consiste à dominer notre désir de contrôler autrui. Est héroïque celui qui parvient à maîtriser son ego, sa vanité et sa colère. Mahâvîra n'avait donc pas renoncé à guerroyer : il avait seulement modifié les modalités du combat. Il « luttait » contre les forces de l'ignorance, et le faisait avec les « armes » de la non-violence.

Jaïns et Râjputs se partagent de nombreuses qualités. Leurs traditions et leurs valeurs sont souvent similaires : les uns et les autres accordent une grande importance au don de soi, au sens du sacrifice et à l'esprit d'entraide. Leur différence majeure concerne l'usage de la violence. Les jaïns s'y refusent en toutes circonstances. Pour eux, la fin ne justifie jamais les moyens. On ne verra jamais un jaïn prendre les armes, alors que les Râjputs se sont toujours battus pour la justice, le bien et l'honneur.

Mais les temps ont changé : les méthodes de combat sont devenues si impersonnelles et si mécanisées que le personnage du guerrier et les valeurs héroïques qu'il représente semblent largement dépassés. Aujourd'hui, on peut noyer un territoire sous un tapis de bombes qui détruisent la nature et tuent indifféremment soldats, civils et animaux. Les Râjputs ont donc un nouveau défi à relever : ils doivent marier leur dynamisme avec la non-violence pour en faire une véritable force d'âme. Parallèlement, les jaïns doivent se départir de leur passivité pour que la non-violence devienne un vrai moteur de changement, efficace et dynamique. Comme nous l'a montré le Mahatma Gandhi, la non-violence n'est pas une forme de lâcheté : le courage et la force intérieure sont ses principales caractéristiques.

Nous nous rendîmes à Rajsamand, à quelques centaines de kilomètres au sud-ouest de Jaipur. La ville, qui s'étend sur les rives d'un lac artificiel créé au XVIIe siècle, vit aujourd'hui de l'industrie du marbre. Des centaines de petites carrières trouent le paysage dans un rayon d'une trentaine de kilomètres. La route nationale disparaît sous une fine poussière blanche qui étouffe les arbres et rend la terre impropre à l'agriculture. Peu soucieux de l'environnement, les carriers détruisent des collines entières pour accéder aux gisements de marbre. Des centaines d'arbres ont été abattus, le niveau des nappes phréatiques a chuté, et le grand lac de Rajsamand, en eau depuis des siècles, ne sera bientôt plus qu'une mare.

Les carrières ont sans doute permis de créer des emplois et d'améliorer le niveau de vie de quelques habitants de la région, mais à quel prix ? L'industrie du marbre détruit leurs paysages, leur santé, leur culture, leur vie collective. Ils n'en tirent pas de réels bénéfices, puisque les droits d'exploitation des mines ont été vendus à des intermédiaires venus des quatre coins de l'Inde. Qui réalisent, eux, des profits non négligeables – tout comme les bourgeois de Delhi et de Bombay qui se font construire à bas prix des palais en marbre massif aux dépens des habitants de Rajsamand.

Accompagnés par notre hôte, S. L. Gandhi, nous visitâmes le célèbre temple de Nathdwara, dédié à Vishnu, le dieu protecteur, symbole de continuation et de vie perpétuelle. Situé à une trentaine de kilomètres de Rajsamand, il est célèbre pour sa représentation de Vishnu sous les traits de Krishna, son avatar à la peau bleue. « Les fidèles adorent cette image parce que le bleu est la couleur de l'infinie beauté, nous expliqua S. L. Gandhi. Le Vishnu bleu est aussi vaste que le ciel, aussi profond que l'océan. Chaque fois que le monde est menacé par le chaos, Vishnu s'incarne pour rétablir l'équilibre. Ses plus célèbres incarnations sont Râma et Krishna. Il est toujours présent parmi nous, puisqu'il personnifie aussi le soleil, dieu de Lumière. Marié à Lakshmî, la déesse de l'Abondance, il est également le père de Kâma, le dieu de l'Amour. Il chevauche Garuda, l'aigle sacré, et dort sur le serpent Shesha. Les hindous l'adorent parce qu'il incarne la vie, l'amour et la beauté. Le *darshan* de Vishnu vous comblera de joie et de plaisir. La représentation de

Vishnu qui se trouve ici date du XVIIIe siècle, reprit-il en nous entraînant à l'intérieur. Elle était originaire de Mathura, mais des fidèles l'ont transportée jusqu'ici pour la protéger des attaques de l'empereur moghol Aurangzeb, qui fit détruire les temples hindous à mesure qu'il étendait son contrôle sur le territoire. Delhi et Agra étaient déjà tombées aux mains des Moghols. Mathura, située entre ces deux villes, risquait de tomber, elle aussi. Très inquiets, les adorateurs de Vishnu se mirent en quête d'un abri où ils pourraient cacher l'image de leur dieu. Le royaume de Jaipur avait déjà fait alliance avec les Moghols. Seul Rana Pratap, le roi râjput de cette région, résistait encore à leur influence. Il accepta d'accueillir l'image du dieu sur son sol, et les fidèles l'installèrent ici, à Nathdwara. »

Nous écoutions notre ami avec attention. Bien que jaïn, il manifestait à l'égard de ce temple hindou un enthousiasme très communicatif. « De nombreuses années plus tard, reprit-il, lorsque la paix fut revenue, plusieurs voix s'élevèrent pour réclamer le retour de l'image de Vishnu à Mathura, où elle serait exposée dans un temple plus grand et plus beau que celui-ci. La décision fut prise. Mais, lorsque les fidèles entreprirent de transporter leur idole, la charrette se renversa dès qu'elle eut passé le mur d'enceinte. Tous y virent le signe que le dieu Vishnu préférait rester où il était. Ce temple fut rebaptisé *Shri Nathdwara*, la porte d'accès au dieu. L'incident fut bientôt célèbre dans tout le pays et les fidèles accoururent, toujours plus nombreux, pour apercevoir leur idole chaque fois que les portes s'entrouvraient. »

Ce jour-là, nous eûmes la très grande chance d'apercevoir l'image sacrée : la statue bleu foncé de Vishnu était ornée de superbes décorations florales ou artisanales, exécutées avec soin. Le temple était rempli de fruits, de fleurs, de bougies et d'encens. Les couleurs, les sons et les odeurs se mêlaient à la dévotion des fidèles pour créer une atmosphère unique, aussi mystique que sensuelle.

À la sortie du temple, quelques artisans gravaient le nom de Vishnu sur des grains de riz, qu'ils vendaient aux touristes et aux pèlerins. Ces grains gravés, devenus sacrés, résument à eux seuls les fabuleuses qualités de Vishnu. Ils sont le microcosme du macrocosme – le monde dans un grain de riz.

Nous partîmes ensuite pour le mont Abu et sa station climatique située au bord d'un lac, à mille deux cents mètres d'altitude. Les rois et reines râjputs aimaient y venir en villégiature. Sacré pour les hindous comme pour les jaïns, le mont abrite aussi de nombreux temples.

On raconte que les dieux creusèrent le lit du lac Nakki à mains nues, en grattant le sol de leurs ongles (*nakh*). Ils désiraient offrir aux nymphes, aux hommes, aux animaux et aux oiseaux un réservoir d'eau pure où ils pourraient étancher leur soif, se laver et purifier leur âme. Ce fut long, mais ils ne manifestèrent aucune impatience. Au contraire : plus le chantier durait, plus le lac devenait sacré.

La construction des temples jaïns s'étira dans le temps, elle aussi, mais elle fut assurée par des hommes et des éléphants. Tout au long des XIe, XIIe et XIIIe siècles, des troupeaux d'éléphants transportèrent des blocs de marbre blanc au sommet de la montagne. Lorsque les temples furent achevés, on édifia un pavillon en leur honneur à côté de l'entrée principale. Les maçons, les sculpteurs, les chefs d'équipe et les cornacs furent également remerciés : ils sont abondamment représentés dans le marbre du pavillon, eux aussi.

Cet ensemble religieux exceptionnel comprend cinq temples jaïns : les fameux temples de Dilwara. Le plus ancien et le plus beau d'entre eux fut construit au XIe siècle en l'honneur d'Âdinâtha, le premier des *tîrthankara* jaïns. Il repose sur quarante-huit colonnes de marbre finement sculptées. Elles sont dédiées aux vingt-quatre *tîrthankara* et aux vingt-quatre animaux qui leur sont associés. Dressées côte à côte, ces colonnes symbolisent le lien indestructible qui unit les hommes aux autres espèces. Considérée par les jaïns comme immuable et éternelle, cette relation d'interdépendance entre le monde des hommes, le monde des animaux et le monde des dieux est au cœur de leurs pratiques religieuses.

Bâti en 1230, le deuxième temple du complexe de Dilwara est consacré à Neminâtha, le vingt-deuxième *tîrthankara*. C'est un des joyaux de l'architecture indienne. Les plafonds de marbre sont richement sculptés, faisant apparaître les dieux, les déesses, les héros, les fleurs, les animaux et les oiseaux qui peuplent les mythes et les légendes jaïns. Je me souviens en particulier d'une fleur de lotus sculptée si finement dans le marbre qu'elle me parut réelle. Elle se détachait d'un dôme avec une grâce et une délicatesse inouïes. Le talent de l'artisan qui la fit surgir d'un bloc de pierre était si grand qu'elle étincelle encore huit siècles plus tard.

En travaillant avec patience et diligence, ces graveurs et ces sculpteurs ont mis le meilleur d'eux-mêmes dans leurs œuvres. Tout en s'appliquant à ciseler le marbre des temples, ils travaillaient sur eux-mêmes pour parvenir à une pureté d'âme et d'intention propice à l'avènement de la beauté pure. Pour les jaïns, l'art est la manifestation extérieure de l'accomplissement intérieur. Il ne se suffit jamais à lui-même : aussi humble soit-elle, une œuvre d'art est toujours un vecteur de dévotion, de contemplation ou de méditation. C'est une manifestation de l'esprit. L'art jaïn, qu'il s'agisse des tableaux ou des sculptures qui ornent les temples, des miniatures ou des illustrations qui figurent dans les textes sacrés, est toujours d'une extrême sensualité. Que de tels ascètes aient conçu des œuvres d'une telle richesse et d'une telle complexité constitue pour moi – et pour de nombreux spécialistes – un véritable paradoxe.

Au Moyen Âge, les Européens envisageaient l'art comme une offrande à Dieu. Plus tard, lorsque le poids de la religion se fit moins important, l'art servit à glorifier le génie humain. Au XXe siècle, on s'orienta vers « l'art pour l'art ». Aujourd'hui, la tendance est à l'art pour l'artiste : la personnalité de l'artiste l'emporte sur tout le reste, et le divin n'apparaît plus nulle part. Le savoir-faire technique, l'habileté et la beauté n'ont plus rien à voir avec cette forme d'« art ».

En arrivant à Dilwara, nul ne peut imaginer que les murs d'enceinte dissimulent de tels temples. Même leurs façades extérieures ne laissent rien transparaître de leur beauté. La sobriété de ces bâtiments nous rappelle que seules comptent les qualités intérieures : l'enveloppe extérieure, elle, n'a aucune importance.

Le jour déclinait. Sur les conseils de Nagajara, notre hôte, nous quittâmes les temples pour aller admirer le coucher du soleil depuis le sommet du mont Abu. Là, nous contemplâmes les vastes plaines du Rajasthan, mouchetées de lacs et de champs qui rougissaient sous les feux du couchant. L'horizon se parait de mille couleurs sous nos yeux émerveillés.

« Je me demande souvent pourquoi les Indiens courent après le pétrole, le gaz, l'électricité et le bois, alors qu'ils pourraient utiliser l'énergie solaire, déclara Nagajara. Si nous redevenions, comme autrefois, des adorateurs de Vishnu et de son incarnation en dieu Soleil, nous pourrions résoudre la plupart de nos problèmes d'énergie ! Mais c'est une solution simple, et la société moderne aime les choses compliquées. Elle adore ce qui est rare et méprise ce qui est abondant. Recourir à l'énergie solaire et recueillir les eaux de pluie serait une preuve de bon sens. Mais le bon sens ne court plus les rues, hélas ! La faute en incombe surtout à l'élite indienne : elle a fait trop d'études pour s'abaisser à écouter l'homme de la rue... Vivre du soleil et entretenir avec lui une relation de révérence me paraît pourtant beaucoup plus important que de construire des autoroutes, des carrières de marbre et des bombes atomiques. »

Nous passâmes la nuit dans une institution religieuse gérée par des femmes qui pratiquent et prêchent le renouveau spirituel et le progrès social dans le monde entier. Ces femmes s'appellent les *Brahmâ Kumaris*, les « Filles divines ».

Nous fûmes surpris mais heureux de constater qu'elles utilisaient l'énergie solaire pour faire bouillir de gigantesques marmites d'eau et préparer à manger aux milliers de fidèles qui venaient chaque jour leur rendre visite. Elles possédaient la plus grande cuisinière solaire du monde. Nous visitâmes les cuisines installées sur Abu Road, où des centaines de volontaires participaient à la confection des repas servis aux fidèles : les réchauds étaient alimentés par plusieurs réflecteurs solaires. Si les Brahmâ Kumaris parvenaient à nourrir cinq mille personnes par jour grâce à l'énergie solaire, pourquoi le reste du pays n'en ferait-il pas autant ? Pourquoi les industriels et le gouvernement indiens continuent-ils à importer du pétrole à prix d'or ? Le pays n'est pourtant pas dépourvu de ressources naturelles ! Les solutions sont là, mais la classe politique au pouvoir manque d'imagination, hélas.

Les Brahmâ Kumaris n'en manquent pas, elles. C'est ce qui les aide à nourrir les membres de leur communauté et les nombreux visiteurs qui s'y pressent chaque jour. C'est aussi ce qui leur permet de les nourrir spirituellement. Elles mettent leur imagination au service du renouveau spirituel qu'elles appellent de leurs vœux. Favorables à la méditation, elles incitent leurs disciples à surmonter les forces conjuguées de l'ego, de la colère et de l'envie.

Le fondateur du mouvement s'appelait Brahmâ Baba. Il était marchand de diamants dans la province du Sind depuis de longues années quand il fut frappé d'une révélation : il comprit qu'aucun diamant, aussi beau fût-il, ne pourrait lui procurer la satisfaction et la paix intérieure auxquelles il aspirait. Pour être heureux, il devait apprendre à apprécier le caractère sacré de la vie ordinaire ; et c'est en se mettant au service d'autrui qu'il parviendrait à sa propre réalisation de soi. Fort de ces convictions, qu'il réunit sous le nom de *râja yoga*, il fonda un centre spirituel au mont Abu en 1950. L'organisation compte aujourd'hui quatre cents centres en Inde et plusieurs centaines d'autres dans le monde entier, où des dizaines de milliers d'hommes et de femmes viennent suivre des stages de méditation et de yoga.

« Le yoga est le principe fondamental de l'univers, nous expliqua Nagajara. Fondé sur la philosophie védique, il se pratique en Inde depuis des millénaires. Chacun de nous peut suivre les grands principes du yoga en les adaptant à ses aspirations et à ses capacités personnelles. Yoga signifie "union" en sanskrit. C'est une discipline qui vise à unifier, à associer et à relier les choses et les êtres. Le yoga nous permet de réaliser la synthèse de notre être ; le *viyoga*, son opposé grammatical, nous incite à l'analyse. Ces deux tendances sont essentielles à notre compréhension du monde. Mais il faut toujours commencer par la synthèse – le yoga –, avant de passer à l'analyse – le *viyoga* – si elle se révèle nécessaire.

— Quelles sont les différentes sortes de yoga ? demandai-je.

— Il existe de nombreuses manières de pratiquer le yoga, réparties en six grandes voies principales. La première est le *hatha yoga*, le yoga du corps. C'est la forme de yoga la plus répandue en Occident, celle qui consiste à mettre en contact les différentes parties de notre corps (il faut attraper ses pieds avec ses mains ou poser sa tête sur ses genoux, par exemple) afin de nous détendre, de gagner en force et en souplesse.

— Pratiques-tu cette forme de yoga ?

— Bien sûr. D'ailleurs, le lotus est l'une de mes positions favorites ! Elle s'obtient en plaçant le pied droit sur la cuisse gauche et le pied gauche sur la cuisse droite. Ensuite, il faut redresser le dos, étirer la nuque et détendre les épaules. Enfin, pour parfaire la posture, on joint les paumes avant de les poser sur ses genoux. C'est idéal pour méditer. En posant le pied gauche sur la cuisse droite et le pied droit sur la cuisse gauche, on brouille les repères : on ne sait plus très bien quel est son pied gauche, quel est son pied droit. Ils fonctionnent en symbiose parfaite. L'union des contraires est l'un des principes fondamentaux du yoga. Le *hatha yoga* nous aide à réaliser cette union dans notre propre corps.

» La manière dont nous nous saluons en Inde perpétue ce principe, elle aussi. Nous joignons les mains, avant de nous incliner en signe de respect. Nos paumes jointes symbolisent l'union du gauche et du droit, de celui qui salue et de celui qui est salué et, par extension, de l'humain et du divin. Ainsi, nous sommes tous en harmonie les uns avec les autres.

— Je comprends, dis-je. Quelles sont les autres formes de yoga ?

— La deuxième voie est celle du *karma yoga*, le yoga de l'action. Si nous parvenons à unir notre corps, notre âme et notre esprit dans l'action, nous sommes des karma yogis.

» La troisième voie est le *dhyana yoga*, le yoga de la méditation. Là aussi, il s'agit d'unir deux contraires : l'action et la méditation. Comme le bruit et le silence, elles sont profondément liées entre elles, mais pas réellement opposées. Nous marchons sur deux jambes, n'est-ce pas ? Nous passons sans cesse de l'une à l'autre. Il en va de même pour notre vie, qui passe sans cesse du mouvement à l'immobilité.

» Puis vient le *jnâna yoga*, le yoga de la connaissance transcendante. La connaissance, telle qu'elle est conçue en Occident, est un concept trop étroit. Le terme sanskrit *jnâna* est beaucoup plus large : il englobe la sagesse, la compréhension, l'intuition et la sagacité.

» La cinquième forme de yoga est le yoga de la dévotion et de l'adoration (*bhakti yoga*). Pratiqué seul, ce yoga peut conduire au fondamentalisme et au dogmatisme religieux. De même, la voie de la connaissance peut entraîner ses adeptes vers le cynisme et le scepticisme. Le yoga de la connaissance et le yoga de la dévotion sont donc parfaitement complémentaires.

» En dernier vient le *râja yoga*, le yoga royal. Il se nomme ainsi parce qu'il réunit les cinq grandes voies du yoga.

» Certaines personnes accordent plus d'importance à une voie qu'à une autre, ou ne pratiquent qu'une seule forme de yoga. C'est possible, bien sûr. Mais, en agissant ainsi, elles contredisent le sens même du yoga, qui consiste à unir les choses entre elles. Le yoga inclut tous les aspects de la vie. Tout vient de lui et tout revient à lui. »

21

Un artisanat bien vivant

L'artiste n'est pas un homme à part, mais chaque homme est un artiste à part.

Ananda COOMARASWAMY

Du mont Abu, nous rejoignîmes Ahmadabad, la capitale du Gurajat. Autrefois, le textile y était roi. Aujourd'hui, il ne reste presque rien de cette suprématie, si ce n'est le merveilleux musée du Calicot. On y admire des textiles anciens et modernes, des tapisseries rares, des tentures murales, des tentes et des dais tissés, des couvertures brodées destinées aux éléphants, et d'autres spécialement conçues pour couvrir les chars qui servent à transporter les statues des dieux et des déesses lors des processions. Plusieurs dizaines de saris enrichissent les collections, permettant ainsi d'admirer tous les tissages, toutes les étoffes, toutes les trames et toutes les couleurs possibles. Nous fûmes particulièrement fascinés par un grand sari blanc : son apparente banalité s'évanouit lorsque notre guide alluma une lampe placée derrière lui, faisant surgir les motifs extraordinaires que l'artisan avait dissimulés dans la trame du tissu : des arbres, des oiseaux, des animaux, des hommes et des femmes formaient un univers entier dans ce petit morceau de tissu blanc.

Je pensai alors à ces vers de William Blake :

> Voir un monde dans un grain de sable
> Et un paradis dans une fleur sauvage,
> Tenir l'infini dans le creux de la main
> Et l'éternité dans une seule heure[1].

Nous dormîmes sur le campus de la Gujarat Vidyapeeth, l'université du Gujarat, fondée par le Mahatma Gandhi en 1920. À cette époque, la majeure partie de l'enseignement supérieur dispensé en Inde l'était en anglais, selon des méthodes et des programmes britanniques. Convaincu qu'un tel système ne pourrait servir une Inde indépendante, Gandhi œuvra à la création de cette université, qui redonnait la primauté au sanskrit, à l'histoire et à la littérature indiennes.

Sous la férule des pédagogues britanniques, l'apprentissage de la lecture, de l'écriture et de l'arithmétique, érigé en principe directeur, avait balayé les méthodes d'éducation traditionnelles fondées sur le compagnonnage, la transmission du savoir-faire artisanal, l'initiation au sanskrit et la lecture des grands textes religieux et philosophiques indiens. En 1835, quand lord Macaulay avait fait voter l'*Indian Education Act* devant le Parlement britannique, il avait précisé sa démarche en ces termes : « La totalité de la littérature indienne ne vaut pas un bon rayonnage de littérature européenne. [...] Le sanskrit, qui ne peut servir de langage juridique ou religieux, se révèle inapte à remplir notre mission

1. Premiers vers des « Augures de l'Innocence », traduits en français par Alain Suied, Paris, Arfuyen, 1992.

civilisatrice. […] Notre tâche consiste à former une nouvelle catégorie de sujets qui soient indiens par le sang et la couleur de peau, mais anglais par les goûts, les opinions, la morale et l'intellect. »

L'Empire britannique imposa ses méthodes d'éducation en remplaçant systématiquement les écoles indiennes par des écoles coloniales. Dans les universités, l'anglais devint la langue d'enseignement et de référence. On incita les Indiens des classes supérieures à envoyer leurs enfants en Angleterre afin qu'ils y reçoivent une « bonne éducation ». Même ceux qui étudiaient en Inde n'avaient pas la possibilité de se familiariser avec leur propre culture, puisque leurs professeurs leur inculquaient la poésie anglaise, le droit anglais et les coutumes anglaises. Il était plus important de lire Shakespeare que les classiques indiens.

Le Mahatma Gandhi souhaitait créer un système équilibré où l'apprentissage manuel serait l'égal de l'apprentissage intellectuel ; où les mains seraient aussi importantes que l'esprit ; où le développement du cœur aurait autant de valeur que le développement de l'intellect.

Selon lui, le système éducatif britannique abordait les grandes questions par l'analyse, alors que le système indien, lui, les abordait par la synthèse. L'éducation anglaise de l'époque cherchait à mettre de l'huile dans les rouages du commerce et de l'administration : elle valorisait donc l'individualisme et l'ambition personnelle. À l'inverse, le système indien mettait l'accent sur la recherche du spirituel et le développement de l'esprit communautaire. Les méthodes d'instruction britanniques instauraient une hiérarchie entre métiers manuels et métiers intellectuels : en haut de l'échelle se trouvaient les employés de bureau, les fonctionnaires et les banquiers, qui étaient bien payés ; en bas de l'échelle, on trouvait les fermiers, les tisserands, les potiers et les barbiers, moins respectés et moins payés.

Pour Gandhi, cette hiérarchie n'avait pas lieu d'être : il encourageait les Indiens à accorder une égale valeur au travail intellectuel et au travail manuel. Pourquoi les opposer ? L'un comme l'autre exigent des compétences et un savoir-faire qui méritent le respect, affirmait-il. Idéalement, les travailleurs intellectuels devraient prendre part au travail manuel, et vice versa.

Ce fut dans cet esprit que le Mahatma conçut la Gujarat Vidyapeeth : il souhaitait que les enseignants y dispensent le savoir intellectuel à parts égales avec le savoir-faire manuel, qu'ils valorisent autant les compétences sociales que les connaissances spirituelles. Pour lui, la connaissance était le meilleur chemin vers l'humilité et la vérité. La vraie connaissance ne génère jamais d'arrogance. Ce n'est pas un instrument de pouvoir, comme l'affirment certains, mais un moyen de rendre service à la communauté.

La Gujarat Vidyapeeth fut la première université du pays à dispenser son enseignement en gujarâtî et en hindi. À la formation académique s'ajoutaient les tâches collectives que se partageaient enseignants et étudiants. Ainsi, chacun s'impliquait dans la vie communautaire, la préparation des repas et l'utilisation quotidienne du rouet pour tisser ses propres vêtements.

Cette université modèle appartient désormais au passé : l'Inde est devenue indépendante, mais elle n'a jamais réalisé les rêves de Gandhi en matière d'instruction publique. C'est la tragédie de ce pays : le drapeau a changé, mais le système est demeuré le même. Le gouvernement indien a laissé en place le modèle éducatif hérité de l'Empire britannique. Il s'est emparé des établissements fondés par les leaders du mouvement pour l'Indépendance et les a détournés de leurs objectifs initiaux. Ce fut notamment le cas à l'université du Gujarat, où les subventions ne furent plus attribuées qu'aux formations calquées sur le modèle anglo-saxon. Les bureaucrates du ministère imposèrent à l'équipe enseignante des examens et un cursus qui faisaient la part belle aux connaissances intellectuelles et ôtaient toute valeur aux travaux manuels.

Sur place, nous fûmes heureux de constater que certains principes chers à Gandhi subsistaient encore. Quelques enseignants, assis sur des coussins posés à même le sol, discutaient avec leurs étudiants. « C'est un cours de jaïnisme », nous expliqua-t-on. Je souris. Cette scène m'évoquait effectivement l'enseignement jaïn traditionnel, qui met la participation de l'élève, l'interrogation et la communication orales au cœur des méthodes éducatives.

L'atmosphère chaleureuse qui régnait sur le campus, l'hospitalité qu'on nous manifesta et la splendeur des grands arbres qui ombrageaient les cours intérieures nous prouvèrent que l'esprit de Gandhi n'avait pas encore tout à fait quitté ces lieux.

L'ashram de Sabarmati, créé en 1915 par Gandhi et installé deux ans plus tard sur les berges du fleuve du même nom, se trouve aussi dans les environs d'Ahmadabad, non loin de l'université. Fondé par le Mahatma à son retour d'Afrique du Sud, cet ashram revêt une importance particulière dans l'histoire de la lutte pour l'indépendance de l'Inde, puisque c'est Sabarmati que Gandhi choisit comme point de départ de sa fameuse marche du sel. Il déclara avant de partir qu'il n'y remettrait pas les pieds tant que l'Inde ne serait pas libérée du joug britannique. Il tint sa promesse et ne revint pas chez lui, à Sabarmati, avant de longues années. Mais il laissa derrière lui plusieurs amis, qui firent vivre le lieu et la communauté de disciples qui s'y trouvaient. Transformé en musée, l'ashram accueille chaque jour un grand nombre de visiteurs, et abrite toujours un groupe de gandhiens qui vivent du filage, du tissage, de l'horticulture, de l'artisanat et de l'enseignement.

À l'époque de Gandhi, Ahmadabad était réputé pour son industrie textile et ses immenses filatures de coton, qui mirent au chômage des familles entières de fileurs et de tisserands. Comme William Blake et William Morris avant lui, Gandhi s'opposait à ces « sombres usines sataniques[1] » : consterné par les ravages qu'elles généraient au sein des communautés villageoises, il lança une grande campagne nationale en faveur de l'artisanat indien. Plusieurs dizaines de milliers de personnes se massèrent dans le lit asséché du fleuve pour l'écouter. Les photos de ces rassemblements, mêlées à de nombreuses autres, prises pendant la lutte pour l'Indépendance, couvrent les murs du musée installé dans l'ashram. Le rouet, qui fut ajouté au drapeau du parti du Congrès, devint l'emblème du mouvement pour l'Indépendance. Encore aujourd'hui, le filage et le tissage manuels symbolisent les traditions millénaires de l'artisanat indien. Bien que le gouvernement actuel les traite comme les parents pauvres du secteur industriel, les artisans continuent de lutter pour occuper la place qui devrait être la leur au sein de la société indienne.

Nous visitâmes également, et avec grand plaisir, le marché artisanal d'Ahmadabad, où les meilleurs artisans du pays viennent vendre leurs produits : on y trouve des bijoux de Jaipur, des poteries du Panjab, des bracelets du Bihar, des tableaux du Bengale, des châles

---

1. Extrait de « Milton », un des poèmes les plus célèbres de William Blake, composé en 1804.

du Gujarat, des couvertures de Jaisalmer, et des centaines d'autres articles venus des quatre coins du pays. Tous combinent le beau, l'utile et le durable. En eux, l'art se mêle à l'artisanat, la forme à la fonction, l'éthique à l'esthétique. Quand un objet est bien conçu, quand il est fabriqué avec soin et avec amour, avec talent et avec intelligence, il se transforme en objet d'art.

Nous fîmes la connaissance d'un jeune artiste bengali nommé Bali Chitrakar. Il vendait ses œuvres, ainsi que celles de ses parents, sur le marché d'Ahmadabad. Toutes illustraient, sur de longs rouleaux de papier, des scènes du *Râmâyana* et du *Mahâbhârata*. Tenant d'une main le rouleau illustré qui narrait la vie de Râma, Bali en chantait les épisodes les plus marquants. Intrigués, nous nous approchâmes et découvrîmes son travail avec ravissement. Alignées sur une grande bande de papier, quarante vignettes exposaient les mésaventures de Râma. Rien ne manquait : ni son exil dans la forêt, ni les ruses employées par le démon Râvana pour séduire sa femme Sitâ, ni la guerre que Râma lui livra ensuite pour venger l'honneur de son épouse. Tout le *Râmâyana* était là, résumé en quarante images ! C'était prodigieux. Le jeune artiste ajouta à notre émotion en chantant avec une telle ferveur que nous en eûmes les larmes aux yeux.

Un peu plus loin, nous découvrîmes les peintures murales de plusieurs artistes originaires de la région de Madhubani, au Bihar. Séduits par la qualité et l'originalité de leur travail, nous leur achetâmes deux œuvres et discutâmes un moment avec eux. Ils nous invitèrent à leur rendre visite dans leur village et nous demandèrent de les aider à promouvoir l'artisanat traditionnel et à rétablir le respect du grand public pour cette forme d'art. « Notre travail est délaissé, dénigré ou transformé en simple objet de consommation, nous expliqua l'un d'eux. Certains artistes du village sont portés aux nues, alors que d'autres restent dans l'ombre. Ce n'est pas dans nos habitudes. Pour nous, l'art n'est pas un commerce : c'est une façon de vivre ! Nous passons autant de temps à peindre ou à chanter qu'à cultiver nos champs, à filer et à tisser le coton ou à bâtir nos maisons. L'art n'est pas une activité à part : il imprègne chaque instant de notre vie. »

Après notre visite au marché artisanal, qui nous laissa aussi émus qu'enthousiastes, nous eûmes le grand privilège de rencontrer le peintre Haku Shah, qui renouvelait avec talent la tradition picturale indienne. De petite taille, Haku portait ce jour-là un pantalon blanc et une longue chemise de coton filé à la main. Âgé d'une bonne soixantaine d'années, il en paraissait dix de moins et faisait preuve d'une franchise et d'un enthousiasme presque enfantins, qui se mêlaient de manière étonnante à son sens aigu des convenances. Il nous reçut chez lui, dans son atelier, une grande pièce lumineuse qui servait aussi de salon et, parfois, de chambre à coucher pour ses invités. Il habitait avec Vilu, son épouse.

Haku était à la fois peintre, poète, conservateur et potier. Il appréciait particulièrement la beauté et la simplicité de la vie rurale et des arts populaires. « Chacun de nous dispose d'un potentiel de créativité artistique, nous dit-il. Mais notre civilisation utilitaire et industrielle a rayé l'art de notre vie quotidienne. Peindre, dessiner, danser, chanter, jouer la comédie, construire ou faire quelque chose de ses mains sont devenus des luxes "inutiles". L'art était un mode de vie. L'avènement de la production et de la consommation de masse l'a relégué au rang de simple passe-temps. »

Pour Haku, l'art n'était ni un luxe ni un loisir. C'était une composante essentielle de la vie humaine. « Les œuvres des vrais artistes ne se trouvent pas tant dans les musées et les galeries d'art que dans les communautés rurales et tribales de notre pays. Les habitants de certaines régions rurales peuvent paraître "sous-développés" et illettrés à certains, mais leurs objets d'art et d'artisanat nous prouvent qu'ils sont détenteurs d'une très grande culture. »

Haku était né dans un petit village du Gujarat. Ses parents l'avaient envoyé dans une école gandhienne, où il avait appris à dessiner, à filer, à coudre, et même à laver ses vêtements. Ses maîtres lui avaient transmis les valeurs chères à Gandhi – simplicité, solidarité et don de soi – qui le guidaient encore aujourd'hui. Il avait dû ensuite lutter pour financer ses études artistiques dans des conditions souvent précaires. Il avait alors si peu d'argent qu'il lui était souvent arrivé de ne pas manger à sa faim. Un jour, alors qu'il venait de dépenser ses dernières roupies dans l'achat d'un beignet de légumes, un milan le lui avait chipé des mains, si habilement qu'il ne lui était resté que l'emballage ! Il n'avait que très peu de vêtements à l'époque et lavait chaque soir son unique caleçon pour pouvoir le remettre le lendemain. Ces années difficiles lui avaient permis de comprendre les préoccupations des artistes et des artisans les plus pauvres de l'Inde, ceux qui vivent en zone rurale, et de respecter leur mode de vie.

Pour Haku, il y avait autant de beauté et d'élégance dans une peinture murale accrochée au mur d'une hutte en terre que dans un bas-relief religieux du XIIIe siècle. Il savait percevoir la grâce qui émane des statuettes d'argile façonnées par les artisans des régions les plus reculées du pays. Cette sensibilité faisait de lui le porte-parole des artistes méconnus ou méprisés des communautés tribales. « C'est la beauté qui a sauvé l'Inde autrefois, et c'est la beauté qui la sauvera à l'avenir », assurait-il.

Respectueux des méthodes picturales traditionnelles, Haku utilisait dans son œuvre des couleurs choisies, toujours délicates et porteuses d'une grande sérénité. Les vaches, les arbres et les flûtes, qui évoquent les mythes et les légendes de l'Inde, étaient pour lui des éléments récurrents : ses tableaux montraient souvent une silhouette jouant de la flûte, debout sous un arbre à côté d'une vache. En accord avec la nature et à l'aise avec lui-même, l'homme qui figurait dans les tableaux de Haku vivait aussi en harmonie avec le règne animal.

« L'art sert à relier. À nous relier à nous-mêmes, bien sûr, mais aussi à l'univers entier, nous expliqua-t-il. La musique, que symbolise la flûte, est une passerelle, elle aussi. Elle permet de relier les hommes entre eux. Le son est sacré. Il nourrit l'âme et l'imaginaire. »

L'œuvre de Haku exprimait la force des liens qui unissent l'homme, la nature et l'esprit.

« L'art naît de l'amour, du talent et de la concentration, dit-il. L'amour permet de lâcher prise : on ne garde rien pour soi, on se laisse aller et on se laisse traverser. Le talent se travaille : il faut pratiquer son art chaque jour pour progresser. Enfin, l'art, comme la méditation, requiert beaucoup de concentration. Il faut être pleinement présent à soi-même et à ce qu'on fait. »

Pour Haku Shah, l'art était une façon d'exalter la vie, la communauté, la nature et le divin.

« Où puisez-vous votre inspiration ? lui demandai-je.

— La nature est ma première source d'inspiration, répondit-il. Les Indiens ont toujours considéré la nature comme leur premier maître. Lorsqu'on demandait à Bouddha : "Auprès de qui devons-nous apprendre la compassion et le pardon ?", il montrait la terre du doigt en disant : "La Terre est pleine de compassion, toujours prête à donner et à pardonner." »

Haku trouvait donc dans la nature le premier sujet de ses tableaux et de ses poèmes. Il nous lut deux poèmes ce jour-là : le premier faisait dialoguer une jeune fille et une fourmi ; le second mettait en scène une fillette et un oiseau.

Haku avait longtemps travaillé à la Gujarat Vidyapeeth, où il avait réuni un grand nombre d'objets d'art et d'artisanat en provenance des zones tribales du Gujarat. Ces fonctions d'ethnologue et de conservateur lui avaient permis de faire connaître les traditions artisanales et artistiques de la région au grand public. Tant que des hommes comme Haku vivront et travailleront en Inde, l'art y restera vivace.

Je fus soulagé d'apprendre que son œuvre suscitait un vif intérêt auprès des acheteurs et des spécialistes d'art contemporain. Il appartenait au cercle restreint des peintres qui n'accordaient aucune attention à la mode et parvenaient pourtant à toucher le cœur de leurs contemporains.

Lui qui n'avait jamais cherché la gloire jouissait à présent d'une renommée internationale. Comme le disait Thoreau, « le succès vient généralement à ceux qui sont trop occupés pour le chercher ». Bien que ses œuvres aient été exposées à Bombay, à Delhi, à Londres ou à New York, il n'avait rien changé à son mode de vie. Il habitait la même maison depuis trente ans. Il peignait dans son salon, meublé du strict nécessaire. Pour reprendre l'une des expressions de la *Gîtâ*, Haku était un « sage à l'intelligence solide ».

22

Être pèlerin

Nous quittâmes Ahmadabad à l'aube pour nous rendre à Palitana, une petite ville située sur la côte sud du Gujarat. En bus, le trajet nous prit cinq heures. Comme Dilwara, Palitana est un lieu sacré pour les jaïns. Sur la colline de Shatrunjaya, qui domine la ville, se dressent des temples que tout jaïn doit visiter au moins une fois dans sa vie. D'après la tradition, un pèlerinage à Palitana équivaut à dix pèlerinages dans d'autres sites de moindre importance. Quiconque cherche à se libérer du joug de l'attachement, à trouver la paix et la sérénité intérieures doit venir méditer sur cette colline sacrée.

Nous passâmes la nuit dans l'une des nombreuses auberges mises gratuitement à disposition des pèlerins par de riches familles jaïnes, qui s'acquittent ainsi de leur *dâna*, leur don rituel, envers la communauté.

À 6 heures le lendemain matin, nous commençâmes à gravir cette colline, qui s'élève à six cents mètres au-dessus du niveau de la mer. Trois mille marches permettent d'accéder facilement au sommet, où huit cent soixante-trois temples jaïns dominent le paysage alentour. Les pèlerins se figent un instant sur chacune d'elles pour parcourir du regard la distance qui les sépare encore des temples et de l'état d'Éveil, où souffrance et plaisir, douleur et bonheur, perte et gain ne pèsent plus sur l'âme humaine. Le soleil grimpait dans le ciel à mesure que nous grimpions vers le sommet. Une douce lumière baignait le paysage et s'insinuait dans nos cœurs.

Certains pèlerins marchaient pieds nus, la fabrication de chaussures en cuir représentant à leurs yeux une forme de violence inadmissible. « Poser nos pieds nus sur la terre sacrée nous permet d'entrer en relation avec l'esprit du lieu », nous expliqua l'un d'eux.

Nous atteignîmes le sommet de la colline après une bonne heure de marche. Plusieurs milliers de fidèles se pressaient dans les temples, et plus particulièrement dans le temple d'Âdinâtha, le plus sacré de tous.

En entrant dans le temple, chaque pèlerin sonnait la cloche, déposait des fleurs devant les statuettes, allumait des bougies et se joignait aux groupes de fidèles qui chantaient des mantras en manipulant des chapelets de perles. Dans l'enceinte du bâtiment, plusieurs groupes de pèlerins étaient assis devant de petites tables basses. Ils formaient des symboles religieux à l'aide de grains de riz, qu'ils assemblaient au gré de leur méditation. Ils remettaient ensuite le riz dans le récipient posé près de la table à disposition des pèlerins suivants. Aussi éphémère soit-elle, cette forme d'art méditatif ouvre la voie à la prière et à la dévotion.

Derrière ce temple se dresse l'arbre sous lequel Âdinâtha, le premier des vingt-quatre guides spirituels, se serait assis avant d'atteindre l'Éveil. On y voyait en permanence un grand nombre de pèlerins, qui tournaient sans relâche autour de l'arbre sacré dans l'espoir d'y trouver la libération de l'âme.

L'enceinte de l'édifice est ornée de statues représentant les vingt-trois autres *tîrthankara*. Certains sont debout, d'autres sont assis, plongés dans une profonde méditation. Taillés dans du marbre noir ou blanc, sculptés dans une pierre rouge ou jaune, ils nous rappellent que tout être humain, quelle que soit sa couleur de peau, peut connaître l'Éveil. Ce n'est pas non plus un privilège réservé aux hommes, puisque Mallinâtha, le dix-neuvième *tîrthankara*, était une femme.

Les pèlerins considèrent la *bhakti*, la voie de la dévotion, comme le moyen le plus simple d'atteindre la libération de l'âme. Le fait d'abandonner leur ego, leur individualité et même leur identité à Âdinâtha leur permet d'abolir les barrières qui séparent l'humain du divin. C'est pour pratiquer la *bhakti* que les pèlerins se rendent à Palitana. Certains font l'ascension de la colline une fois par jour ; d'autres se rendent aux temples à l'aube et au crépuscule ; d'autres encore y montent à plusieurs reprises, même en plein soleil, et ne s'accordent qu'un bref répit entre les ascensions.

Palitana accueille des pèlerins toute l'année : des moines et des moniales, bien sûr – ils sont plus d'un millier à venir pratiquer la *bhakti* chaque jour –, mais aussi des laïcs en quête de beauté et de pureté intérieures. Gagnés par la dévotion et la sérénité qui règnent dans ce lieu extraordinaire, ils retournent à leur vie quotidienne réenchantés et profondément revigorés.

Nous visitâmes également le temple de Padmâvatî, qui se dresse à mi-pente sur la colline de Shatrunjaya. Déesse protectrice de Pârshvanâtha, le vingt-troisième *tîrthankara*, Padmâvatî, ou « Esprit du Lotus », est aussi la déesse de la Grâce. Elle protège tous les pèlerins qui viennent à Palitana. Associée au lotus, elle en a la douceur et la pureté. Ceux qui la prient cherchent à atteindre les qualités de cette fleur exceptionnelle.

« Le lotus symbolise le détachement, nous expliqua le gardien du temple en nous donnant sa bénédiction. Il fleurit dans des eaux boueuses sans que jamais la boue salisse ses pétales. Il en va de même pour les pèlerins qui se vouent à Padmâvatî : nulle pensée négative ne vient souiller leur âme. Plus nous serons sereins, plus nous révélerons la douceur et le flegme du lotus qui sommeille en nous. Pourquoi nous asseoir sur des clous quand nous pouvons nous poser sur un lit de pétales ? Notre vie dépend de ce que nous en faisons. Celle du lotus est faite de beauté, de couleurs et de joie. Approchez-vous de Padmâvatî. Elle vous dira : "Je suis un lotus. Et toi ? En es-tu un ? Sinon, qui t'en empêche ?" »

Nous nous assîmes face à la statue de la déesse et nous la contemplâmes un long moment. Pourquoi nous heurter au mur de l'ego ? me demandai-je. Pourquoi souffrir de nos ambitions déçues alors que nous pourrions être aussi doux et sereins qu'une fleur de lotus ?

« Tu as raison, dis-je à la déesse. Pourquoi ne serais-je pas un lotus, moi aussi, puisque telle est ma vraie nature ? »

Un profond soulagement nous envahit. Nous nous levâmes et nous inclinâmes devant la statue avant de quitter le temple.

Le lendemain matin, notre ami Jayu Shah nous invita à prendre le petit déjeuner dans l'une des nombreuses maisons d'hôtes qui accueillent les pèlerins jaïns à Palitana. On peut s'y restaurer pour la modique somme d'une roupie par personne. Ce tarif symbolique évite aux familles modestes l'embarras de se voir offrir un repas gratuit. Il permet à tous, même aux membres les plus pauvres de la communauté jaïne, d'entreprendre régulièrement ce pèlerinage essentiel.

Avant de s'installer à Palitana, Jayu Shah était marchand de diamants à Bombay. Brusquement lassé de ses activités, il avait tout quitté du jour au lendemain pour se mettre au service d'autrui. À présent, il s'occupait des pèlerins. Il avait renoncé à sa fortune, marchait pieds nus et dormait à même le sol sur une petite natte.

Nous déjeunâmes ensemble de pain, de lait frais et de légumes séchés au soleil. Jayu mangea avec appétit, puis il essuya soigneusement l'assiette en métal du bout des doigts et versa un peu d'eau au fond pour la rincer. Enfin, portant l'assiette à ses lèvres, il avala cette dernière gorgée d'eau. La plupart des jaïns terminent leur repas de cette manière. « Comme ça, je ne gâche rien et je n'ai presque pas de vaisselle à faire ! » nous expliqua Jayu en riant. Tout dans ses gestes comme dans son attitude témoignait de la simplicité jaïne.

Il nous proposa ensuite d'aller visiter la *goshala* qu'il avait fondée à quinze kilomètres des temples jaïns. Une *goshala* – littéralement, un sanctuaire pour vaches – est une sorte de refuge destiné à accueillir les vaches errantes ou celles que leurs propriétaires ne parviennent plus à nourrir. Il en existe beaucoup au Gujarat, et particulièrement dans la région de Palitana, où la sécheresse est parfois telle que de nombreux éleveurs préfèrent amener leurs bêtes à la *goshala* de Jayu Shah plutôt que de les voir mourir, faute d'eau et de fourrage. « Il n'a pas plu depuis trois ans ! » déplora notre ami en nous expliquant le fonctionnement de son établissement. Lors de notre visite, plus de quatre mille vaches avaient déjà trouvé refuge dans ses étables, et il se préparait à en accueillir six mille de plus. Les lieux étaient propres et agréables. Sous la houlette d'une équipe dévouée, deux mille arbres avaient été plantés, des puits avaient été creusés. Jayu nous raconta que les bouses, ramassées deux fois par jour, étaient transformées en combustible ou en compost. Bien nourries, entourées de soins et d'attention, les bêtes paissaient tranquillement les unes à côté des autres. Nous fûmes impressionnés par leurs cornes, très développées – mais dont elles ne se servaient jamais, nous assura l'un des bouviers. Était-ce parce qu'elles se sentaient en sécurité dans cette *goshala* ? J'en eus la certitude en les voyant ruminer paisiblement à l'ombre des grands arbres plantés par Jayu.

« Les vaches font partie intégrante de l'économie indienne, nous rappela-t-il. Elles nous donnent du lait, du combustible et du compost ; les bouvillons nous aident à battre nos céréales et à labourer nos champs ; ils actionnent le pressoir à huile des villages et transportent plus de marchandises que tous les trains indiens réunis. La communauté jaïne leur est particulièrement reconnaissante. Nous prenons grand soin de nos troupeaux et, lorsque nos vaches sont trop âgées pour continuer à produire du lait, nous les rassemblons dans des étables spécialement bâties pour elles. »

Jayu ne semblait faire aucune différence entre sa dévotion religieuse et celle qu'il avait pour ses hôtes ou ses vaches.

« En m'occupant des vaches, j'ai appris à m'occuper des hommes et de la nature, affirma-t-il. Je suis devenu plus attentionné et plus affectueux. Le soin que nous apportons aux animaux contribue à la bonne santé de l'économie qui, à son tour, contribue à la bonne santé de la religion.

— Que se passera-t-il quand la sécheresse prendra fin ? demandai-je. Garderas-tu toutes les vaches qui sont ici ?

— Non. Les fermiers viendront récupérer leurs bêtes et les ramèneront chez eux. Nous continuerons à nous occuper de celles qui resteront ici, et nous veillerons sur elles jusqu'à leur mort. »

Jayu adhérait aux principes qu'enseignait Hitaruchi, un moine jaïn qui séjournait à quinze kilomètres de la *goshala.* « Souhaitez-vous le rencontrer ? » s'enquit-il. Nous acceptâmes. Notre ami nous trouva une voiture avec chauffeur, qui nous conduisit sur les lieux. Avant d'entrer dans l'ordre jaïn, Hitaruchi était marchand de diamants, lui aussi – il semble que ce soit une profession très répandue dans cette communauté ! Après de longues années de négoce, une voix intérieure l'avait incité à se remettre en question. « Crois-tu vraiment que ces pierres soient porteuses de sens ? lui avait murmuré la voix. Pourquoi ne pas te consacrer aux vrais diamants, ceux de la compassion, de l'amour et de la vérité ? »

Bouleversé, Hitaruchi avait jeté ses diamants dans le caniveau et fait vœu de pauvreté. Un bâton et un bol à aumônes pour tout bagage, il était devenu moine errant.

Un grand nombre de disciples étaient déjà rassemblés dans la pièce où nous rencontrâmes Hitaruchi. Il s'agissait principalement de jeunes moines. Assis en tailleur sur des couvertures aux couleurs claires, ils lisaient ou étudiaient. Nous n'eûmes aucun mal à distinguer Hitaruchi de ses adeptes : il irradiait la sainteté, le calme et l'aisance. Son visage et son corps émaciés témoignaient de l'austérité de son mode de vie, mais sa vivacité, sa vigueur et son goût des relations sociales en faisaient un être charismatique. Ses yeux brillaient d'intelligence et de satisfaction. Tout dans ses gestes et son attitude révélait un homme sûr de ses choix et de sa manière de vivre.

Il était vêtu de deux grands pans de tissu écru, tissé et filé à la main. Le premier, noué autour de ses hanches, lui arrivait aux chevilles ; le second couvrait son torse. Il tenait un mouchoir devant sa bouche quand il parlait, afin de ne pas nuire aux insectes et aux créatures microscopiques en suspension dans l'air.

Un livre relié de toile était ouvert sur un lutrin de bois posé devant lui. La ferveur de ses convictions, la solidité de sa foi et la sincérité de sa dévotion se lisaient dans son regard. L'atmosphère qui régnait dans cette pièce me ramena brusquement plusieurs décennies en arrière, lorsque j'étais moi-même un jeune moine jaïn.

Nous fûmes invités à nous asseoir en face de Hitaruchi et à lui poser quelques questions.

« Quel est le message que le jaïnisme adresse au monde ? demandai-je.

— Il tient en un mot : la non-violence. C'est l'un des principes fondamentaux de notre religion. Nous l'avons toujours enseignée, mais nous devons la réactualiser et la réinterpréter afin que les jeunes générations la comprennent en profondeur et la pratiquent avec diligence. La non-violence prend naissance dans l'esprit de ses adeptes, dans leurs pensées, dans leur discours et dans leur vie quotidienne. Ce n'est pas seulement une doctrine religieuse : c'est un véritable mode de vie. Nous ne pourrons atteindre la paix qu'en pratiquant la non-violence. Je la considère comme le principe originel et absolu. Nous devons la pratiquer dans l'intérêt d'autrui, mais aussi dans notre propre intérêt, car nuire à autrui, c'est se nuire à soi-même, conclut-il.

— De nombreux jaïns limitent leur conception de la non-violence à un choix de vie personnel, observai-je.

— C'en est un, en effet. Mais la non-violence ne s'applique pas seulement à notre comportement individuel. Elle comporte une dimension sociale, politique, économique et écologique. L'injustice sociale, l'oppression politique, la surproduction industrielle et la destruction des ressources naturelles sont autant de formes de violence qu'il nous faut combattre avec détermination. Nous nous efforçons de diffuser ce message en nous rendant de village en village, poursuivit Hitaruchi. Nous incitons tous ceux que nous rencontrons à privilégier la qualité, non la quantité. À se satisfaire des biens immatériels plutôt que de chercher à accumuler des biens matériels. Trop de jaïns se contentent d'un jaïnisme de façade. Ils ne cherchent pas à comprendre la doctrine en profondeur. Ils obéissent aux rituels sans les transposer dans leur vie de tous les jours », déplora-t-il.

Hitaruchi, lui, tenait à pratiquer la non-violence jusque dans les moindres détails de sa vie quotidienne. Aussi veillait-il à ne porter que du coton biologique. Il avait mené campagne contre les engrais chimiques auprès des fermiers de la région et les avait incités à faire pousser du coton sans fertilisants ni pesticides. Puis il s'était rendu auprès des fileurs et des tisserands pour les persuader de n'employer que du coton biologique, de ne pas le blanchir et de le tisser à la main. Il s'était montré si convaincant qu'il était parvenu à relancer la fabrication locale du *khadi*, le tissu indien traditionnel, filé et tissé à la main, celui que Gandhi invitait ses partisans à porter en signe de résistance à la couronne britannique.

« Aujourd'hui, on fait du *khadi* avec du coton gorgé de pesticides, mélangé à du polyester et blanchi au chlore. Quelle mascarade ! » s'insurgea Hitaruchi lorsque nous évoquâmes le sujet.

Il invitait également ses disciples à partir en pèlerinage avec lui une fois par an. Ensemble, ils parcouraient une grande distance à pied sans bénéficier du moindre soutien automobile : aucune voiture, aucune camionnette, aucune jeep ne se chargeait de leurs tentes, de leur nourriture et de leurs vêtements. « Ces engins dévoreurs de combustible fossile dévastent notre planète ! » affirma le moine, avant de nous expliquer que seuls les moyens de locomotion les plus écologiques et les plus traditionnels, comme les chars à bœufs, servaient à transporter le matériel des pèlerins. « Ceux qui le peuvent portent eux-mêmes leurs sacs sur leur dos, bien entendu ! » conclut-il.

Il marchait chaque année d'Ahmadabad à Palitana, où il faisait une halte, avant de repartir dans l'autre sens. Plus de mille personnes l'accompagnaient. Tout le long du trajet, ils ne mangeaient que des aliments biologiques, cuits au feu de bois ou sur des briquettes de bouse. Ils n'employaient ni électricité, ni kérosène, ni essence, ni gaz. Ils évitaient d'utiliser des ustensiles manufacturés en plastique ou en acier inoxydable. Ils mangeaient et cuisinaient dans des casseroles et des assiettes en cuivre ou en bronze – les métaux traditionnels les plus communément utilisés en Inde. Tous les objets qu'ils emportaient avec eux étaient fabriqués à la main dans de petits ateliers. En agissant ainsi, ils nous montraient que la pureté des moyens servait la pureté des fins.

23

Sur les traces de Gandhi

> *Ma conception de la fraternité ne se limite pas à la fraternité humaine : je ne souhaite pas seulement relier les membres de l'espèce humaine entre eux, mais créer un lien entre toutes les formes de vie, même les plus modestes, puisque nous descendons tous d'un même Dieu.*
>
> GANDHI

Du Gujarat, nous partîmes pour l'État du Maharastra, au centre du pays : notre ami Siddharaj Dhadda, auquel nous avions rendu visite à Jaipur, nous attendait à Wardha, la petite ville qui abritait l'ashram de Sevagram fondé par Gandhi.

« J'y réside au moins la moitié du temps, nous expliqua Siddharaj. Gandhi a passé de nombreuses années ici : tout témoigne encore de sa présence et de sa forme d'esprit ! Nous vivons comme il nous l'a enseigné : proches de la nature et des petites gens.

— Pourquoi avait-il créé cet ashram ? demandai-je.

— Il avait quitté son ashram de Sabarmati, à Ahmadabad, en mars 1930 pour mener campagne contre la loi britannique sur le monopole du sel. Cette loi et l'impôt qui en découlait lui paraissaient profondément injustes. L'impôt affectait toute la population indienne, bien sûr, mais c'étaient les catégories les plus pauvres qui en souffraient le plus. Gandhi réagit en lançant sa célèbre "marche du sel" : il invita tous ses partisans à le suivre jusqu'à la mer afin d'y extraire eux-mêmes le sel que les Britanniques les forçaient à acheter. Cette marche remporta un immense succès : des milliers d'Indiens accompagnèrent Gandhi jusqu'à la mer. Ce fut un tournant historique, et l'occasion pour Gandhi de lancer véritablement sa lutte non violente pour l'indépendance de l'Inde. Évidemment, le Mahatma et ses amis furent arrêtés et jetés en prison par les Britanniques, mais leur initiative leur valut le soutien de très nombreuses personnalités internationales, y compris en Angleterre, où Bertrand Russell prit fait et cause pour l'indépendance de notre pays. En sortant de prison, Gandhi rencontra Jamnalal Bajaj, un riche marchand originaire de Wardha. Enthousiasmé par les idées et le mode de vie du Mahatma, cet homme lui proposa de s'installer ici.

— Et Gandhi accepta son invitation ? dis-je.

— Oui, en 1936. Il avait alors soixante-sept ans. Il élut domicile dans un petit village, situé à huit kilomètres de Wardha, qu'il rebaptisa Sevagram, "village du service". Avec ses compagnons, il construisit plusieurs huttes en terre, élégantes et fonctionnelles. Il institua les règles de l'ashram, qui s'appliquaient à tous ses habitants, y compris à lui-même. La petite communauté se réunissait matin et soir à l'heure de la prière collective. Les journées étaient dévolues à la préparation des repas, au filage du coton, au jardinage, à l'impression de tracts et à la lutte pour l'indépendance de l'Inde. Gandhi accordait à toutes ces activités une égale importance : aucune d'elles ne prenait le pas sur les autres. Lui-même, qui était pourtant si occupé, ne laissait pas passer une journée sans s'asseoir à son rouet et s'associer à la prière collective. Chaque matin, il balayait la cour de l'ashram et quelques rues du village. Très attentif à l'hygiène, il conçut un système de toilettes si simple qu'il équipa bientôt tous les foyers de Sevagram, même les plus modestes. »

Siddharaj s'interrompit un instant puis reprit :

« Lorsqu'on l'interrogeait sur son mode de vie à l'ashram, Gandhi répondait ainsi : “Je vis en parfaite adéquation avec moi-même. Ce que je n'ai pas fait dans ma jeunesse par manque de clairvoyance, je le fais maintenant, au soir de ma vie : je bâtis mon édifice du bas vers le haut, et non l'inverse.” Gandhi tenait à incarner le changement qu'il appelait de ses vœux. Sa vie était son message. Lorsqu'il était avocat en Afrique du Sud, il s'habillait encore à l'occidentale, en costume-cravate. Plus tard, quand il a commencé à lutter pour l'indépendance de l'Inde, il s'est identifié aux ouvriers et aux paysans indiens qu'il cherchait à défendre. Il a renoncé à son costume et s'est habillé comme eux, de deux pans de tissu simplement noués sur ses hanches et ses épaules. Il n'a plus jamais porté de costume !

— Pourquoi a-t-il construit les habitations de l'ashram en terre ? Est-ce pour les mêmes raisons ?

— Oui. À l'époque, la plupart des Indiens vivaient en zone rurale dans des huttes de ce genre. Gandhi souhaitait calquer son mode de vie sur le leur. Lorsqu'il s'est installé à Sevagram, il s'est construit une *kuti*, une hutte traditionnelle, à l'aide des matériaux qu'il a trouvés sur place – de la terre, du bois et de la paille. »

La hutte de Gandhi étant restée intacte, notre ami nous proposa de la visiter. Ce fut l'un des moments les plus émouvants de notre voyage. Cette habitation simple et élégante, bâtie, habitée et entretenue avec amour, était d'une beauté absolue – et totalement dénuée de prétention. En elle perdurait l'esprit de Gandhi, fait d'amour et de simplicité.

Siddharaj fut saisi d'émotion, lui aussi. Sa voix douce et sincère s'adoucit encore, et ses yeux s'emplirent de larmes. Il s'éclaircit la gorge avant de reprendre :

« Gandhi était convaincu que le bien ne s'atteint que par le bien : si la fin est juste, les moyens pour y parvenir doivent l'être aussi. Comment aurait-il pu prêcher la simplicité, l'humilité et l'égalité s'il avait vécu dans une maison construite avec des matériaux importés ou manufacturés ? Pour être crédible auprès des Indiens, il fallait qu'il vive comme l'immense majorité de la population, dans une hutte en terre.

» Nous avons invité le penseur Ivan Illich, qui fut l'un des fondateurs de l'écologie politique, à faire une conférence ici il y a plusieurs années, ajouta-t-il en prenant une brochure sur la table. Il a longuement parlé de la hutte de Gandhi et du sens qu'elle revêtait à ses yeux. "En s'installant dans cette hutte, a-t-il dit, Gandhi a montré au monde entier que les gens simples n'ont rien à envier aux autres. La *kuti* témoigne de la dignité de leur existence tout en prouvant que le bonheur peut résider dans la simplicité, l'honnêteté et le don de soi." Ivan Illich avait parfaitement compris les idées de Gandhi ! conclut-il en souriant.

— Que s'est-il passé après la création de l'ashram ? demandai-je.

— Le Mahatma était très charismatique. En apprenant qu'il s'était installé ici, de nombreuses personnalités ont décidé de le suivre. C'est ainsi que des hommes et des femmes en quête de spiritualité, des philosophes, des économistes et des pédagogues sont venus vivre à l'ashram ou dans ses environs. Sevagram est rapidement devenu le centre névralgique de la lutte pour l'indépendance en même temps qu'un laboratoire d'idées pour le renouveau de l'Inde par le biais de ce que Gandhi appelait le Programme constructif. Il souhaitait que les Indiens remplacent le centralisme économique et politique hérité des Britanniques par un vaste réseau de microentreprises locales et un mode de gouvernement décentralisé fondé sur une démocratie participative. Pour ce faire, il fallait créer des communautés villageoises capables de vivre en autosuffisance, mais unies par de solides relations de coopération.

— Comment Gandhi en est-il venu à imaginer ce Programme constructif ? demandai-je.

— La lutte pour l'indépendance lui paraissait entachée de négativisme : elle s'attaquait au colonialisme et à l'impérialisme, certes, mais après ? Il fallait envisager la suite ! C'est pour contrebalancer le caractère négatif de ce combat politique que Gandhi conçut une série de mesures positives destinées à remplacer les structures coloniales après le départ des Britanniques. Baptisées "Programme constructif", elles visaient à promouvoir l'artisanat plutôt que l'industrie ; à mettre un terme à l'intouchabilité et aux discriminations liées au système des castes ; à favoriser l'égalité entre les sexes, l'économie locale, la protection des animaux et des ressources naturelles… C'était un programme de grande envergure. Gandhi était persuadé que l'indépendance ne suffirait pas à créer une Inde nouvelle si elle ne s'accompagnait pas de profondes mutations économiques et sociales.

— Il avait une véritable vision pour l'Inde… mais elle ne s'est jamais vraiment réalisée ! déplorai-je.

— C'est vrai. De nombreux aspects du Programme sont restés lettre morte, répondit notre ami. Mais le bilan n'est pas nul, loin de là ! À l'époque, plusieurs centaines de milliers de citadins ont quitté leur emploi pour venir travailler en zone rurale. Et le Programme a perduré. Des milliers de jeunes gens y adhèrent encore chaque année… Mais je suis d'accord avec vous : la "révolution totale" qu'espérait Gandhi n'a pas eu lieu.

— Pourquoi ?

— Parce que l'indépendance de l'Inde, proclamée en 1947, n'en était pas vraiment une. Et que le Mahatma n'a pas eu le temps de mettre ses projets à exécution : il a été assassiné le 30 janvier 1948, six mois après la déclaration d'Indépendance. Sans lui, sans sa force et son charisme, le gouvernement a perdu toute imagination : il a préféré industrialiser le pays sur le modèle britannique plutôt que de mettre en place les mesures prônées par Gandhi. »

Notre discussion prenait-elle un tour trop pessimiste ? Siddharaj semblait le penser, car il s'empressa d'ajouter :

« Ici, à Sevagram, nous continuons de vivre comme le Mahatma nous l'a enseigné il y a plus de cinquante ans. Sa vision est demeurée intacte. Chaque matin, à 4 h 30, nous nous réunissons pour dire la prière œcuménique qu'il a composée. Nous filons le coton, nous fabriquons nos tissus et nous moulons notre grain – les meules n'ont pas changé depuis l'époque de Gandhi. Nous préparons nos repas dans la cuisine communautaire, comme autrefois. Les gandhiens affluent de toute l'Inde pour se ressourcer à Sevagram.

Les trois grands arbres que Gandhi, sa femme Kasturba et leur ami Vinobâ ont plantés sont toujours là, eux aussi : ils procurent de l'ombre aux milliers de visiteurs qui viennent ici chaque année. Ces lieux respirent le calme et la sérénité. N'est-ce pas le signe que l'esprit de Gandhi peut renaître ?

— Il me semble qu'il manque quelque chose d'essentiel, tempérai-je. Sevagram symbolise un passé glorieux, mais qu'en est-il de l'avenir ? L'ashram est-il toujours un laboratoire d'idées politiques ou se réduit-il à sa dimension spirituelle et historique ? Pensez-vous qu'il y souffle des énergies nouvelles ?

— Oui. Des groupes de jeunes gandhiens militent ici et ailleurs dans le pays pour modifier le *statu quo* politique. Ils mènent campagne pour l'autonomie des collectivités locales, le renouveau du secteur artisanal et la fin du colonialisme économique instauré au nom de la mondialisation. Sous prétexte de "libéraliser" l'économie mondiale, les Européens et les Américains font fabriquer en Inde, à très bas prix, leurs biens de consommation courante – autant dire qu'ils volent légalement les pauvres de ce pays. Et ce n'est pas tout : ce système leur permet également de nous vendre leurs marchandises à des tarifs exorbitants, puisque le taux de change est en notre défaveur. Et on appelle ça le libre-échange ! Vous vous rendez compte ? Comment peut-on qualifier de "libre" un échange aussi injuste ? »

Il secoua la tête, avant d'ajouter :

« Les idées de Gandhi sont incompatibles avec la mondialisation. En employant des ouvriers indiens pour fabriquer des marchandises destinées aux marchés occidentaux, les multinationales font perdurer le colonialisme. En théorie, le commerce international est une belle idée, mais qui se soucie des salaires de misère, des conditions de travail révoltantes qui en résultent ? Personne, et certainement pas les multinationales qui font fortune sur le dos des Indiens ! s'emporta-t-il. Les gouvernements et les grandes entreprises occidentales prétendent participer au développement et à l'aide humanitaire des pays du Sud, mais ils ne se gênent pas pour attirer chez eux les médecins, les infirmières, les enseignants ou les informaticiens dont ils ont besoin en leur offrant des salaires faramineux. Ils prétendent lutter contre la faim dans le monde, mais la plupart de nos terres arables servent à cultiver le fourrage nécessaire aux élevages bovins, ovins et porcins des pays du Nord. Et sur le peu de terres qui restent, ils font pousser des cultures commerciales – tabac, café, sucre et thé – pour satisfaire les caprices de l'élite occidentale !

— La mondialisation est pourtant censée réduire l'écart entre les riches et les pauvres, remarquai-je.

— Foutaises ! répliqua Siddharaj en haussant les épaules. Depuis cinquante ans, tous les hommes politiques, qu'ils soient indiens ou occidentaux, tous les industriels, qu'ils soient indiens, américains ou européens, parlent de réduire la pauvreté. Quelle supercherie ! En fait, plus ils parlent d'aider les pauvres, plus ils s'enrichissent. Les pauvres leur fournissent un prétexte idéal pour continuer à s'enrichir en toute impunité. Leur appétit n'a pas de limites. Du point de vue des ouvriers et des paysans de ce pays, l'économie mondiale et le "libre-échange" sont un échec complet.

— Quel est le moteur de la mondialisation ?

— Elle nous est imposée par le capitalisme, qui est fondé sur la propriété privée. Les capitalistes sont persuadés que chacun d'entre nous dispose d'un droit inviolable à la propriété, à la terre et aux ressources naturelles. Plus ils en possèdent, plus ils se croient riches. C'est une conception récente : les sociétés traditionnelles ignoraient la propriété privée. Nos ancêtres ne se considéraient pas comme les propriétaires de la nature. Les tigres, les éléphants, les chevaux et les oiseaux n'étaient-ils pas nourris, désaltérés, protégés du soleil et de la pluie sans posséder le moindre hectare de terre ou de forêt ? Les Amérindiens, les aborigènes, les San – qui peuplent depuis vingt mille ans les terres arides du Kalahari – ne considéraient pas les choses autrement. Ils se sont perpétués pendant plusieurs milliers d'années sans jamais chercher à s'approprier la nature. Savez-vous que les Amérindiens, par exemple, envisageaient toujours la portée de leurs actes sur le long terme ? "Quelles seront les conséquences de mon geste dans sept générations ?" se demandaient-ils avant d'agir. Leur attitude était bien plus responsable que la nôtre !

— Comment expliquer l'apparition de la propriété privée, alors ?

— Elle s'est développée en même temps que l'agriculture, mais ses effets n'ont pas tout de suite été dévastateurs : à cette époque reculée, les gens travaillaient à la main ou avec des outils rudimentaires ; ils se rendaient aux champs à pied et pêchaient sur de petites embarcations avec de petits filets. Leurs moyens techniques étant rudimentaires, ils n'avaient que peu d'impact sur l'environnement, et l'existence de la propriété privée ne causait pas de gros problèmes.

» Aujourd'hui, la situation est radicalement différente. La haute technologie, la production de masse, le commerce mondial et la rapidité des communications aggravent considérablement les conséquences de la propriété privée, qui menace l'existence même de notre planète. La mondialisation des échanges se traduit, dans les faits, par une privatisation des biens collectifs – on en vient même à parler de “propriété intellectuelle” ! Un petit nombre d’individus ou d’entreprises détiennent déjà une grande partie des ressources naturelles. La mondialisation de l’économie va encore accélérer ce mouvement de concentration : bientôt, quelques consortiums se partageront la majorité des terres, des animaux, des forêts, des mines et des réserves d’eau de cette planète. Pourquoi les pauvres sont-ils pauvres ? Parce que les riches se sont approprié leurs moyens de subsistance ! L’élite concentre désormais tous les pouvoirs entre ses mains : elle détient le savoir, la culture, les richesses et le pouvoir exécutif.

» Dans ce contexte, poursuivit-il, il me semble normal de remettre en cause la notion même de propriété privée. Nous appartenons à cette planète au même titre que les autres espèces : nous n’en sommes ni les propriétaires, ni les dirigeants, ni même les intendants. Nous devrions plutôt nous considérer comme ses administrateurs !

— Ses administrateurs ? Qu’entendez-vous par là ?

— L’idée d’une sorte de trust ou de société fiduciaire planétaire nous vient de Gandhi : c’est lui qui l’a formulée le premier. Il considérait que l’espèce humaine est dépositaire des ressources naturelles. Elle devrait donc les gérer du mieux possible au nom des générations futures et des autres créatures terrestres. Comme tout bon administrateur, l’espèce humaine doit veiller à préserver ses capitaux propres : elle peut dépenser l’intérêt du capital, mais pas le capital lui-même. Naturellement, il est hors de question qu’elle détourne le bien commun à son avantage ! Elle peut engager des dépenses, à condition de s’en tenir au strict nécessaire… Enfin, elle doit veiller à employer les revenus générés par le trust dans l’intérêt de tous.

» Les tenants du capitalisme voient les choses de manière très différente : pour eux, les ressources naturelles ne constituent pas un capital fixe, mais une source de revenus, voire de profits. Le simple fait de les qualifier de “ressources” prouve qu'ils les considèrent comme des objets à acquérir ou à utiliser. Gandhi développait l'idée inverse : la terre étant notre seul vrai capital, nous ne devons surtout pas l'entamer. En tant qu'administrateurs, il nous appartient, au contraire, de le reconstituer et de le faire fructifier. En toute logique, les hommes et les animaux ne devraient se partager que les ressources renouvelables et cesser de consommer celles qui ne peuvent se renouveler. Pourquoi détruire le pommier dont on apprécie les fruits ? Si nous ne pouvons pas faire autrement, coupons-le, mais veillons à en replanter d'autres un peu plus loin ! Les arbres, les forêts, les fleuves, les montagnes et les océans sont des dons de la nature. À nous de les partager équitablement et raisonnablement entre nous afin que la vie perdure sur cette planète. Toute créature, qu'elle soit humaine, animale ou végétale, devrait pouvoir accéder aux fruits de la terre. Il est anormal qu'un petit nombre de gens s'attribuent les ressources naturelles au point d'en interdire l'accès à l'immense majorité de la population mondiale. L'injustice qui en résulte mène droit à la violence, aux guerres et aux révolutions, conclut-il.

— Je comprends parfaitement l'idée d'une sorte de société fiduciaire ou d'un trust planétaire, dis-je. Mais que répondez-vous aux partisans de la propriété privée qui redoutent de voir disparaître l'esprit d'initiative ?

— L'initiative individuelle n'est pas incompatible avec notre vision du monde. Le trust tel que le conçoit Gandhi n'exclut pas l'imagination ni l'esprit d'entreprise : il les fait changer de cap. L'entrepreneur gandhien ne cherche pas à s'enrichir pour son bénéfice personnel, mais à servir la collectivité et à reconstituer les ressources naturelles. Notre société manque cruellement d'idéalisme, d'éthique et de morale. À nous de combler ces manques pour créer un nouvel ordre économique et social, fondé sur la justice et l'équité.

— Si vous ne condamnez pas l'initiative individuelle, pourquoi refuser la propriété privée ? Qu'y a-t-il de mal à vouloir posséder un bien ou une terre ?

— Penser que tous les habitants de cette planète – et nous sommes maintenant six milliards ! – puissent s'approprier les ressources naturelles, c'est se préparer à une grande déception. Pour offrir à tous un mode de vie à l'occidentale, il nous faudrait quatre à cinq fois les ressources de la Terre ! C'est absurde. Nos aspirations doivent changer. Au lieu de lutter pour augmenter constamment notre niveau de vie, comme nous le faisons depuis un siècle, cherchons plutôt à favoriser l'accession de tous à un mode de vie simple, mais beau. Mutualisons nos ressources. Mettons en avant la *qualité* de notre vie, plus que la *quantité* de biens que nous possédons. La propriété privée génère injustices, souffrances, inégalités et conflits. Le mutualisme favorise la justice, l'équité, le bien-être et l'harmonie sociale tout en réduisant l'empreinte de l'homme sur l'environnement. »

Cette discussion m'emplit de joie. Siddharaj ne remettait pas seulement les idées de Gandhi au goût du jour : il en exposait la vérité profonde, universelle. Il ne se tournait pas vers le passé avec nostalgie : il se proposait de fonder l'avenir sur les idées éternellement neuves du Mahatma.

Nous quittâmes Sevagram à l'aube pour nous rendre à Paunar, le village voisin. Le soleil venait de se lever. Ses rayons perçaient timidement la brume matinale. Une brise légère, presque fraîche, balayait les champs de canne à sucre, de coton, de légumineuses, de moutardiers et de bananiers qui s'étendaient de chaque côté de la route, irrigués par un long canal. Vinobâ empruntait le même chemin lorsqu'il rendait visite à Gandhi. À l'époque, la route était en terre. Elle est goudronnée à présent – et donc nettement moins agréable pour les pieds ! Nous décidâmes de marcher sur le bas-côté, couvert d'herbe douce.

Nous atteignîmes le Dham une heure plus tard. Nous franchîmes le pont qui le traversait pour nous rendre à l'ashram de Vinobâ. Là, nous fûmes accueillis par Kalindi, qui fut l'une de ses plus proches disciples. Membre permanent de l'ashram, elle recevait les visiteurs et veillait au bon fonctionnement de la communauté. Sa chambre, petite et austère, était remplie de livres, de magazines et de dossiers. C'est elle qui avait rédigé la biographie de Vinobâ : il lui avait confié le récit de sa vie, qu'elle avait mis en forme et fait paraître en hindi. L'ouvrage avait été traduit en anglais par Marjorie Sykes et publié chez Green Books en 1994 [1].

« Pourquoi Vinobâ s'est-il installé ici ? demandai-je à Kalindi.

— Pour des raisons de santé. Lorsqu'il est tombé malade, en 1938, Gandhi l'a invité à Sevagram. “Viens vivre avec moi, lui a-t-il dit. Je m'occuperai de toi.” Vinobâ a refusé. “Tu as mille autres choses à faire, et mille autres malades à soigner. Tu n'auras pas une

1. Intitulé *Moved by Love*, cet ouvrage n'est pas disponible en français.

minute à me consacrer !" "C'est vrai, a admis Gandhi. Promets-moi d'aller voir un médecin, alors !" "Un médecin ? Plutôt mourir !" a répliqué Vinobâ. "Va au moins te reposer quelque part... Dans une station climatique, par exemple ?" "Je n'ai aucune envie d'aller dans un endroit pareil. Mais tu as raison : j'ai besoin de repos. Et un changement d'air me ferait du bien. Notre ami Bajaj possède une maison au bord du Dham. Il m'a souvent proposé de la mettre à ma disposition. Je vais accepter son offre." Gandhi a souri. Il était d'accord avec lui. "Les stations climatiques sont beaucoup trop chères. Ce ne sont pas des endroits pour les gens simples !" Vinobâ est donc venu vivre ici, à Paunar, pour se soigner, m'expliqua Kalindi. Il n'avait pas l'intention de fonder un ashram. Il voulait seulement se reposer.

— Comment est né l'ashram, alors ?

— Quand Vinobâ a repris des forces, il a décidé de travailler la terre qui entourait la maison. Le sol était jonché de cailloux. Il fallait piocher, creuser, déterrer les pierres. C'était difficile, mais Vinobâ avait plaisir à le faire. Un jour, il a heurté une pierre plus grosse que les autres. Il a creusé tout autour, mais elle était si lourde qu'il a dû se faire aider de ses amis pour l'extraire du sol. Quand ils y sont enfin parvenus, ils se sont aperçus que ce n'était pas une pierre ordinaire : c'était une stèle gravée à l'effigie de Râma et de son frère Bharata ! Vous vous rendez compte ? Quelle merveilleuse surprise ! Une équipe d'archéologues a confirmé par la suite qu'un temple se dressait ici autrefois. Vinobâ y a vu un signe. Il a décidé de rester ici. Et d'y fonder un ashram.

— Vinobâ était-il seul ici ? demandai-je.

— Seulement dans les premiers temps, répondit Kalindi. Dès qu'il s'est senti mieux, il s'est efforcé de vivre en accord avec ses principes. Il souhaitait mener une existence économiquement viable et spirituellement enrichissante, et cet endroit lui semblait aussi approprié qu'un autre pour y parvenir. Quelques disciples se sont joints à lui. Ensemble, ils sont parvenus à vivre comme ils l'entendaient, sans jamais utiliser d'argent. Ils se nourrissaient de ce qu'ils cultivaient. Ils filaient, tissaient et fabriquaient leurs vêtements. Ils confectionnaient même leurs propres sandales ! Lorsqu'ils avaient besoin d'un bien ou d'une denrée qu'ils ne pouvaient faire eux-mêmes – du sel, des herbes médicinales ou de l'essence, par exemple –, ils le troquaient contre autre chose. Ils n'employaient pas de bœufs pour travailler la terre : ils tiraient eux-mêmes la charrue, autant par mesure d'économie que pour éviter toute violence envers les animaux.

— Ce mode de vie expérimental a-t-il perduré ?

— Il a évolué au fil du temps. Vinobâ a quitté l'ashram à plusieurs reprises au cours des années 1940 pour participer à la lutte pour l'indépendance. Ensuite, il s'est consacré à son projet de réforme agraire : il a sillonné le pays pendant de longues années sans jamais vraiment revenir ici. Certains disciples l'ont accompagné ; d'autres sont restés. Le nombre d'habitants a beaucoup varié selon les périodes, mais l'esprit du lieu est demeuré le même. À la fin des années 1950, Vinobâ a décidé de créer un ashram pour femmes, et il a choisi de le faire ici, à Paunar.

— D'où lui est venue cette idée ? C'était extrêmement novateur ! Et très éloigné des principes fondateurs de l'ashram…

— En effet. À l'époque, tous les ashrams du pays étaient régis par des hommes ! Mais Vinobâ était convaincu que l'avenir appartenait aux femmes. Il avait foi en notre manière de gouverner et de nous organiser. C'est pour ça qu'il nous a donné ce lieu.

— Comment fonctionne-t-il, aujourd'hui ?

— Vinobâ avait décidé de léguer son ashram à notre communauté de femmes : nous en avons donc hérité à sa mort, en 1982. Certaines d'entre nous ont participé à son projet de réforme agraire ; quatre de nos membres ont traversé l'Inde à pied pendant douze ans pour propager les idées de Vinobâ. Elles ont rencontré des milliers de villageois et les ont incités à rester fidèles à leurs racines et à leurs traditions culturelles. Puis elles se sont établies ici, et d'autres femmes les ont rejointes. Nous formons une communauté autosuffisante. Nous vivons chastement, de manière simple et économe. Nous nous consacrons à l'étude de la *Gîtâ*, à la lecture des grands textes anciens et contemporains. Nous sommes trente-trois aujourd'hui, et ce nombre augmente d'un mois sur l'autre, car nous accueillons aussi de nombreuses pensionnaires : elles viennent de l'Inde entière pour se ressourcer, étudier et partager notre vie pendant quelques jours ou quelques semaines. Lorsqu'elles rentrent chez elles, elles mettent en pratique l'expérience et les compétences acquises ici pour créer d'autres communautés de femmes, venir en aide à celles qui sont en difficulté ou les aider à exprimer leurs dons et leur sensibilité féminine dans leur vie quotidienne. »

Kalindi nous fit visiter le jardin potager. « C'est Vinobâ qui l'a planté, nous dit-elle. La terre était beaucoup moins riche, à l'époque ! Elle l'est devenue peu à peu, à force d'être paillée et cultivée. Et notre compost fait des merveilles ! Nous venons travailler ici chaque matin après le petit déjeuner. »

Puis Kalindi nous montra la *goshala* de l'ashram, où paissaient plusieurs vaches, et la laiterie attenante. Elle nous emmena également dans le verger, qui croulait sous les goyaves, les papayes, les bananes, les mangues et les oranges. Notre visite s'acheva par l'imprimerie, où les membres de l'ashram rédigeaient et fabriquaient leur revue, baptisée *Maitri* – l'Amitié. Les presses servaient aussi à éditer les œuvres de Vinobâ et de bien d'autres auteurs gandhiens.

« Quelle est, d'après vous, la principale qualité de cet ashram, celle qui en fait un lieu unique ? demandai-je à notre guide.

— C'est un lieu où s'élabore une pratique spirituelle collective susceptible de nourrir la société en profondeur, répondit-elle.

— Que voulez-vous dire ?

— Les membres et les pensionnaires de cet ashram viennent ici pour pratiquer une forme de spiritualité collective, contrairement à ceux qui se retirent dans un monastère ou qui vont dans la montagne chercher le salut de leur âme. À Paunar, la transformation de l'individu passe par la transformation sociale, autrement dit : par le service aux autres. Nous menons notre quête spirituelle autant pour nous-mêmes que pour autrui. Et c'est en cela que notre ashram est unique. Nous n'envisageons pas la recherche de l'état d'Éveil comme un cheminement personnel vers la pureté et l'accomplissement de soi, mais comme une immersion dans la vie collective. Ici, nous travaillons ensemble pour le bien de tous. Nous faisons vivre la communauté, nous accueillons les pensionnaires, nous organisons des conférences et nous luttons contre toutes les formes d'injustices sociales. Dieu et le monde ne sont pas séparés : le divin est dans le monde et le monde est dans le divin. La vérité est divine. L'amour est divin. Dieu est ici ; Dieu est partout ! À nous de reconnaître le divin dans tout ce qui nous entoure et d'accorder notre vie à sa présence », conclut-elle.

L'influence de Gandhi et de Vinobâ était encore très forte à Wardha et dans ses environs. De nombreux projets de développement rural et d'aide aux communautés locales y voyaient le jour chaque année. Certains étaient très innovants. Je pense notamment à l'association *Chetna*><*Vikas*, « Conscience><Développement[1] », installée à quelques kilomètres de Wardha. Ses responsables se chargeaient d'initier des projets aussi bénéfiques sur le plan écologique, social et économique que culturel. Niranjana, une des jeunes permanentes de l'association, nous expliqua que « la participation de la population, et surtout des femmes, au développement rural [était] absolument cruciale ».

L'association avait notamment permis de réintroduire certaines variétés d'arbres fruitiers dans la région. S'appuyant sur plusieurs mois de recherche, cette initiative avait remporté un vif succès auprès des villageois.

« Ces arbres constituent un refuge et une excellente source d'alimentation pour les hommes comme pour les animaux, précisa Niranjana. Nous tenons à ce que la récolte bénéficie avant tout aux habitants de la région : nous incitons les producteurs à vendre leurs fruits dans les villages des environs plutôt que de les envoyer en ville ou à l'étranger. Moins il y a de terres disponibles, plus les arbres fruitiers vivaces, traditionnellement cultivés près de Wardha, se révèlent utiles à l'économie locale. »

---

1. Cette graphie particulière implique que la conscience a et doit avoir un impact sur le développement, et vice versa. *(Note de l'auteur.)*

Non contente d'initier une véritable révolution en matière de cultures vivrières, *Chetna><Vikas* se chargeait aussi d'informer les villageois des bienfaits de l'agriculture biologique. Elle leur apprenait à fabriquer du compost, à mieux gérer leurs ressources en eau, à élever des animaux et à conserver les graines et les semences des plantes locales.

« Nous veillons toujours à ce que les fermiers prennent conscience de leur pouvoir de décision. Sans cela, nos missions de développement seraient un échec complet, car les villageois et l'économie locale deviendraient dépendants de l'aide extérieure », affirma Niranjana.

Plusieurs scientifiques s'étaient joints à elle et à Ashok, son mari, pour favoriser le développement de la vie et de l'économie rurales. Installés dans les villages où ils travaillaient auprès des paysans et des artisans, ils jouaient un rôle catalyseur. En apprenant aux hommes et aux femmes de la région à renouer avec les gestes et le savoir-faire de leurs ancêtres, ils n'imposaient pas un modèle de développement venu d'ailleurs : ils faisaient resurgir le potentiel et les compétences de la population locale.

Dix-huit ans après notre première visite, nous retournâmes au *Centre of Science for Villages*, où notre fils Mukti, alors âgé de huit ans, avait filé neuf cents mètres de coton sur un nouveau modèle de rouet baptisé l'Ambar Charkha. Nous avions alors fait la connaissance de Devendra Gupta et de Prabha, son épouse, qui étaient tous deux à l'origine du projet. De formation scientifique, Devendra, comme plusieurs de ses collègues, souhaitait améliorer les conditions de vie déplorables des communautés rurales et tribales à l'aide de techniques simples et peu coûteuses, testées en laboratoire. « La science est encore le privilège de l'élite urbaine et intellectuelle, disait-il à l'époque. On l'associe à des types en blouse blanche, bardés de diplômes, qui travaillent dans des labos high-tech à Delhi ou à Bombay. Eh bien, ici, nous faisons exactement l'inverse ! Nous sommes en pleine campagne. Nous nous appuyons sur quelques principes simples, que nous expérimentons pour développer des technologies peu coûteuses et adaptées à la vie rurale. »

À la mort de Devendra, sa fille Vibha, qui avait fait ses études en Inde et aux États-Unis, avait repris la direction du centre. Aujourd'hui, elle poursuivait avec talent et détermination l'œuvre de son père. C'est elle qui nous accueillit lorsque nous arrivâmes, June et moi. Nous nous assîmes avec toute l'équipe sur des nattes en paille disposées sous un grand arbre. Quelques coussins étaient placés au milieu du cercle en souvenir du père de Vibha, dont la présence silencieuse imprégnait les lieux.

La petite équipe du centre travaillait dur pour faire vivre le projet de Devendra et l'ancrer solidement dans l'avenir. Âgée d'une trentaine d'années, Vibha se consacrait entièrement au développement de la vie rurale et à l'amélioration des conditions de vie des paysans. Les problèmes à résoudre étaient tels qu'elle avait décidé de ne pas se marier et de ne pas avoir d'enfants afin de pouvoir passer tout son temps au centre.

« Qu'est-ce qui a incité Devendra à créer ce centre de recherches ? lui demandai-je.

— Mon père l'a fondé en 1976 pour favoriser le développement d'une économie locale holistique et décentralisée ; pour enrayer l'exode rural et la fuite des cerveaux vers les villes ; pour offrir un lieu de travail aux scientifiques qui souhaitaient aider les habitants des zones rurales ; pour créer de nouveaux outils et de nouvelles techniques ; et pour tisser des liens avec les villageois.

— Aujourd'hui, quelles sont les principales activités du centre ?

— Nous concevons des installations sanitaires et des logements abordables ; nous faisons la promotion des énergies renouvelables et de l'agriculture biologique ; nous encourageons le développement de l'artisanat et du petit commerce au sein des villages. Nous apprenons aux paysans à faire du compost. Nous leur montrons aussi comment fabriquer du biogaz à partir du purin et des eaux usées. Nous avons conçu des fourneaux qui n'émettent pas de fumée, ainsi que des engrais, des répulsifs et des pesticides naturels et sans danger pour l'environnement.

— Vraiment ? Lesquels, par exemple ?

— Les villageois élèvent des chèvres, qui dévorent les plantes. Ils avaient besoin d'un répulsif pour tenir leurs bêtes à distance des arbres fruitiers. En faisant des recherches, nous avons découvert que l'urine de chèvre diluée dans de l'eau constituait un excellent répulsif. Nous avons donc montré aux villageois comment collecter ces urines, les diluer et les vaporiser sur les troncs d'arbre. Cette méthode s'est révélée extrêmement efficace ! Nous nous sommes aussi intéressés à l'apiculture. Savez-vous que le miel des essaims domestiques ne représente que 20 % de la totalité du miel récolté en Inde ? Les 80 % restants proviennent d'essaims sauvages, nichés dans des endroits difficiles d'accès. Pour s'emparer du miel, les paysans ou les habitants des zones tribales sont obligés d'incendier, d'enfumer ou de percer les ruches, ce qui entraîne la perte d'une grande partie de la récolte et peut causer la mort de la colonie. Nous avons conçu d'autres méthodes, plus sûres pour les hommes et pour les abeilles. Après les avoir testées au centre, nous les avons suggérées aux villageois, qui les ont adoptées. Elles consistent à vaporiser de l'eau sur la ruche afin d'étourdir momentanément les abeilles, puis à attacher la ruche avec des pinces en bambou pour éviter qu'elle ne tombe pendant l'extraction du miel. Les hommes peuvent ainsi récolter l'intégralité du miel de la ruche sans détruire la colonie. Nous avons déjà formé plus de mille personnes à ces nouvelles techniques d'apiculture », conclut-elle avec satisfaction.

Vibha était la preuve vivante que les femmes indiennes ne sont pas aussi faibles et dénuées d'influence qu'on le dit. Non seulement elle gérait seule le centre et ses employés, mais elle assurait la formation des villageois et leur offrait le résultat de ses recherches à un prix dérisoire.

Comme Kalindi et Niranjana, Vibha marchait sur les traces de Gandhi avec une détermination absolue. Ces femmes constituent un exemple pour tous ceux qui veulent œuvrer pour le bien-être du peuple indien.

24

Les germes du renouveau

Vandana Shiva cherche, elle aussi, à révolutionner les conditions de vie des paysans indiens. Nous eûmes la chance de la rencontrer lors d'un de nos voyages. Nous étions convenus de nous retrouver à l'aube, sur les quais de la gare de New Delhi. Nous la reconnûmes aussitôt. Vêtue d'un sari vert olive orné d'une large bande de tissu noir, elle avait drapé un grand châle sur ses épaules. Ses longs cheveux noirs étaient nattés avec soin. Un large point rouge (*bindi*), dessiné au pinceau entre les sourcils, symbolisait son troisième œil. Elle rayonnait d'élégance, d'aisance, de chaleur humaine et d'énergie. Ce fut une joie et un véritable honneur pour nous de voyager avec elle jusqu'à Dehra Dun, sa ville natale, située dans l'Himalaya.

Vandana milite avec courage et passion pour le droit des femmes, la dignité des conditions de travail, la protection de la nature, des forêts, des campagnes, des petits exploitants, de la biodiversité et des valeurs tribales. En contribuant à préserver de nombreuses espèces végétales menacées de disparition, elle mène un combat pacifique contre les assauts de la mondialisation économique, contre la domination des multinationales, l'industrialisation de l'agriculture et la marchandisation à outrance des biens de première nécessité tels que l'eau, le gîte et la nourriture.

Parce qu'elle est à la fois physicienne et docteur en philosophie, Vandana ne craint pas de marier tradition et modernité. Elle cherche à faire la synthèse entre sa subjectivité, souvent passionnée, et les exigences d'une pensée rationnelle et objective. Militante *et* scientifique, elle étaie toutes ses hypothèses de preuves empiriques et n'avance jamais une intuition sans l'argumenter.

Elle nous reçut d'abord chez elle, dans sa grande propriété familiale. Bâtie par son père, la maison se dresse sur un demi-hectare de terrain bordé de vieux arbres. Héritiers du domaine, Vandana, son frère, sa sœur et leurs enfants y vivent en bonne intelligence. Vandana partage son temps entre Delhi, où elle mène campagne pour une agriculture locale et durable, et Dehra Dun, où elle enseigne, écrit et conduit ses recherches scientifiques.

Tout en buvant le thé sous la véranda, nous l'interrogeâmes sur l'origine du mouvement Chipko, dont elle fut l'une des porte-parole. Dérivé du verbe hindi *chipko*, qui signifie « étreindre », ce mouvement consistait à enlacer les arbres pour éviter qu'ils ne soient abattus par des promoteurs, des industriels ou des agents du gouvernement. Principalement mené par des femmes, il avait remporté de grandes victoires contre la déforestation en Inde.

« Quel fut l'événement déclencheur du mouvement ? demandai-je.

— Tout a commencé en 1973, dans l'Uttar Pradesh, quand les fonctionnaires du gouvernement de Delhi et ceux de Lucknow, la capitale de l'État, ont autorisé une société d'exploitation forestière à abattre une grande partie de la forêt himalayenne, où les populations locales s'approvisionnaient en nourriture, en fourrage et en bois de chauffage, répondit Vandana. Quand la terrible nouvelle s'est répandue dans la région, les femmes ont décidé de s'unir pour empêcher les bûcherons de parvenir à leurs fins. Mais le temps jouait contre elles : il était déjà trop tard pour intervenir auprès des autorités ou tenter d'engager une action en justice. Elles ont donc résolu d'enlacer les arbres et de rester près d'eux jusqu'au départ des bûcherons.

— Comment se sont-elles organisées ?

— Ces femmes – et elles étaient plusieurs centaines ! – se sont littéralement attachées aux arbres. Pendant plusieurs jours, elles ont chanté ou récité des mantras en l'honneur de la forêt. Il n'y a eu ni cris, ni haine, ni violence. Lorsque les bûcherons sont arrivés, elles ont simplement dit que les arbres étaient leurs corps et que, s'ils voulaient les abattre, ils devraient les couper en morceaux, elles aussi. “Nous vivrons et nous mourrons avec nos arbres, disaient-elles. Nous sommes nées dans la forêt, nous vivons dans la forêt et nous mourrons dans la forêt !”

— Comment les bûcherons ont-ils réagi ?

— Ils étaient stupéfaits. Et surtout ils ne savaient pas quoi faire ! Ils ont attendu plusieurs semaines en espérant que les femmes finiraient par se décourager... C'était les méconnaître, car les femmes de l'Himalaya ont une détermination... himalayenne ! Plus les jours passaient, plus elles s'obstinaient. Elles enlaçaient les arbres à tour de rôle, de jour comme de nuit. Les hommes leur apportaient à manger et s'occupaient des enfants. Le mouvement a fini par attirer les foules. Pour une militante comme moi, c'était un événement extraordinaire ! Nous avons tous beaucoup appris à cette occasion. Et nous avons gagné la bataille : les bûcherons ont dû ranger leurs tronçonneuses. Leurs camions, qui étaient arrivés vides, sont repartis vides. Les femmes de l'Uttar Pradesh ont sauvé leurs traditions et leur mode de vie en sauvant leur forêt », conclut-elle.

Vandana nous emmena ensuite dans les locaux de son association, située sur les contreforts de l'Himalaya, à quinze kilomètres de Dehra Dun. Sur un vaste terrain bordé de manguiers et niché au cœur d'une belle forêt, elle a fait construire un laboratoire de recherches et d'études pour le maintien de la biodiversité ainsi qu'un centre de formation international, la Bija Vidyapeeth – « l'école des semences » –, qui dispense des cours d'écologie, d'agronomie, de botanique et d'économie durable, fondés sur la connaissance des semences, des saisons et du sol. En apprenant à cultiver la terre sans engrais ni pesticides, à constituer des banques et des réseaux de semences, les stagiaires deviennent de véritables citoyens du monde. Pour Vandana, les semences sont les symboles de l'autosuffisance et du développement durable.

Ouvert aux Indiens comme aux étrangers, le centre organise aussi des stages de sciences holistiques, d'agriculture biologique et d'urbanisme durable, ainsi que des conférences sur le gandhisme, la mondialisation et l'expérience des pays du Sud.

« En quoi les recherches que vous menez ici sont-elles différentes de celles qui sont financées par les universités ou les institutions gouvernementales ? demandai-je à Vandana.

— Toutes les recherches que nous effectuons sont destinées à améliorer les conditions de vie des agriculteurs. Nous ne travaillons jamais dans le vide ! Les universités se lancent dans des recherches abstraites, puis elles imposent leurs découvertes à la population. C'est ce qui s'est passé avec la prétendue "Révolution verte" des années 1960, et c'est ce qui se passe actuellement avec les semences génétiquement modifiées que les laboratoires imposent aux paysans. Les scientifiques qui travaillent pour le gouvernement ou pour le complexe agroalimentaire sont coupés de la réalité du monde rural. Ils vivent dans deux mondes totalement différents ! Nous avons adopté la démarche inverse : nous partons de la terre et des gens qui la travaillent. Nous invitons les villageois à participer à nos recherches, à collecter des données et à les analyser. En ce moment, nous nous efforçons d'évaluer la productivité des méthodes traditionnelles d'agriculture, comme la polyculture. Pour cela, nous contrôlons le rendement alimentaire de différentes plantes lorsqu'elles sont cultivées ensemble ou séparément.

— Quelles autres recherches menez-vous avec les villageois ?

— Nous tentons de savoir comment on peut nourrir une famille de six personnes avec un hectare de terre arable. Quelles plantes, quels arbres, quelles racines et quelles céréales choisir ? Comment les associer et les cultiver ? Comment s'adapter au climat et au type de sol ? Nous nous posons toutes ces questions ! Nos recherches ont montré que les habitants d'une région donnée sont parfaitement capables de s'alimenter à partir des techniques en vigueur au sein de leur communauté. Les interférences des ingénieurs extérieurs nuisent au rendement de leurs terres et à leur autosuffisance économique. Pourquoi rejeter le savoir-faire et les méthodes des cultivateurs locaux ? Ils ont accumulé et développé leurs compétences et leur expérience au fil des siècles en s'appuyant sur l'histoire de leurs succès et de leurs échecs. Ils en savent bien plus que les agronomes ! »

Fortes de cette conviction, Vandana et son équipe recueillent depuis plusieurs années auprès des villageois et des petits exploitants agricoles un savoir-faire que les institutions scientifiques ont toujours dédaigné.

« Les connaissances des autochtones en matière d'agronomie et d'exploitation forestière visent à maintenir la diversité et la variété des cultures, affirma Vandana. Or la diversité est la mère de l'abondance, contrairement à la monoculture que privilégient les instances scientifiques. La polyculture assure la sécurité alimentaire des villageois puisqu'ils disposent de plusieurs cultures vivrières, et peuvent donc se rabattre sur une récolte si les autres n'ont rien donné, alors que la monoculture les contraint à la disette en cas de mauvaise récolte. L'agriculture indienne traditionnelle est entièrement fondée sur la diversité, poursuivit-elle. Au cours des siècles passés, les paysans indiens ont cultivé plusieurs milliers de variétés de riz Indica dans notre pays ; des milliers de variétés de millet, de légumineuses et de céréales nourrissent notre population depuis des millénaires. Nos fermiers ont toujours employé des engrais naturels, pratiqué la polyculture et la rotation des cultures. Même sur les petites parcelles, ils veillent à protéger la récolte en plantant un margousier et du tulsi, réputés pour leurs propriétés curatives, antiseptiques et répulsives. »

Vandana met ses théories en pratique : nous eûmes le plaisir de goûter une grande variété de fruits, de légumes et de céréales lors du repas que nous prîmes à la ferme. Après nous avoir proposé cinq pains différents, tous à base de farines fraîchement moulues, les cuisiniers nous préparèrent un assortiment de légumes régionaux – tellement liés à leur environnement qu'ils ne poussent nulle part ailleurs. Nous nous demandâmes pourquoi le pays entier se contentait des quelques variétés de riz, de blé et de légumes disponibles au niveau national, alors qu'il en existait plusieurs centaines d'autres dans chaque coin du pays.

Tandis que nous savourions notre délicieux repas, Vandana reprit :

« Dans le *Râmâyana*, le prince Râma, sa femme Sitâ et son frère Lakshmana doivent s'exiler pendant douze ans. Ils décident alors de s'installer dans la forêt... sans s'inquiéter une seconde de ce qu'ils trouveront à manger, car les forêts indiennes regorgeaient de fruits, de baies, de noisettes, de pois et de racines comestibles !

— La culture indienne est profondément liée à la forêt, remarquai-je.

— Tout à fait. Notre histoire est peuplée de sages et d'ermites installés dans la forêt. Pour se nourrir, ils se contentaient de manger les fruits qui poussaient à leur portée. Le reste du temps, ils méditaient sur la nature, apprenaient d'elle et enseignaient ses mystères à leurs disciples.

— L'Ayurveda, la médecine indienne traditionnelle, est fondée sur la connaissance des fruits et des racines de la forêt, elle aussi.

— Vous avez entièrement raison. D'ailleurs, quand les apprentis médecins se rendaient dans la forêt pour suivre l'enseignement d'un maître en médecine ayurvédique et découvrir les propriétés curatives des plantes, ils commençaient par apprendre les vertus médicinales de toutes les espèces végétales de la forêt. Après plusieurs années d'études, lorsqu'ils étaient enfin prêts à regagner leur village pour y pratiquer la médecine, leur maître leur demandait de se rendre une dernière fois dans la forêt et d'y chercher une plante dépourvue de vertus curatives. Ceux qui revenaient les mains vides étaient déclarés aptes à pratiquer l'Ayurveda. Ceux qui revenaient avec une plante dont ils ignoraient les propriétés étaient priés de poursuivre leurs études ! » conclut-elle en souriant.

Elle marqua une courte pause, avant de reprendre :

« Les plantes comestibles et médicinales ont toujours été extrêmement abondantes dans les forêts indiennes. Les autochtones savaient en faire bon usage. Mais leurs connaissances, transmises de génération en génération, sont aujourd'hui menacées de disparition par l'invasion de la monoculture et des médicaments de synthèse. Nous sommes victimes d'une monoculture de l'esprit ! »

Un peu plus tard, Vandana nous parla de la situation désastreuse dans laquelle se trouvaient la plupart des petits exploitants indiens.

« Chaque année, des milliers de paysans se suicident parce qu'ils ne parviennent pas à rembourser leurs dettes et à nourrir leur famille. La mondialisation du commerce alimentaire est l'une des pires tyrannies de notre époque. Nous croyions que l'esclavage, l'holocauste et l'apartheid étaient derrière nous, mais la mondialisation du commerce alimentaire nous impose un nouveau type d'esclavage, un nouveau type d'holocauste et une nouvelle sorte d'apartheid. Le commerce mondial est en guerre contre la nature, les femmes et les petites fermes familiales ; il lutte âprement contre tout ce qui est diversifié, petit et autochtone. La monoculture à grande échelle, centralisée et mondialisée est une violence faite à la nature et aux hommes. L'agriculture diversifiée, décentralisée, locale et à petite échelle est non violente pour la nature comme pour les hommes.

— Ceux qui exploitent la terre à grande échelle considèrent les plantes, les animaux, l'eau et les forêts comme de simples matières premières, dis-je.

— Oui. Et les hommes ne sont pas mieux lotis : ils sont devenus de simples "ressources", eux aussi ! En revanche, ceux qui travaillent la terre en harmonie avec les saisons et le rythme de la nature considèrent la vie comme un don. Ces deux systèmes, celui des matières premières et celui du don, sont profondément antagonistes. En assimilant tout à des matières premières, on en vient à percevoir les êtres vivants comme des choses, et la nature comme une ressource dont il faut tirer profit. »

Vandana a construit sa vie et son travail sur cette vision du monde. Tout ce qu'elle entreprend, qu'il s'agisse d'une campagne politique, d'un cycle de formation ou d'un projet de recherche scientifique, vise à développer et à promouvoir l'économie du don dans la société d'aujourd'hui.

Après avoir passé la nuit à Dehra Dun, nous nous rendîmes à Rishikesh, sur les bords du Gange. Cette petite ville paisible est située au pied de l'Himalaya. Nous dûmes laisser notre voiture sur la rive occidentale du fleuve et emprunter une passerelle pour nous rendre sur la rive opposée, interdite aux automobiles. Toutes les marchandises, même les plus lourdes, empruntent le même chemin ou sont acheminées par bateau. Les maisons de la rive orientale, où se trouve un important sanctuaire hindou, accueillent les très nombreux pèlerins, moines, ermites et ascètes qui viennent à Rishikesh pour y chercher la paix et le salut de l'âme. Nous nous arrêtâmes pour regarder un groupe de pèlerins qui s'immergeaient dans les eaux sacrées du Gange en chantant : « Ô Mère des Fleuves, toi qui purifies mon corps, mon esprit et mon âme ! En me plongeant dans tes eaux, je renonce à ce qui me lie et m'angoisse ; j'abandonne mes désirs et mon orgueil. Emporte-les dans tes eaux tourbillonnantes et libère-moi de mes craintes et de mes caprices ! »

D'après la légende, le Gange a d'abord été le plus grand fleuve du paradis : il irriguait les plaines astrales, les étoiles et les planètes. Fasciné par sa beauté et son abondance, le roi Bhagirat pria longuement les dieux de laisser le Gange descendre sur terre afin que ses eaux sacrées fassent refleurir son royaume appauvri par une terrible sécheresse. Séduits par la sincérité de sa démarche, les dieux acceptèrent d'envoyer le Gange sur terre, mais ils mirent le roi en garde : le fleuve était si puissant que la terre ne serait peut-être pas en mesure de l'endiguer. Effaré, Bhagirat se tourna alors vers Shiva, qui trônait au sommet de l'Himalaya, et le supplia de se placer sous la voûte céleste et d'attraper le Gange dans ses cheveux à l'instant où il sauterait sur terre. Shiva se plia gentiment à sa requête : il se dressa sous le ciel et leva la tête à l'instant fatidique. Le Gange tomba dans son chignon. Ses eaux tumultueuses se muèrent en un fleuve qui coula paisiblement des longs cheveux de Shiva à ses épaules, et de ses épaules à la terre.

Le fleuve apparaît au pied du glacier Gangotrî, situé dans l'Himalaya, à quatre mille mètres d'altitude. Baptisé Bhagirathi en l'honneur du roi, il devient le Gange proprement dit à Devraprayag, deux cents kilomètres plus bas, lorsque ses eaux se mêlent à celles de l'Alaknanda. Son cours s'élargit ensuite jusqu'aux plaines de Rishikesh. Toutes les rivières indiennes sont filles du Gange. À ce titre, elles sont toutes sacrées pour les hindous, mais le Gange est le plus sacré de tous. Considéré comme la Mère de l'Inde, il lave et purifie, soigne et apaise, offre joie, sérénité et prospérité à ceux qui se baignent dans ses eaux.

De Rishikesh, nous gagnâmes Haridwar, la « Porte d'accès aux dieux ». Située à trois cents mètres d'altitude, la ville abrite de très nombreux ashrams qui proposent de multiples activités religieuses, des cours de sanskrit, des stages de yoga et de méditation. En arrivant au bord du fleuve, nous achetâmes un bateau miniature en feuilles de palmier tressées. Rempli de fleurs de soucis, il était équipé d'une petite bougie plantée en son centre. Un moine le bénit pour nous, puis il alluma la bougie et nous le posâmes doucement sur l'eau. Il navigua quelques instants sous nos yeux attentifs avant d'être englouti par les vagues.

Des centaines d'autres pèlerins faisaient la même chose. C'est un rituel très populaire. Chaque soir, le temple de Har Ki Pauri attire des milliers d'hommes et de femmes. Massés sur les berges du fleuve, ils contemplent avec ravissement ses eaux constellées de bougies flottantes et de fleurs multicolores. Ces brefs séjours à Rishikesh et à Haridwar nous emplirent d'émerveillement.

QUATRIÈME PARTIE

Pour une philosophie relationnelle

Je pense, donc je suis.
René DESCARTES

Nul ne peut résoudre un problème en s'appuyant sur une logique identique à celle qui a suscité son apparition.

Albert EINSTEIN

Quand je sème mon grain
Ma main ne fait qu'un avec la terre.

Quand je veux le voir germer
Mon esprit ne fait qu'un avec la lumière.

Quand je sarcle ma terre
Mes mains ne font qu'un avec la pluie.

Quand j'ai bien jardiné
Mon esprit ne fait qu'un avec l'air.

Quand la faim me gagne et que j'attends
Mon esprit ne fait qu'un avec la terre.

Quand je mange le fruit de ma récolte
Mon corps ne fait qu'un avec la terre.

Wendell BERRY

25

Tu es, donc je suis : une écologie révérencielle

Quelle est la nature du lien qui unit un crabe à un homard, une orchidée à une primevère, et ces quatre créatures à celle que je suis ? Quel lien m'unit à vous ? Et qu'est-ce qui nous unit tous les six à une amibe ou à un schizophrène ? Comment définir ce qui relie toutes les créatures vivantes entre elles ?

Gregory BATESON

« Je pense, donc je suis », décréta René Descartes. Cette petite phrase résume à elle seule toutes les orientations prises par la science, la philosophie, la politique et la vie sociale en Occident depuis le XVIIIe siècle. La première fois que je l'entendis, je demeurai perplexe. En Inde, les sages, les moines et les penseurs parlaient depuis des siècles de la dissolution, voire de l'inexistence du moi. Et voilà qu'un éminent philosophe européen fondait l'existence de la réalité sur la conscience de soi ! Comment n'aurais-je pas été déconcerté ?

Plus tard, en me familiarisant avec la culture occidentale, je compris que le dualisme cartésien était l'une des pièces maîtresses d'un mode de pensée qui divise l'esprit et la matière, sépare le corps de l'esprit, et considère le monde comme une série d'objets à analyser, à compartimenter, à classifier et à contrôler. Le dualisme cartésien, qui établit une distinction très nette entre sujet et objet, esprit et matière, constitue l'un des paradigmes de la pensée occidentale.

Il me semble intéressant de noter que Descartes découvrit la pierre angulaire de son système philosophique au cours d'une longue nuit solitaire, alors qu'il était enfermé dans une petite pièce chauffée par un poêle, tandis que Bouddha, lui, atteignit l'Éveil en observant la nature, assis sous un grand arbre au bord d'un fleuve. Dans ces conditions, il n'est pas étonnant que Bouddha ait appréhendé la réalité sous l'angle de ce qu'il appelait « l'émergence codépendante », notion que l'on pourrait grossièrement traduire par « tout est lié ».

Les ouvrages de Descartes connurent un grand retentissement car il fut le premier à aborder l'investigation philosophique de manière scientifique. Le doute, cet outil éminemment logique, est au cœur de la pensée cartésienne. Il se révéla extrêmement utile à l'époque, l'État et les institutions religieuses réprimant tout questionnement pour mieux imposer leurs croyances à la population. Le doute cartésien finit par triompher de l'obscurantisme. Il prit malheureusement trop d'importance par la suite – et le bébé fut jeté avec l'eau du bain.

J'ai reçu une éducation fondée sur la foi et la confiance. Descartes, lui, rejetait vigoureusement cette dernière. Sous son influence, le doute puis le dualisme, qui soutenaient son système de pensée, ont peu à peu charpenté toute la culture occidentale.

Il n'était évidemment pas l'inventeur du dualisme, qui trouve ses origines dans la Bible. La Genèse décrit Dieu comme un être séparé du monde : Dieu créa l'Univers, puis il conçut l'homme à son image en lui ordonnant de se multiplier, de peupler la terre et de la dominer. Le texte est sans ambiguïté, mais tous les chrétiens ne l'interprètent pas de la même manière. Les Celtes percevaient Dieu dans toute créature vivante, végétale ou minérale, et non en dehors d'elle ; les mystiques chrétiens voyaient le mystère divin dans tout ce qui les entourait. Néanmoins, leurs croyances demeuraient marginales : dans son immense majorité, la société judéo-chrétienne, qui veillait aux affaires de l'État, à l'organisation du commerce, au développement de l'éducation, des arts et des sciences, était dualiste.

Les élites européennes du XVIIIe, du XIXe et du XXe siècle l'ont compris : pour concrétiser leurs ambitions matérialistes et s'assurer le soutien des institutions religieuses, il était impératif qu'elles réduisent l'influence des chrétiens mystiques et non dualistes, et favorisent la domination de la philosophie cartésienne chrétienne, de la physique newtonienne, de la biologie darwinienne et de la psychologie freudienne. Leur stratégie se révéla payante puisque l'Église favorisa activement les projets coloniaux, industriels et politiques des dirigeants en place.

Newton considérait l'univers comme une machine, une horloge sophistiquée qu'il fallait contrôler et ajuster aux besoins de l'espèce humaine. À ses yeux, le corps humain et celui de l'animal ne sont que des machines, eux aussi. Pour Descartes, les animaux sont dépourvus d'âme, de sentiments et de conscience de soi. L'univers n'est pas un organisme vivant. La seule connaissance requise pour le manipuler est celle des lois de la nature. La théorie de l'évolution, formulée par Darwin, démontre que les différentes espèces, et même les individus de chaque espèce, sont en compétition constante, que les forts dominent les faibles et que seuls les plus forts sont amenés à survivre. En conséquence, l'espèce humaine n'a, semble-t-il, qu'une chose à faire : devenir la plus forte de manière à dominer toutes les autres. Dans le domaine de la psychologie, Freud développe un mode de pensée similaire : il nous apprend que la psyché est séparée du corps, que l'analyse permet d'accéder au moi et que l'aisance et le prestige social passent par le renforcement de l'ego.

Centrées sur le moi, ces théories n'ont fait que servir et raffermir le dualisme occidental. Je les considère toutes comme responsables de la crise écologique, sociale et spirituelle que nous traversons. La vision dualiste du monde donne aux hommes l'illusion d'exister indépendamment d'autrui. Partant de la conviction qu'il existe, en chaque homme, un moi réel, autonome et distinct, elle l'encourage à agir isolément, sans se soucier d'autrui. Si nous acceptons l'idée que l'esprit est plus certain que la matière et que « mon esprit » est plus certain que « l'esprit d'autrui », nous participons à la division du monde. Et au triomphe d'une philosophie séparatrice.

Certaines philosophies cherchent, au contraire, à percevoir le tout plutôt que les parties. Elles voient l'arbre comme un arbre, et non comme l'assemblage d'un tronc, de branches, de feuilles, de fleurs et de fruits. Elles voient la forêt comme une forêt, et non comme un assortiment d'arbres, d'animaux, d'oiseaux, d'insectes, de cours d'eau et de végétaux. Elles regardent le monde comme un tout. Les espèces ne sont pas en compétition, mais en symbiose. Vivre sur terre ne se limite pas à lutter pour survivre : la terre nourrit la vie, au contraire ! Sur son sol, la vie se développe et s'améliore sans cesse. Le mutualisme et la réciprocité sont les principes de base de l'existence. Or qui dit réciprocité dit relation. Toutes les espèces terrestres sont donc membres de la même communauté.

Voici quelques exemples de philosophie relationnelle.

Pour les jaïns, « tout est dans le don ». Le soleil donne sa lumière aux arbres ; les arbres donnent leurs fruits aux oiseaux ; les oiseaux disséminent les graines ; les graines s'offrent à la terre, et la terre transmet la vie aux graines.

Pour les bouddhistes, la vie est un phénomène d'« émergence codépendante ». Quand le soleil se lève, de petites pousses vertes apparaissent à la surface du sol, leurs feuilles se déplient, les bourgeons et les fruits se forment. Au lever du soleil, les oiseaux et les hommes se lèvent aussi. La terre entière s'éveille. Le lever de tous dépend du réveil de chacun. C'est en comprenant cette vérité essentielle que Bouddha connut l'Éveil et parvint au nirvâna, l'état de libération absolue. Mais il comprit également que le nirvâna n'existe pas en soi : seul l'éveil de tous le rend possible. Nous nous élevons et nous chutons ensemble. Que nous le voulions ou non, c'est ensemble que nous coulerons ou que nous surnagerons. Nous coexistons. « Être, c'est co-être », pourrait-on dire. Seuls, nous n'avons aucune chance de survie. Notre existence est rendue possible par celle de toutes les autres créatures terrestres. Nous ne sommes pas des êtres isolés : nous habitons le monde.

En Afrique subsaharienne, les Bantous emploient le mot *ubuntu* pour décrire cette coexistence permanente. Les membres de ces communautés ne disent jamais : « Je suis » ou : « Cela est », mais : « Nous sommes », car nous sommes tous liés les uns aux autres. Être, c'est appartenir à un immense réseau de relations. Et ce réseau ne se limite pas à l'espèce humaine : il englobe toutes les formes de vie. Les Amérindiens l'appellent la Terre-Famille : elle comprend le Ciel-Père, la Terre-Mère, l'Océan-Grand-mère, le Buffle-Frère, et ainsi de suite.

Les hindous ont forgé l'expression « *So Hum* » – « Tu es, donc je suis ». Comme vous, je ne suis pas tombé du ciel : je suis né d'une mère. Ma mère est, donc je suis. J'ai beaucoup appris de Bouddha, de Mahâvîra, de Jésus, de Mahomet. Ces grands maîtres sont, donc je suis. Je me nourris des fruits de la terre, le soleil m'offre sa chaleur, l'eau me désaltère, l'air emplit mes poumons. Ces éléments sont, donc je suis. J'ai trouvé l'inspiration dans les œuvres de Gandhi, de Tolstoï, de Tagore, de Van Gogh. Mes ancêtres sont, donc je suis.

Le moi n'est pas séparé, isolé ou déconnecté du reste du monde. Les êtres et les objets nous semblent tantôt distincts, tantôt liés les uns aux autres selon la manière dont nous les regardons. Tout dépend de notre façon de voir. Les visionnaires voient le monde comme un tout. Contrairement à Descartes, qui faisait siéger l'âme dans la glande pinéale, saint Thomas d'Aquin avait su voir que l'âme n'est pas dans le corps : le corps est dans l'âme. Nous faisons tous partie de l'*anima mundi*, l'âme du monde.

L'individu n'existe pas en dehors de sa communauté, de son environnement, de ses traditions et de sa culture. L'individualité est complémentaire de l'universalité. Le non-dualisme ne consiste pas à nier l'individu, mais à le percevoir dans son rapport à l'universel.

Le dualisme cartésien a pour conséquence de créer un climat d'opposition permanente, chacun s'opposant à autrui et au monde. La vie devient un champ de bataille. Chacun apprend à se débrouiller seul et agit pour son seul bénéfice. L'individualisme produit l'exploitation du faible par le fort ; il engendre des luttes d'argent et de pouvoir, cause l'asservissement des animaux et de la nature, et nous mène à la frustration suprême – celle de mener une vie insatisfaisante et dépourvue de sens.

La philosophie séparatrice encourage l'individu à s'emparer de tout ce qu'il peut. À prendre encore et encore. À accumuler toujours davantage. Il en résulte une anxiété constante. Nos vies sont dominées par la peur, l'insécurité et la méfiance parce que nous avons perdu notre sentiment d'appartenance à un lieu et à une communauté, et que nous ne savons plus comment nouer de vraies relations avec autrui. Les luttes d'argent et de pouvoir ne sont pas nouvelles : elles existent depuis la nuit des temps. Mais autrefois les valeurs tribales, communautaires, familiales et religieuses favorisaient le développement de la réciprocité et du mutualisme plutôt que le goût de certains pour le contrôle et la domination. En faisant triompher le matérialisme, l'époque moderne a valorisé l'agressivité et balayé les valeurs relationnelles.

Le seul moyen de remédier à cette situation est de revenir à la notion bouddhiste d'émergence codépendante. La vie est un processus participatif. C'est en percevant le tissu de relations qui sous-tend toute forme d'existence que nous percevrons la réalité dans son ensemble. Rien n'a de sens hors de son contexte et de sa relation au monde. Pour bien connaître quelqu'un, nous devons connaître son histoire familiale, son milieu social, son parcours scolaire et universitaire, ses habitudes, ses amis, ses centres d'intérêt, son lieu de vie, etc. Nul n'est une île. Les îles elles-mêmes ne le sont qu'en relation à l'eau qui les entoure.

Imaginez un homme assis au soleil, une tasse de thé à la main. Cette scène est-elle un collage d'éléments isolés ou le résultat d'une série de relations entremêlées ? La réponse me semble évidente : c'est la jonction d'un homme, d'une boisson et d'une journée ensoleillée qui rend possible cet événement, mais aucun de ces éléments n'a d'existence propre : la boisson n'existerait pas si l'homme n'avait pas réuni la tasse, l'eau et les feuilles de thé ; la tasse et le thé ne seraient pas là sans ceux qui les ont fabriqués. Plus nous observons cette scène, plus elle se densifie. Derrière son apparente banalité se dissimule un écheveau complexe, créatif et apparemment inextricable de relations mutuelles. Tout n'est que relations. Gregory Bateson affirmait que la main de l'homme n'a pas cinq doigts, mais quatre relations. Pour le théologien américain Thomas Berry, l'univers n'est pas une collection d'objets, mais une communion de sujets.

Dans une société fondée sur un modèle relationnel, l'individu reçoit autant qu'il donne à l'univers tout entier. « Observez les lis des champs, disait Jésus à ses disciples. Regardez comme ils croissent : ils ne peinent ni ne filent. » Nous sommes tous des donneurs et des receveurs. Si nous en étions tous conscients, nous prendrions soin les uns des autres et nous protégerions la nature, puisqu'il n'y a, en fait, aucune véritable distinction entre nous et la Terre.

La philosophie séparatrice nous oblige à choisir en permanence – entre individualisme et collectivisme, entre matérialisme et spiritualité, entre art et science, entre holisme et réductionnisme, entre humanisme et écologie, etc. À l'inverse, la philosophie relationnelle nous apprend à envisager la coexistence de certains principes fondamentaux. Pourquoi opposer individu et société ? Ils forment les deux faces d'une même pièce. La matière et l'esprit ne s'annulent pas ; l'art et la science se complètent ; l'approche réductionniste se révèle pertinente dans un contexte global ; et le rationalisme nous aide à ordonner le chaos de nos émotions et de nos intuitions. La vie n'est ni un champ de bataille ni une zone de conflits, mais un terrain favorable à l'éclosion de relations symbiotiques où le conflit, la compassion et l'harmonie ont un même droit de cité.

Nous vivons à l'ère du conflit. Le monde est en guerre avec lui-même : les événements du 11 septembre 2001 nous l'ont montré de manière terrifiante. J'étais à New York ce jour-là. Je séjournais à Greenwich Village, chez mon ami Ron Williams, à quelques kilomètres du World Trade Center. Nous sommes sortis en entendant hurler les premiers camions de pompiers. J'ai mis un moment à comprendre la scène qui se déroulait sous nos yeux. Je n'arrivais pas à y croire. J'ai dû m'agripper à Ron pour ne pas me mettre à hurler, moi aussi. La tour sud avait déjà pris feu, les gens se jetaient par les fenêtres pour échapper aux flammes. Un instant plus tard, j'ai vu un avion contourner la tour nord, s'en écarter comme pour prendre son élan, puis se jeter sur elle. Une énorme boule de feu a jailli du bâtiment. Un nuage de poussière et de fumée noire a obscurci brutalement le ciel bleu, masquant la lumière du soleil. Les images du champignon atomique d'Hiroshima me sont venues à l'esprit. J'ai vu les tours s'effondrer. La foule massée au carrefour – des milliers d'hommes et de femmes qui, comme nous, assistaient à l'horreur – a poussé des cris de terreur.

Évidemment, la condamnation a été unanime. Tous les pays du monde, tous les hommes politiques, tous les commentateurs se sont élevés dûment contre ces attaques. Qui aurait pu excuser de telles pratiques ? Nul ne peut justifier le fait d'impliquer un groupe de civils innocents dans la mort d'autres civils. Certains ont voulu, au contraire, adresser un message de paix aux terroristes. Leur démarche n'a guère été plus utile que la précédente. En effet, ces prêches et ces condamnations ne serviront à rien tant que les pays les plus riches et les plus puissants du monde ne se décideront pas à pratiquer eux-mêmes la paix et la non-violence.

À la suite de ces attentats, le gouvernement américain et sa manière de veiller à la sauvegarde de ses intérêts personnels ont fait l'objet de vives critiques internationales. Des voix se sont élevées, au sein même du pays, pour remettre en question l'attitude des États-Unis envers le reste du monde. Le professeur Paul Kennedy, qui enseigne l'histoire à l'université de Yale, s'est interrogé en ces termes : « Alors que nous représentons à peine 5 % de la population mondiale, nous absorbons 27 % de la production annuelle de pétrole, nous créons et nous consommons près de 30 % du produit mondial brut, et surtout nous revendiquons 40 % de la *totalité* des dépenses militaires mondiales. D'après mes calculs, le budget du Pentagone équivaut à lui seul au budget cumulé des huit ou neuf autres pays les plus militarisés du monde. C'est la première fois qu'un tel déséquilibre se produit. Il infléchira forcément le cours de l'histoire. Comment expliquer une chose pareille aux autres et à nous-mêmes ? »

Il n'y a aucune explication possible. Les quatre cents milliards de dollars que le gouvernement américain dépense chaque année pour assurer sa « défense » servent en fait à protéger un *American Way of Life* devenu indéfendable parce que injuste et économiquement aberrant.

Au lieu de condamner les terroristes, les dirigeants des États-Unis et des autres pays riches devraient se demander ce qu'ils ont fait pour en arriver là. Comment leurs ennemis sont-ils parvenus à ce niveau de haine ? Qu'est-ce qui a généré en eux une colère telle qu'ils sont prêts à se tuer et à tuer des milliers d'innocents pour être entendus et exprimer leurs griefs ? De tout temps, la justice et l'équité ont été au cœur des revendications des opprimés et des exploités. Ces valeurs sont, en toute logique, au centre du débat actuel, puisqu'une grande partie de la population mondiale souffre d'oppression, d'exploitation et de privations de toutes sortes. Face à ces problèmes, les pays occidentaux ont trop longtemps pratiqué la politique de l'autruche. Ils se sont persuadés que la contestation pouvait être endiguée par l'armée et la police ; et ils se sont imaginé qu'ils pourraient leurrer les mécontents grâce aux subsides de l'aide humanitaire et aux maigres retombées de la croissance économique mondiale, ou les appâter en leur promettant des biens de consommation et les miettes de développement qui resteraient des banquets organisés par les pays riches.

Les attentats du 11 septembre ont prouvé aux Américains que la possession de l'arme atomique et les milliards de dollars qu'ils consacrent à leur budget militaire ne suffisent pas à garantir leur sécurité. Il ne suffit pas non plus de faire miroiter l'accession des plus défavorisés à un mode de vie consumériste pour compenser les difficultés, les souffrances et l'injustice qu'endurent quotidiennement des milliards d'individus. Dans un tel contexte, la révolte est inévitable.

Le 11 septembre a brutalement mis en lumière le conflit qui se joue dans le monde entier. Un conflit dont les causes me semblent clairement liées à l'idée selon laquelle chaque individu, chaque famille, chaque communauté, chaque classe sociale et chaque pays devrait avant tout privilégier son intérêt personnel.

L'analyse marxiste de la société est profondément dualiste : en insistant sur le fait que chaque catégorie d'individus poursuit des intérêts différents, elle démontre que ceux de la classe ouvrière sont nécessairement en conflit avec ceux de la classe dirigeante. La seule solution, d'après Marx, est la révolution armée. Son analyse historique s'inspire d'un modèle dualiste identique à celui des théories de René Descartes ou d'Adam Smith.

Le capitalisme et le communisme sont tous deux liés à l'idée que la satisfaction de l'intérêt personnel est un moteur puissant, une source de progrès et d'innovation qui a façonné l'histoire humaine. C'est une conviction excessivement dangereuse, génératrice d'un conflit permanent.

Comme me l'ont appris la plupart de mes maîtres et de mes mentors – que j'ai évoqués dans ce livre –, l'humanité doit passer du règne de l'intérêt personnel à la reconnaissance de l'intérêt général. Toutes les créatures terrestres, qu'elles soient humaines ou non, souhaitent vivre, s'épanouir et prospérer. Nous avons donc tous besoin de l'aide et de l'amour d'autrui.

Le mouvement écologiste, qui milite pourtant pour la défense de l'environnement, est souvent motivé, lui aussi, par une vision du monde entachée de pragmatisme, d'utilitarisme, de dualisme et d'anthropocentrisme. Aux yeux de certains, l'environnement est une sorte d'entité qu'il faut protéger puisque l'humanité a besoin de bonnes terres, d'air pur et d'eau claire pour survivre. Le maintien de l'espèce humaine sur Terre est un concept large et généreux, certes, mais il a ses limites. Accorder la priorité à la vie humaine revient trop souvent à privilégier la sauvegarde d'intérêts nationaux. Nous assistons à l'émergence d'une écologie égoïste, enracinée dans le dualisme cartésien. Protéger l'unité et l'intégrité de la vie ne consiste pas seulement à veiller sur l'espèce humaine, mais à témoigner un profond respect, une *révérence*, à toutes les formes de vie. Ne nous contentons pas de protéger et de préserver la nature : admettons son caractère sacré. Favorisons le développement de l'écologie révérencielle. Cessons de penser que nous avons droit de vie et de mort sur les autres espèces ! Si nous devons attenter à d'autres vies pour assurer le maintien de la nôtre, faisons-le avec humilité, obligeance et modération.

Le désir absolu de protéger l'environnement peut même contribuer à renforcer l'illusion d'une séparation entre l'homme et la nature. Si les écologistes veillaient à maintenir la notion de révérence au cœur de leur système de pensée, ils rendraient caduque cette division de l'homme et de la nature. Il n'y a pas de véritable écologie sans révérence, comme il n'y a pas d'économie durable sans spiritualité. Tant que nous ne serons pas prêts à changer radicalement de mode de pensée et de fonctionnement, nous ne parviendrons pas à trouver l'équilibre entre conflit et harmonie. Et l'unité demeurera hors de notre portée.

26

Ma déclaration de dépendance

Ouvrons les yeux. Cessons de penser que nous sommes des êtres à part, séparés du reste du monde.

THICH NHAT HANH

La déclaration d'Indépendance américaine, proclamée en 1776, répondait à des circonstances historiques précises. Lorsque l'esclavage, le colonialisme et l'impérialisme règnent, il est normal et juste que les colonisés défendent leur dignité et cherchent à se libérer de l'oppression qu'ils subissent.

Nous sommes maintenant à l'aube d'une ère nouvelle : la conscience collective s'éveille à l'écologie. Angoissés par la multiplication des catastrophes naturelles et climatiques, nous trouvons une nouvelle sagesse aux vérités les plus anciennes : comme autrefois, nous savons que nous dépendons les uns des autres et que nous sommes soumis aux forces de la nature. Notre survie dépend de celle de la terre.

Exaltés par la révolution industrielle, les découvertes scientifiques et les innovations technologiques, nous nous sommes pris pour les maîtres. Nous avons pensé que l'espèce humaine dominait la planète et que nous pouvions soumettre les lois de la nature à notre volonté. Ne sommes-nous pas maîtres de la création ? Ne détenons-nous pas la totalité des ressources naturelles ? Les forêts, les rivières, les montagnes, les poissons, les fossiles, les animaux, les oiseaux, l'essence, le gaz, le charbon ne sont-ils pas entre nos mains ? Nous exerçons notre domination sur terre, sur mer et dans l'espace. Nous marchons sur la Lune, nous divisons l'atome et nous clonons l'ADN. Nous pouvons réduire à néant la vie sauvage, asservir tous les animaux, canaliser toutes les rivières et dilapider toutes les réserves d'énergie accumulées depuis des millions d'années. Notre pouvoir n'a pas de limites.

Notre arrogance n'en a pas davantage. Elle nous a menés à la catastrophe. Entre nos mains, ce qui était abondant est devenu rare. Les ressources naturelles se sont taries. Le temps, qui était infini, s'est mué en denrée rare. Et la Terre, qui était notre berceau, n'est plus qu'un vaste champ de bataille livré à l'avidité de l'espèce humaine.

Nous sommes à la croisée des chemins. Nous pouvons continuer sur notre lancée. Demeurer dans l'illusion d'une croissance économique perpétuelle. Nous droguer à la technologie. Nous adonner à la génétique, à la robotique, aux nanotechnologies et à l'ingénierie nucléaire. Courir au désastre. Et nous jeter dans l'abîme.

Nous pouvons aussi opérer un virage à cent quatre-vingts degrés et nous engager sur la voie de l'écologie. Opter pour l'éthique et l'esthétique. Faire le choix de l'amour et du respect de la nature. Nous lancer dans les sciences participatives. Renoncer aux connaissances qui nous ont permis de dominer la nature. Au Moyen Âge, les Chinois ont découvert la poudre à canon. Après réflexion, ils se sont contentés d'en faire des feux d'artifice. Comme eux, nous pouvons être sages et mettre un terme à notre course en avant.

Apprenons l'humilité : elle nous aidera à survivre et à être heureux. Nous venons de la terre et nous retournerons à la terre. Nous faisons partie intégrante de la nature : nous ne la dominons pas ; nous ne pouvons pas nous en extraire. Or la nature est à l'origine de toutes les formes de vie. Nous y puisons la joie, l'émerveillement, les arts et l'imagination, la poésie, l'inspiration et l'innovation. Nos talents y prennent source. Elle nous apprend le temps et l'espace ; elle nous offre les saisons et leurs variations. Nous travaillons et nous nous reposons en fonction des cycles de la nature. Parce que nous sommes nés de la Terre, nous y trouvons notre identité. Elle nous enseigne la musique, la danse et l'art de la joie. Elle est source de beauté, de sagesse et de plaisir. Elle régit notre existence et notre expérience, notre sérénité et notre santé, notre alimentation et notre bien-être. Nous dépendons de l'amour de l'aimé, de la beauté du beau et des bienfaits du bien. Acceptons d'être vulnérables. Redécouvrons l'humilité. Unissons-nous pour déclarer notre complète dépendance à la Terre et à la communauté des hommes. Apprenons à dire : « Tu es, donc je suis. »

Parce que nous sommes

Je suis parce que nous sommes, créatures
aux cinq orteils, aux doigts élégants,
dont l'esprit fleurit comme du corail
et les rêves s'étendent sur la terre avant de s'enfuir.
Je suis parce que nous sommes, animaux
qui adorent se frotter, se câliner, se lécher,
se faire des papouilles, s'embrasser à pleine bouche,
laper le lait qui blanchit le minois de leurs petits
et l'eau scintillante des piscines,
cueillir la sueur qui perle au cou aimé et lisser
leur fourrure d'un coup de langue.
Je suis parce que nous aimons nager, dormir, manger,
nous étendre au soleil et marcher à l'ombre ;
parce que nous sommes les poissons
qui sillonnent les eaux claires
ou dansent plus bas, là où l'océan touche
le fond et s'emplit d'obscurité.
Je suis grâce aux siècles de pensée,
aux siècles de rêves, à la poésie,
à l'herbe, à la musique, au maïs qui pousse,
grâce au vin tiré du raisin
et au pain tiré du blé.
Je suis grâce aux millions de mains,
grâce aux peintures rupestres,

à la ligne tracée sans remords,
bison sur les parois,
biche dans la clairière ; je suis
grâce aux étoiles filantes, aux pluies diluviennes,
aux bateaux qui prennent le large, aux empreintes de pas,
grâce aux hommes et aux femmes
qui s'envolent ensemble, qui se couchent
ensemble, et s'envolent, encore et encore ;
grâce au père, à la mère, aux frères,
aux amants, aux enfants, à tous ceux qui
font l'amour ; grâce aux peaux, aux yeux, aux mains
et aux mots ; grâce aux liens qui nous unissent,
au souffle qui m'anime. Je suis
grâce au velours de la nuit,
au chirurgien qui m'a sauvée,
grâce à l'intelligence,
à la vigilance,
grâce à tous ceux
qui se sont aimés
depuis tout ce temps
Et pour toujours. Je suis. Nous.

Rosalind BRACKENBURY

REMERCIEMENTS

Ce livre n'aurait pas vu le jour sans le concours de ma fille Maya, qui m'a proposé de le transcrire, comme cela se fait souvent en Inde, où la culture orale demeure extrêmement répandue. Il s'agit donc d'une œuvre à quatre mains. Maya m'a aidé à rendre certaines de mes expériences et de mes impressions indiennes plus accessibles aux yeux de lecteurs occidentaux. Qu'elle soit ici remerciée pour ses conseils, son soutien et sa bonne humeur.

Je tiens aussi à remercier mes amis, John Lane et Chris Cullen, qui ont accepté, malgré un emploi du temps chargé, de lire la première version du manuscrit. Leurs nombreuses suggestions et corrections m'ont été infiniment précieuses. Je leur dois beaucoup, à l'un comme à l'autre.

Enfin, j'aimerais témoigner toute ma gratitude à June, mon épouse, qui a écrit avec moi une partie du troisième chapitre : elle m'a aidé à me souvenir de certaines anecdotes, et sa relecture attentive m'a permis de mieux agencer le livre.

TABLE DES MATIÈRES

TROISIÈME PARTIE

Voyages en Inde

QUATRIÈME PARTIE

Pour une philosophie relationnelle

♣♣♣ l'esprit d'ouverture ♣♣♣

Collection dirigé par Fabrice Midal

Shawn Achor

Comment devenir un optimiste contagieux, 2012

Choisir l'optimisme. Comment être heureux par mauvais temps, 2015

Karen Armstrong

Compassion. Manifeste révolutionnaire pour un monde meilleur, 2013

Bashô, Issa, Shiki

L'Art du haïku. Pour une philosophie de l'instant, 2009

Tal Ben-Shahar

L'Apprentissage du bonheur. Principes, préceptes et rituels pour être heureux, 2008

L'Apprentissage de l'imperfection, 2012

Apprendre à être heureux. Cahier d'exercices et recettes, 2010

Choisir sa vie. 101 expériences pour saisir sa chance, 2014

Andrew Bienkowski

Le Grand-Père et le Veau. Leçons de vie et d'espoir, 2012

David Burns

Bien ensemble. Comment résoudre les problèmes relationnels, 2010

Yu Dan

Le Bonheur selon Confucius. Petit manuel de sagesse universelle, 2009

Le Bonheur selon Tchouang-tseu, 2015

David Deida

L'Urgence d'être. Zen et autres plaisirs inattendus, 2009

Norman Doidge

Les Étonnants Pouvoirs de transformation du cerveau. Guérir grâce à la neuroplasticité, 2008

Stefan Einhorn
L'Art d'être bon. Oser la gentillesse, 2008

Robert Emmons
Merci ! Quand la gratitude change nos vies, 2008

Les Fehmi et Jim Robbins
La Pleine Conscience. Guérir le corps et l'esprit par l'éveil de tous les sens, 2010

Erich Fromm
L'Art d'aimer, 2015

Gerd Gigerenzer
Le Génie de l'intuition. Intelligence et pouvoirs de l'inconscient, 2009

Christopher Hitchens
Dieu n'est pas Grand. Comment la religion empoisonne tout, 2009

Russell Jacoby
Les Ressorts cachés de la violence. D'Abel et Caïn à nos jours, 2014

Ursula James
La Source. Manuel de magie quotidienne, 2012

Dan Josefsson et Egil Linge
Du premier rendez-vous à l'amour durable. Identifier ses problèmes relationnels, se libérer de l'insécurité affective, vaincre la peur de l'engagement et construire enfin une relation durable, 2012

Jack Kornfield
Bouddha mode d'emploi, 2011
Une lueur dans l'obscurité. Comment traverser les temps difficiles grâce à la méditation, 2013
La Sagesse du cœur. La méditation à la portée de tous, 2015

Satish Kumar
Tu es donc je suis. Une déclaration de dépendance, 2010

John Lane

Les Pouvoirs du silence. Retrouver la beauté, la créativité et l'harmonie, 2008

Martha Lear

Mais où sont passées mes lunettes ? Comment gérer au quotidien les petits troubles de la mémoire, 2009

Roberta Lee

SuperStress. La solution, 2011

Dzogchen Ponlop Rimpoché

Bouddha rebelle. Sur la route de la liberté, 2012

Richard David Precht

Qui suis-je et, si je suis, combien ? Voyage en philosophie, 2010

Amour. Déconstruction d'un sentiment, 2011

L'Art de ne pas être un égoïste. Pour une éthique responsable, 2011

Pourquoi j'existe ? Et autres leçons de philosophie pour les enfants curieux, 2014

Mark Rowlands

Le Philosophe et le Loup. Liberté, fraternité, leçons du monde sauvage, 2010

Gretchen Rubin

Opération Bonheur. Une année pour apprendre à chanter, ranger ses placards, se battre s'il le faut, lire Aristote… et être heureux, 2011

Sharon Salzberg

Apprentissage de la méditation. Comment vivre dans la plénitude, 2013

L'amour qui guérit, 2015

Brenda Shoshanna

Vivre sans peur. Sept principes pour oser être soi, 2011

Adam Soboczynski

Survivre dans un monde sans pitié. De l'art de la dissimulation, 2011

Carlo Strenger

La peur de l'insignifiance nous rend fous. Une quête de sens et de liberté pour le XXIe *siècle*, 2013

Chade-Meng Tan

Connectez-vous à vous-même. Une nouvelle voie vers le succès, le bonheur (et la paix dans le monde), 2014

Thich Nhat Hanh

Prendre soin de l'enfant intérieur. Faire la paix avec soi, 2014

Peter M. Wayne

Taï-chi : la méditation en mouvement. Une approche scientifique pour un art millénaire, 2014

MIXTE
Issu de sources responsables
FSC® C003309
FSC
www.fsc.org

Imprimé en France

N°: 45504143122I7

Dépôt légal: 11/2015